三诗人传

陆游传

激昂慷慨者
稼轩不能过

郭银田 著

团结出版社

图书在版编目（CIP）数据

三诗人传．陆游 / 郭银田著．— 北京：团结出版
社 , 2023.8

ISBN 978–7–5126–9519–1

Ⅰ.①三… Ⅱ.①郭… Ⅲ.①陆游（1125–1210）—
传记 Ⅳ.① K825.6

中国版本图书馆 CIP 数据核字 (2022) 第 143574 号

出版： 团结出版社

（北京市东城区东皇城根南街 84 号　邮编：100006）

电话：（010）65228880　65244790　（传真）

网址： www.tjpress.com

Email: zb65244790@vip.163.com

经销： 全国新华书店

印刷： 北京天宇万达印刷有限公司

开本： 145×210　1/32

印张： 22.25

字数： 433 千字

版次： 2023 年 8 月　第 1 版

印次： 2023 年 8 月　第 1 次印刷

书号： 978–7–5126–9519–1

定价： 120.00 元（全三册）

序　言

　　在靖康之耻（1126）的前一年，中国产生了一个大爱国诗人，在他死后七十年（1279），南宋的命运告终了。他八十几岁的高龄，完全沉浸在国仇和忧患之中，然而因为性格和教养，在抒愤寄慨之外，却又留下不少亲切而平淡的篇什，这人就是陆游。

　　一般来说，我对于宋诗没有什么好感。因为假若就作诗的技术说，也许宋诗给了我们一些法门，就诗境说，也许宋诗给了我们一些新天地，可是我始终觉得"诗"的艺术之宫，已经给唐人装潢得太美了，后人实在难以为继。一种艺术有一种艺术的寿命，周铜汉玉，希腊雕刻，晋人书法，过了就是过了，上帝也难以让它起死回生！所以，说什么，我也是觉得宋诗淡而无味，诗的生命远不如唐代之茁壮、充实。

　　不过陆游总算是豪杰之士。以人论，他时刻有一种家国之感，而且是出于至诚，在那种党争的局面之下，他没滚入旋涡，在那种道学的气焰之中，他也无所依附，这都是让我们一打开那一个时代的历史就觉得他之过人处的。以诗论，我的感觉是勤快和亲切。古今来写诗的，恐怕再没有放翁那样产量之大的了，这是勤快。读到他的诗，就让我们宛然过一种淳朴、平静，却又偶尔激起壮志凌云的梦的老儒似的生活，这是亲切。他的诗里，最多的是衰老之感，可是这种衰老之感，让我们读了，觉得并不是做作，所以很少让我们生厌。

然而我是不能完全对放翁五体投地的。他的生命不够充实。生活的波澜尽多，似乎不能给他太大的转变。他的生活可以入蜀九年（1170—1178）为一个大关键。四十六岁以前，过的是漂泊，五十四岁以后，时而留恋的是家园，壮志的梦是发挥在这九年里，但也幻灭在这九年里。他之自名为放翁，就是他五十一岁居蜀的时候开始的。可是我们终究看不出他前后太大的差异。四五十岁时，也时有衰老的流露，七八十岁时，也没忘下壮梦。生活的感印，在他似乎太不够深刻了！他时时感觉寂寞，可是他不够倔强，抗住这寂寞，像陶潜的"请息交以绝游"。他又不够热情，深深地体味这寂寞之苦，像李白的"我本不弃世，世人自弃我"。你看他："泥乾我亦思来客，未暇移书广绝交"（《喜晴》），"岂是平生少亲友，略无人肯访孤村"（《秋思》），生命力是多么贫乏与空虚，太不够味了！

陆游自称放翁，可是我看他不够"放"，时时免不了拘谨、迂腐。他说："从今父子见太平，花前饮水勿饮酒"（《喜小儿辈到行在》），这和杜甫听见官军收河南河北时的诗所谓"漫卷诗书喜欲狂"，所谓"白日放歌须纵酒"，岂不太不相同了吗？我总感觉他既不敢痛哭，也不敢狂欢，哪里够叫"放"呢？

他也缺少一种民胞物与的胸襟。你看他说："一怀无与同，敲门唤邻叟"（《月下小酌》）。其实何必等到"一怀无与同"的时候，才去唤人家？可见他和一般平民，还是有着距离，还是忘不了士大夫的尊严。这和李白与村人汪伦或者酿酒纪叟的交情也大不能比了！

至于他的诗，勤快固然是一长，但是不免有以诗为业之嫌。简直有点"诗匠"了！"颓然却自嫌疏放，旋了生涯一首诗"（《午寝》），这是以诗作为消磨时光的玩意儿了。如何能写得出上乘之作？放翁自己大概对这种生活也有所厌倦吧，所以又有时吟出"题诗本是闲中趣，却为吟哦占却闲。我欲从今焚笔砚，兴来随分看青山"（《村居闲甚戏作》），简直自己也不耐烦那种诗匠生活而要解脱了。真是何苦呢！

因为这样，所以我对于陆游不能估价太高。可是这无碍于一部写得很雄浑坚实而又系统的陆游评传之出现。郭银田先生这部稿子，我从头看到尾，连一个标点的讨论，我也没有放过。我看到他这种成绩，是歆美，也是安慰。他的读书时代的教育，他没有辜负。我特别感兴趣的，是他对于放翁思想的分析，是他对于放翁的诗的结论，是他对于放翁之惯好用红绿两种颜色的掘发与阐说。自然，他像一般富有青年活力的著作的长处一样，也有一般富有青年活力的著作的短处。这就是他太不肯节省他的才华，卖的气力太大，于是乎有前半幅的精彩，但也有后半幅的疲乏（但是结论仍然太好了）。有时因为过于分析，不免枯燥，他又对于所写的人物的心肠太仁慈，不肯刺他几刀，这就不免姑息。所以我劝他：大胆的奔放，慷慨的割爱，笔再从容些，心再狠些，因为对着自己的学生，所以我说得这样不客气。书却仍然是一部值得慰劳的书！

李长之

1943年2月11日于渝郊

自　序

　　这本东西，整整地用去了我四个月的时间。在写它的过程中，我的兴趣是很浓厚的；但是在写完了的时候，反而觉得若有所失。

　　我是喜欢"无言"的人，所以对于这本东西也没有什么话可说。其实，说，又能说出些什么来？它是否是糟粕，是不是有一读的价值，那倒是读者的事。

　　本书承李师长之指教的地方很多，并为作序，特敬致谢忱。

1943年2月15日于重庆

目　录

第一章　放翁的家世

第一节　放翁的名字

《宋史·本传》说："陆游字务观。"《七修类稿》说："陆游字务观，母尝梦秦少游而生公，故以秦名为字，而字其名也。"这是他的命名、取字的意义。

钱大昕《十驾斋养新录》说："汉书高帝纪，纵观秦皇帝。师古注观工唤切。王介甫时：'传觞三鼓罢，纵观万人同。'游观之观去声。秦观字少游，陆游字务观，皆去声。王景文时：'直翁自了平生事，不了山阴陆务观。'放翁见之笑曰：'我字务观乃去声，如何把做平声押了？'"这是他的字的读音。

《宋史·本传》说："范成大帅蜀，游为参议官，以文字交，不拘礼法，人讥其颓放，因自号放翁。"这是号放翁的由来。

《广舆记》绍兴府人物说："陆游字务观，晚号放翁，佃之孙也。诗篇最富，有《剑南集》。孝宗尝向周必大曰：'今诗人亦有如唐李白者乎？'必大以游对。人因呼为'小太白'。"这是被人称为"小太白"的轶事。

他的名字里包含着这么多的韵事，他与诗，在降生时即带来了不可分的因缘。

第二节 放翁的生卒

放翁的生年，《宋史·本传》不载。他的卒年，则记为"嘉定（1209）二年卒，年八十五"。今参照其诗文，知道他的卒年的记载也有错误。

1. 生年。在《剑南诗稿》里记述得很详细。

十月十七日，予生日也。孤村风雨萧然，偶得二绝句。予生于淮上，是日平旦，大风雨骇人，及予坠地，雨乃止。诗云：

"少傅奉诏朝京师，舣船生我淮之湄。宣和七年冬十月，犹是中原无事时。"

可知他是生于宋徽宗宣和七年（1125）十月十七日。他的父亲少傅公奉诏入京，生他在淮上的舟中。《蒸暑思梁州述怀》诗："宣和之末予始生，遭乱不及游司并。"更可作宣和七年诞生之证。

2. 卒年。钱大昕《十驾斋养新录》说："'放翁以嘉定二年卒，年八十五岁。'此见于《宋史·本传》者也。而直斋书录解题云：'嘉定庚午，年八十六而终。'庚午则嘉定三年也，与本传殊不合，考剑南诗集有绝句云：'嘉定三年正月后，不知更醉几春风。'则庚午春放翁尚无恙，当以直斋为正矣。"所以我们断定他的卒年是在嘉定三年（1210）春季以后里。

第三节 放翁的籍贯

《宋史·本传》说："陆游，越州山阴人。"山阴是现在的绍兴县，他不是山阴的土著，而是从别处迁徙来的。《奉直大夫陆公墓志铭》说：

"吴郡陆氏……唐末自吴之嘉兴，东徙钱塘，吴越王时，又徙山阴鲁墟。"

放翁生时除了原籍山阴外，在荥阳、寿春也是有家的。《跋周侍郎奏稿》：

"予生于宣和末，未能言，而先少师以畿右转输饷军留泽潞，家寓荥阳。及先君坐御史徐秉哲论罢，南来寿春（今寿县）。便自淮徂江，间关兵间，归山阴旧庐，则予少长矣。"《杂兴》诗："家本徙寿春，遭乱建炎初。南来避狂寇，乃复遇强胡。于时髫两髦，几不保头颅。乱定不敢归，三载东阳居。"《三山杜门作歌》诗："我生学步逢丧乱，家在中原厌奔窜。淮边夜闻贼马嘶，跳去不待鸡号旦。"

他是生而遭乱，父携之避兵，放弃了寿春的家庭渡江归籍，中间侨居东阳三年，然后重回到山阴旧庐的。所以在《陈彦声墓志铭》里说："建炎四年，金兵南来，先君欲避无所。闻东阳陈彦声以侠称，乃挈家依之，居三年，乃归。"此后他的家就是居山阴了。

第四节　放翁的父系

可惜得很，以放翁这样一位伟大的爱国诗人，他的家世谱牒，在《宋史·本传》里竟没有提到。所以使我们现在考起他的父系来，感到许多困难。不得已只有从他的诗文里发掘了。

一、谱牒

《岁暮感怀以余年谅无几休日怆已迫为韵》诗："我家释耒起，远自东封前，诗书守素业，蝉联二百年。长老日零落，念之心惕然。每恐后生辈，或为利欲迁。我少亦知学，蹭蹬及华颠。讼过岂不力，寿非金石坚。"

这是他自陈家世的一首诗。先世务农，后来是诗书传家。这种遗传的门风——朴质、书香，对诗人的未来造诣，凭借都是多么优厚呢！

关于他家族的谱牒：《奉直大夫陆公墓志铭》说：

"吴郡陆氏，方唐盛时，号四十九枝，太尉枝最盛。唐末，自吴之嘉兴，东徙钱塘。吴越王时，又徙山阴鲁墟。宋祥符中，赠太傅讳轸，以进士起家，仕至吏部郎中，直昭文馆。太傅生囤子博士赠太尉讳珪。太尉生尚书左丞赠太师楚国公讳佃。太师生中散大夫赠少师讳宰，少师八子，皆以文学政事自奋。公讳洸，字子光，少师第四子。诸孤请铭于公从弟余，余则少公一岁，儿时分梨共枣。"

《右朝散大夫陆公墓志铭》说："陆氏自汉以来，为天下名族，文武忠孝，史不绝书。比唐亡，恶五代之乱，乃去不仕。宋兴，历三朝数十年，秀杰之士毕出。太傅始以进士起家，楚公继之，陆氏衣冠之盛，寖复如晋唐时。公讳棠（疑为棠字误），字元珍。曾祖吏部郎中，直昭文馆，赠太傅，讳翰（疑为轸字误）。太傅生两子：伯曰万载县令讳琪，县令生宿州符离县主簿赠朝奉大夫俨；仲曰国子博士赠太尉讳珪，实生楚生，仕至尚书左丞，讳佃，公楚公第五子。大夫早卒，无嗣子，楚公命公后焉。"

《陆郎中墓志铭》说："公讳沆，字子元，会稽山阴人。曾大父珪，国子博士赠太尉。大父佃，中大夫尚书左丞，赠太师楚国公。考实（疑为寘字误），右中散大夫，赠少师。公于余为从父兄，予盖少公十五岁。"

《家世旧闻》说："祖母楚国郑夫人，抚视庶子，与己子等。先君与四十二叔父提举公讳棠，字元珍，同岁。方怀孕时，祖母作褓襁二副，付侍者曰：'先产者先用之。'已而八月祖母生先君，九月杜支婆生叔父，相距才二十余日也。"（原注：先世以来庶母皆称支婆。）《家世旧闻》说："先君讳宰，字元钧。"

由上所引，可以知道放翁的高祖名轸，生有二子：长子名琪，琪生子名俨，俨早死无子；次子名珪，这便是放翁的曾祖，珪生子名佃，是放翁的祖父。佃生五子，即宰寘棠等。宰是放翁的父亲。棠是放翁的叔父，继承了叔祖俨的绝技。

《陆氏大墓表》说："山阴陆氏大墓，九里袁家㟠。曰二评专讳忻，配李氏祔，是为予之七世祖。九评事讳郧，招范氏祔，是为予之六世祖。光禄寺赠太子太保讳昭，配福昌县君，赠昌国夫人李氏祔，是为予之五世祖。四世祖太傅公，始别葬鱼坞，而髦配靖安县君赠崇国夫人吴氏，犹祔大墓。绍圣九年，先太父楚公，惧浸远失传兮墓上皆立石表。"

这是对他的前七世祖谱系的叙述。

《跋续集验方》说："予家自唐丞相宣公在忠州时，著《陆氏集验》，故家世喜方书。"

《彷徉》诗："家世由来出楚狂，湖山垂老得彷徉。"

《草堂》诗："浩歌陌上君勿怪，世谱推原自楚狂。"（原注：《陆氏旧谱》云：本出接后。）

可知他的远祖，推源于楚狂接，近祖是唐丞相宣公贽。今列表如后，以明其世系：

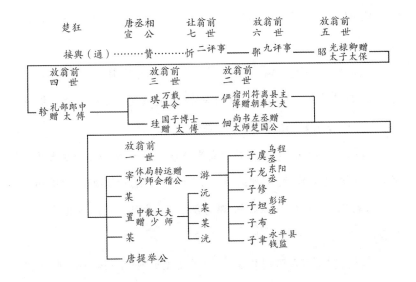

二、祖先的性格与事迹

放翁家族的谱系既明，现在更进一步研究他祖先的每个人的性格与事迹，以见传统与道传对于他人格和诗文的影响。但因为限于材料，仅能提出他的高曾祖父数人而已。

1. 轸。他的高祖。

《家世旧闻》说："太傅讳轸，字齐卿，性质直，虽在上前不少改越音。为馆职时，尝因奏事，极言治乱。举笏指御榻，曰：'天下奸雄睥睨此座者多矣。陛下须好作，乃可长保。'明日，仁祖以其语告大臣，取陆轸淳直如此。"

这是多么耿直的表现？活现一幅光明正大谏诤忘形的钜臣。完整的人格，洋溢着浩然之气。忠君爱国的热忱，可说是陆氏世代相传的珍贵家宝。难怪放翁是一位激昂慷慨、豪放的爱国诗人了。

《老学庵笔记》说："先太傅自蜀归，道中遇异人，自称方五。见太傅曰：'先生乃西山施先生肩吾也。'遂授道。盖施公睦州桐庐人。太傅晚乃自睦守挂冠，盖有缘契矣。"

《跋修心鉴》说："右高祖太傅公修心鉴一篇。初，公生七年，家贫未就学，忽自作诗，有神仙语，观者惊焉。晚自号朝隐子，尝退朝，见异人行空中，足去地三尺许，邀与俱归，则古仙人嵩山栖真施先生肩吾也。因受炼丹辟谷之术，尸解而去。"

《与青城道人饮酒作》诗："君不见太傅晚岁具海舟，归欲极意东山游；翰林偶脱夜郎谪，大醉赋诗黄鹤楼。两公穷达何足道，同是逸气横清秋。"

这种晚年归隐修道的人生态度，充分表示出心灵冲淡的情趣，和闲适高蹈的风韵。这是一粒玄远超脱的种子，遗传了而潜埋在放翁的肥沃心田里，在他晚年诗的园地上，开放灿烂的花朵，放射阵阵的清香。无疑地，放翁诗的伟迹，是接受了陆轸的这种心波意流的结果。

2. 珪。他的曾祖。性格不详。

3. 佃。他的祖父。

《家世旧闻》说："楚公讳佃（佃），字农师，使虏归。楚公使虏时，馆中有小胡，执事甚谨，亦能善言。因食夹子，以食不尽者与之，拜谢而不食。问其故，曰：'将以遗父母'。公喜，更多与之。且问：'识此何物也？'曰：'人言是石榴也。'意其言食留也。又虏人负载随行物，不用兵夫。但遇道上行者，即驱使之耳。一日将就马，一担夫诉曰：'某是燕京进士，不能负担。'公笑为言而遣之。"

又说："楚公言：辽人虽外窃中国礼文，然实安于夷狄之俗。南使过中京，旧例有乐来迎，即以束帛与之。公以十月二十日至中京，辽要作乐受帛自乐也。明旦，迁使辄止不行。曰：'国忌行香。'公照案牍，则虏忌正二十日也。因移交问。虏曰：'去年昨日作忌，今年今日作忌，为何不可。'盖利束帛，故徙忌日耳。又西辽送使闻其主丧，而不能作哀也。但以墨灭幞头之光。行数日，既除服，则佩服如常矣。独副使哀洗幞头，见者大笑。公平生待物以诚，虽于夷狄不变也。因从容与话，使洗之，副使重谢。"

可见他的祖父佃的为人，是提倡孝道，待物以诚，出使辽国，主持外交，折冲樽俎，表示出"泱泱大国外交家"的风度，为中原王朝使节的典型。这能不影响放翁的处世为人吗？

《家世旧闻》说："楚公登科时，第四人张中，在殿廷喜甚。掣楚公手曰：'如何得乡里知去？'楚公不答。及归，密谓亲曰：'此殆非远器也。'中为明州象山县官，坐私与高丽人朴寅亮和唱诗，停官，终身沉滞。虽一时不幸坐法，亦器宇非远大也。"

是如何地有知人的灼见呢？可见其依情度理，观隐知显，对人生体验的深刻。

《家世旧闻》说："元丰七年秋宴，神庙举御觞示丞相王岐公以下，忽暴得风疾，手弱觞侧，余酒玷污御袍。是时京师方盛歌《侧金盏》，皇城司中官以为不祥，有歌者辄收系之，由是遂绝。先楚公进《裕陵挽词》有云：'辂从元朔朝时破，花是秋高宴后萎。'二句皆当时实事也。"

《诵书示子聿》诗:"楚公著书数百编,少师手校世世传。"

他的祖父能诗能文,著书立说,这不是很好的证明吗?挽词的对笔是多么工整,辞采是多么清丽,所以说放翁的能诗,乃祖已为他作了前奏了。

4. 宰。他的父亲。

《老学庵笔记》说:"先君入蜀时,至华之郑县,过西溪。其地在官道旁七八十步,澄深可爱,亭曰西溪。盖杜工部诗所谓'郑县亭子涧之滨'者。"

又说:"予幼时侍先君避乱东阳山中,有北僧年五十余,戆朴无能,自言沈相义伦裔孙,携遗像及告身诏勅甚备。且云:'义伦之后,惟己独存。'欲诉于朝,求一官还俗,不知竟何往也。"

可知他的父亲游踪东西,留意古迹,印证诗文,是一位硕儒的气度。为国求贤于山野陇亩中,更是一种大臣的作风。这,足以说明了陆氏的传统精神。

《家世旧闻》说:"先君读山谷《乞猫诗》,叹甚妙。晁以道侍读在坐,指'闻道猫奴将数子'一句,问曰:'此句何谓也?'先君曰:'老杜云:暂止飞乌将数子。恐是其类。'以道笑曰:'君果误矣。《乞猫诗》数字当音色主反。数子谓猫狗之属,多非一子。故人家初生畜,必数之曰生几子。将数子犹言将生子也。与杜诗语同而意异。'以道必有所据,先君言当时偶不叩之以为恨。"

可知他的父亲是多么爱好诗文,结交文士。文学的气氛,弥漫了他家庭的每个角落。这,对于放翁心田里的诗苗,有着阳光般的伟力，催促它蓬勃生长。因为"父子间是永远地充溢着熏陶、传染、交流的情趣的"，也即是永远地开着"影响之门"。在生命的流波中，在心灵的原野里，父亲给予儿子的启示，永远投射着不磨灭不褪色的影子。又如大风去决定风标所指的方向，这种影响的决定力，是无法改变和遏止的。放翁在他父亲的怀抱里，已经孕育成后日的诗人雏形了。

其次，谈到放翁的父亲官职的问题。从前面所引的文章看来，只知道他曾出使虏辽，当过使节。

《跋周侍郎奏稿》说："予生于宣和末，未能言，而先少师以畿右转输馈军，留泽潞。"

《陈彦声墓志铭》说："建炎四年，先君会稽公奉祠洞霄。"

《跋朝制要览》说："先君会稽公晚岁喜观此书。"

《持老语录序》说："持禅师，明州鄞人。名震吴越，尽交一世名卿贤大夫。予先君会稽公知之最深。予时甫数岁，侍先君旁，无旬月不见师。"

《十月十七日予生日也孤村风雨萧然偶得二绝句》诗："少傅奉诏朝京师，舣船生我淮之湄。"

放翁父亲官做到提举转运等职。南渡以后，政府曾给他祠禄，赠少师会稽公。但是，在诗集里则称先少傅，与在文集里称先少师，微有不同。按师傅是同一阶级，皆为应得的封位无疑。

放翁在诗里有时也提起他光荣的家世：《园庐》诗："七世相传一束书。"《七侄岁暮同诸孙来过偶得长句》诗："八世为儒举族贫。"《闲游》诗:"五世业儒书有种。"《冬夕闲咏》诗:"家世从来是散人。"可知他书香门第的久长了。

第五节　放翁的母系

他的母系的谱牒,因为手头的材料缺乏,现在没法考证。所能谈的只是与文学有关的一二事。

《老学庵笔记》说:"先夫人幼多在外家晁氏。言诸晁读杜诗:'稚子也能赊','晚来幽独恐伤神'。'也'字、'恐'字,皆作去声读。"

又说:"舅氏唐居正意,文学气节为一时师表。建炎初,避兵武当山中,病殁。遗文散落,无复存者。独《滁州汉高帝庙碑阴》尚存。"

这种爱好诗文、嗜好文学的风气,在放翁母亲的家族里,或者她的葭莩之亲的血统中,变成润泽他们的灵性不可少的甘露,圣洁他们的生命源泉不可少的药方。灵魂之美与文学之美,在他们是合而为一的。他们对文学有相当的造诣,论诗有精到的见解。试观放翁母亲幼年在外家晁氏家中,看到诸晁读杜诗,对诗的四声平仄,研讨得如何精细,准确:"'稚子也能赊','晚来幽独恐伤神','也'字、'恐'字,皆作去声读。"对诗若无相当修养,对诗韵若未下过苦功,能说得这么中肯入微吗? 这是晁氏"稚子总能文"的论证。至于他的"舅氏唐居正意,文学气节,为一时师表"。对文学研究的深邃,还有什么可以怀疑呢? 所以文学在放翁的母系中,也如光焰万丈长的一颗恒星,永久地伴着他们长明。

放翁的父族和母系,交奏着诗的爱好与陶醉。正义的感觉,谐和着宝贵的心灵;爱国的热忱,贯串了生命之流;玄远与孤高,培植出健康的灵性;强烈与冲淡,烘托出一颗爱的诗心。这是他先天遗传的摄照,精神上继承的分析。他父母的两系,好似一双蜿蜒而悠长的诗河,携带着土砂、矿质、肥料、诗种,相互颤动着要求和谐,汇成诗的洪流,这即是放翁诗人的诞生,就在河床的沙洲上,青青的水草里,开放着一朵朵美丽的鲜花,一阵阵清新的幽香,这即是他的诗。

放翁说:"人莫不爱其子孙,爱而不知教之,犹弗爱也。人莫不思其父祖,思而不知奉其教,犹弗思也。"

在放翁的遗传上,只有以他自己的话做结束了。

第六节　放翁的妻室

一、唐氏

蒋仲舒《尧山堂外纪》说:"陆务观初娶唐氏,于其母夫人为姑侄,伉俪相得,而弗获于其姑,因出之。唐改适同郡宗室赵士程,尝春日出游,相遇于禹迹寺南之沈氏园,唐以语赵,遣致酒肴,陆怅然久之。为赋《钗头凤》调题园壁云：'红酥手，黄縢酒，满城春色宫墙柳。东风恶，欢情薄，一怀愁绪，几年离索。错，错，错。 春如旧，人空瘦，泪痕红浥鲛绡透。桃花落，闲池阁，山盟虽在，锦书难托。莫，莫，莫。'唐见而和之，有'世情薄，人情恶'之句。未几怏怏而卒。闻者为之怆然。"

周密《癸辛杂识》说："陆务观初娶唐氏，伉俪相得，而弗获于其姑。既出，未忍绝之。则为别馆，时时往焉。姑知而掩之。虽先知挈去，然事不得隐，竟绝之。唐后改适同郡宗子士程，尝以春日出游，相遇于禹迹寺南之沈氏园。唐遣致酒肴，翁怅然久之。为赋《钗头凤》一词，题园壁间，时绍兴乙亥岁也。（放翁年三十一岁。）翁居镜湖之三山，晚岁每入城，必登寺眺望。尝赋二绝云：'梦断香销四十年，沈园柳老不吹绵。此身行作稽山土，犹吊遗踪一泫然。'又云：'城上斜阳画角哀，沈园无复旧池台。伤心桥下春波绿，曾是惊鸿照影来。'盖庆元己未岁也。（放翁年七十五岁。）未久，唐氏死。"

《随园诗话》说："明将军瑞三娶名媛，皆见逐于姑，有放翁之恨。注家谓陆放翁娶唐氏女，伉俪相得，而弗获于姑。被出后，改适赵士程。尝以春日出游，相遇于禹迹寺南之沈氏园，翁怅然，为赋《钗头凤》词题壁间，唐氏见而和之，未几下世，翁居鉴湖之三山，每入城必登寺眺望，不能胜情。"

由以上所引的三段记载看来，他的第一位夫人是唐氏无疑。他们夫妇的情感很好。只是他母亲不喜欢唐氏，因此被出。无情的礼教，击伤了这一对比翼鸟。他的《钗头凤》一词，即是作于三十一岁。由"一怀愁绪，几年离索"的句子看来，他的出妻，大概是二十五岁吧。绍兴乙亥岁,他与唐氏的相遇,不仅唐氏未几怏怏而死;在他也重新燃着恩爱的烈火,勾起旧日相怜的情丝,感到无限的伤心与寂寞。他受了情魔的创作,魔手撕碎了他的圣洁心灵,不只当时迸涌出《钗头凤》一词的血泪,后日也制作了许多哀艳的诗篇,以寄其怅惘之情。例如:

《夏夜舟中闻水鸟声甚哀若曰姑恶感而作诗》云:"女生藏深闺,未省窥墙藩。上车移所天,父母为他门。妾身虽甚愚,亦知君姑尊。下床头鸡鸣,梳髻着襦裙。堂上奉洒扫,厨中具盘餐,青青摘葵苋,恨不美熊蹯。姑色少不怡,衣袂湿泪痕。所冀妾生男,庶几姑弄孙。此志竟蹉跎,薄命来谗言。放弃不敢怨,所悲孤大恩。古路傍陂泽,微雨鬼火昏。君听姑恶声,无乃遣妇魂。"

《十二月二日夜梦游沈氏园亭》诗:"路近城南已怕行,沈家园里更伤情。香穿客袖梅花在,绿蘸寺桥春水生。"(其一)

"城南小陌又逢春,只见梅花不见人。玉骨久成泉下土,墨痕犹锁壁间尘。"(其二)

《禹迹寺南有沈氏小园四十年前尝题小阕壁间偶复一到而园已易主刻小阕于石读之怅然》诗:"枫叶初丹槲叶黄,河阳愁鬓怯新霜。林亭感旧空回首,泉路凭谁说断肠。坏壁醉题尘漠漠,断云幽梦事茫茫。年来妄念消除尽,回向禅龛一炷香。"

《沈园》诗:"城上斜阳画角哀,沈园非复旧池台。伤心桥下春波绿,曾是惊鸿照影来。"(其一)"梦断香销四十年,沈园柳老不吹绵。此身行作稽山土,犹吊遗踪一泫然。"(其二)

《春游》诗:"沈家园里花如锦,半是当年识放翁。也信美人终作土，不堪幽梦太匆匆。"

放翁是八十六岁死的，而在逝世的前两年，还有"也信美人终作土，不堪幽梦太匆匆"的钟情诗句，吐露他的伤心感慨。他对唐氏，是永远不会忘情的。对他母亲，因此也微抱遗憾。《秋夜自近村归》诗："女贞林黑月未上，姑恶声悲村已寒。"《夜闻姑恶》诗："不知姑恶何所恨，时时一声能断魂。"《夜雨》诗："姑恶独何怨，菰丛声若哭。"《溪上夜钓》诗："露湿荭丛姑恶哭，烟深沙渚鹭鸶寒。"《夜闻姑恶》诗："孤愁忽起不可耐，风雨溪头姑恶声。""姑恶"，这不是对他母亲的比兴吗？他的寄托之深，更见其用情之苦。所以说唐氏在放翁的心幕上，是永远地显现着一个活泼影子，可爱，多情。这是他生命的活力所自，也是他的苦痛根源。

二、王氏。蜀郡人，是他的继娶，年少翁二岁，生子六人，女一人。年七十一岁卒，时在庆元三年。封令人。

三、杨氏。他的妾。蜀郡华阳人，生一女闺孃，幼殁。

《随隐漫录》说："陆放翁宿驿中，见题壁云：'玉阶蟋蟀闹清夜，金井梧桐辞故枝。一枕凄凉眠不得，挑灯起作感秋诗。'放翁询之，驿卒女也，遂纳为妾。方余半载，夫人逐之。妾赋《卜算子》云：'只知眉上愁，不识愁来路。窗外有芭蕉，阵阵黄昏雨。晓起理残妆，整顿教愁去。不合画春山，依旧留愁住。'"

可知放翁纳妾半载，遭受到夫人的嫉妒，而几乎逐去。不得已，他乃作诗调解，以致其意。

《吴娃曲》诗："满地花阴不闭门，琵琶抱恨立黄昏。妾身不似天边月，此夜此时重见君。

"忘忧石榴深浅红，草花红紫亦成丛。明年开时不望见，只望郎君说着侬。

"二月镜湖水拍天，禹王庙下斗龙船。龙船年年相似好，人自今年异去年。

"臂上烧香拜佛前，愿郎安稳过新年。多情已是长多病，莫要留心在妾边。"

此诗原注："友有妾而内不容，戏为作此，因得不去。"其实正是"夫子自道"！因此这几首诗感动了他的夫人，是以他的妾并没有被逐。

放翁的生平，洋溢着浪漫的色彩。一方面不忘情于唐氏，时常追忆神往；一方面又钟情于夫人王氏，表示丈夫的温柔；一方面又驿馆纳妾，以文字的遇合，实践诗人的风流。他的美的生命，交奏着温暖的柔情，所以他的一部分诗篇，乃是从这情海深处，飞溅起来的晶莹光亮的浪花。

第七节　放翁的子孙

《戊辰岁除前五日作新岁八十有五矣》诗："传家六儿子，其四今皓首。"（自注：大儿新年六十二，仲子六十，季亦近六十。）可知他是有六子：子虞，乌程丞；子龙，东阳丞；子修；子坦，彭泽丞;子布;子聿,永平县钱监。孙有元敏、元礼、元简、元用、元雅。曾孙阿喜等。

附:放翁年谱

宋徽宗宣和七年,乙巳(1125),先生生。

高宗建炎四年,庚戌(1130),先生年七岁。

《陈彦声墓志铭》说:"建炎四年,金兵南来,先君欲避无所,闻东阳陈彦声以侠称,乃挈家依之,居三年,乃归。"

绍兴四年,甲寅(1134),先生年十岁。

先生侍父读书于山阴故庐。《跋周侍郎奏稿》说:"先君归山阴,一时贤公卿与先君游者,言及靖康北狩,未尝不相与流涕哀恸。"先生自幼即习闻国事,平生以复仇为念,盖基于此。

绍兴六年,丙辰(1136),先生年十二岁。

《宋史·本传》说:"年十二,能诗文。"

绍兴七年,丁巳(1137),先生年十三岁。

《跋渊明集》云:"吾年十三四时,侍先少傅居城南小隐。"

绍兴十年,庚申(1140),先生年十六岁。

《跋范元卿舍人书陈公实长短句后》云:"绍兴庚申辛酉间,予年十六七,与公实游,时予从兄伯山、仲高、叶晦叔、范元卿,皆同场屋,六人者盖莫逆交也。"

绍兴十一年,辛酉(1141),先生年十七岁。

《绍兴辛酉予年十七矣距今已六十年追感旧事作绝句》诗:

"常忆初年十七时，朝朝乌帽出从师。"（原注：与许子威辈，同从鲍季和先生，晨兴，必具帽带而出。）

《跋王右丞集》说："余年十七八时，读摩诘诗最熟。"

绍兴十三年，癸亥（1143），先生年十九岁。

《武林》诗："六十年间几来往，都人谁解记衰翁。"（原注：绍兴癸亥，予年十九，以试南省，来临安，今六十年矣。）是年举进士。

绍兴十四年，甲子（1144），先生年二十岁。

是年试后还故庐，每往游蕺山东麓天王广教院，与僧人惠迪住还数虚日。先生有《天王广教院在蕺山东麓予年二十余时与老僧惠迪游略无十日不到也淳熙甲辰秋观潮海上偶系舟其门曳杖再游怳如隔世矣》诗可证。

作《司马温公布衾铭》。自注："此铭于二十岁时作，今传以为秦少游，非也。"

绍兴十七年，丁卯（1147），先生年二十三岁。

《老学庵笔记》说："绍兴十六七年，李庄简公在藤州，以书寄先君。"是年先生父尚在。先生入仕，未见有丁父艰事，疑殁于此数年中。

绍兴二十三年，癸酉（1153），先生年二十九岁。

是年两浙转运使陈阜卿为考试官，秦桧、孙埈以右文殿修撰就试，直欲首送，阜卿得先生文，擢置第一，埈次之，桧大怒。有《陈阜卿先生为两浙转运司考试官，时秦丞相孙以右文殿修撰来就试，直欲首送，阜卿得予文卷，擢置第一，秦氏大怒。予明年既显黜，先生亦几蹈危机，偶秦公薨，遂已。予晚岁料理故书,得先生手帖,追感平昔,作长句以识其事,不知衰涕之集也》诗可证。

《宋史·本传》说:"荫补登仕郎,锁厅荐送第一,秦桧孙埙适居其次,桧怒,至罪主司。"

绍兴二十四年,甲戌(1154),先生三十岁。

是年试礼部被黜,陈阜卿亦几得祸。

《宋史·本传》说:"试礼部,主事复置游前列,桧显黜之,由是为所嫉。"

绍兴二十五年,乙亥(1155),先生年三十一岁。

《宋史纪事本末·秦桧主和桧死附》说:"绍兴二十五年,冬,十月丙申,秦桧死。"秦桧之死,对先生而言仕宦之门始开。

绍兴二十七年,丁丑(1157),先生年三十三岁。

作《云门寿圣院记》一文。(《渭南文集》)

绍兴二十八年,戊寅(1158),先生年三十四岁。

《宋史·本传》说:"桧死,始赴福州宁德簿。"

赴任,由温州入闽,有题江心寺、泛瑞安江、平阳驿观梅等诗,皆记途中游迹。

绍兴二十九年,己卯(1159),先生年三十五岁。

是年仍在宁德。先生《跋盘涧图》中云:"绍兴己卯庚辰之间,予为福州决曹,延平张仲钦为闽县大夫,朝暮相从。"

《宋史·本传》说:"以荐者除敕令所删定官,迁大理司直兼宗正簿。"

《祭周益公文》云:"曾赴行在,与周益公定交。"

自闽归途，亦从温州经行，有诗记其事，注云："自来福州，诗酒殆废，北归，始稍稍复饮，至永嘉括苍无日不醉，诗亦屡作。"是年游石门，王仲信为作《石门瀑布图》，皆记其自闽归杭之游迹。

绍兴三十一年，辛巳（1161），先生年三十七岁。

是年迁枢密院编修官。先生《跋陈鲁公所草亲征诏》云："绍兴辛巳壬午之间，予由书局西府掾，亲见丞相鲁公经纶庶务，镇服中外，有人不可及者。"西府，即枢院也。《本传》称"孝宗即位，迁枢密院编修官"，实误。按此暨先生长子陆子虚跋《剑南诗稿》："先君太史，晚自号曰放翁。绍兴辛巳间，及事高皇帝，累迁枢密院编修官。"及先生挽在茂南诗自注，足证枢院编修官乃高宗所授无疑。

是年先生奏杨存中不宜掌禁旅，非宗室外家不宜封王。又上执政书，论文章关于道术。（参考《渭南文集》）。

绍兴三十二年，壬午（1162），先生年三十八岁。

是年罢归。《跋曾文清奏议稿》云："绍兴末，贼亮入塞，时茶山先生居会稽禹迹精舍，予自敕局罢归，略无三日不进见。"《复斋记》亦称"是年自都下返里"。迨孝宗即位，"以史浩、黄祖舜荐，赐进士出身，擢检讨官"。（《宋史·本传》）

孝宗隆兴元年，癸未（1163），先生年三十九岁。

仍在检讨任。撰《与夏国主书》。又作《蜡弹省札》，招谕中原士民。（《渭南文集》）

是年曾自都返里，始与仲高遇。又王彦先亦来访。（《复斋记》）并作送茶诗："迹英帷幄旧儒臣，肯顾荒山野水滨。不怕客嘲轻薄尹，要令我识老成人。帆回鼓转东城暮，酒冽橙香一笑新。遥想解酲须底物，隆兴第一蜜源春。"具可为归里之证。

隆兴二年，甲申（1164），先生年四十岁。

《齐东野语》云："陆务观以史师垣荐，赐第，孝宗一日内宴，史与曾觌皆预焉。酒酣，一内人以帕子从曾乞词。时德寿宫有内人与掌果子者交涉，方付有司治之。觌因谢不敢曰：'独不闻德寿宫有公事乎？'遂已。他日，史偶为务观道之，务观以告张寿子宫。张时在政府。翼日奏：'陛下新嗣服，岂宜与臣下燕狎如此？'上愧。问曰：'卿得之谁？'曰：'臣得之陆游，游得之史浩。'上由是恶游，未几去国。"按此节实是本年事。《宋史·本传》说："时龙大渊、曾觌用事，游为枢臣张寿言：'觌、大渊招权植党，荧惑圣听，公及今不言，异日将不可去。'寿遽以上闻。上诘语所自来，寿以游对。上怒，出通判建康府，寻易隆兴府。"

不久，即调京口（今丹徒）。先生《跋张敬夫书后》云："隆兴甲申，予佐郡京口。"又序《京口唱和序》诗云："隆兴二年闰十一月壬申，许昌韩无咎以新番阳（今江西鄱阳）守来省太夫人于闰（润州，镇江）。方是时，予为通判郡事，与无咎别盖逾年矣。相与道旧故部，问朋俦，览观江山，举酒相属甚乐。"又有《将至京口》诗。

是年刻先生高祖轸《修心鉴》一书。（见《跋修心鉴》）

乾道元年，乙酉（1165），先生年四十一岁。

仍在镇江。曾返山阴，以在任所得俸，买宅于故乡镜湖之三山。《家居自戒》诗："襄得东口俸，始卜湖边居。"《春尽遣怀》诗自注："予以乾道乙酉，卜筑湖上。"《幽居记今昔事十首》诗：

"昔自京口归，卜居得剡曲。地偏无市人，民淳有古俗。"俱记是年事。

乾道二年，丙戌（1166），先生年四十二岁。

自京口任，移官通判豫章（今南昌县）。先生《上陈安抚启》云："佐州北固，麦甫及于再尝。易地南昌，瓜未期而先代。虽千里困奔驰之役，幸一官托覆护之私。"《上史运使启》云："佐州北固，麦甫及于再尝，地易南昌，瓜未熟而先代，虽千里困道途之役，幸一官在部封之中。"正指此。其诗注亦称，"是年七月舟行星子县，半日至吴城。寻以力说张浚用兵，免归。"《宋史·本传》："寻易隆兴府（今南昌），言者论游交拜结台谏，鼓唱是非，力说张浚用兵，免归。"《开东园路北至山脚因治道傍隙地杂植花草》诗："忆自南昌返故乡，移家来就镜湖凉。"自南昌罢归故乡，读此益信。

乾道三年，丁亥（1167），先生年四十三年岁。

罢官乡居。撰《崇恩禅院记》。

乾道五年，己丑（1169），先生年四十五岁。

是年冬，出复仕，通判夔州。（《入蜀记》）

乾道六年，庚寅（1170），先生年四十六岁。

《三峡歌》题云："乾道庚寅，予始入蜀，上下三峡屡矣。"又诗："我游南宾春暮时，蜀船曾系挂猿枝。云迷江岸屈原塔，花落空山夏禹祠。"可见自入蜀至南宾（今忠县）已暮春时矣。

作《将赴官夔府书怀》诗。

乾道七年，辛卯（1171），先生年四十七岁。

是年监试夔州。秋病四十日。有《一病四十日天气遂寒感怀有赋》诗:"幽人病起鬓毛残,硤口楼台九月寒。暮角又催孤梦断,早霜初染一林丹。"又有:"减尽腰围白尽头,经年作客向夔州。流离去国归无日,瘴疠侵人病过秋。""衰发病来无复绿,寸心老去尚如丹。"

乾道八年,壬辰(1172),先生年四十八岁。

原任将满,会"王炎宣抚川、陕,辟为干办公事。游为炎陈进取之策,以为经略中原必自长安始,取长安必自陇右始。当积粟练兵,有衅则攻,无则守"。(《宋史·本传》)

先生《送范西叔序》云:"乾道壬辰,予至益昌,始识范东叔,后月余,与其兄西叔为僚于宣威幕府。"盖是年皆以幕僚出使。

乾道九年。癸巳(1173),先生年四十九岁。

自成都唐安至汉嘉,寻摄蜀州,有《初到蜀州寄成都诸友》诗。寻再摄嘉州。(《跋岑嘉州集》)

淳熙元年,甲午(1174),先生年五十岁。

是年秋,再摄蜀州,有《蜀州大阅》诗。冬再赴荣州摄事,有《初到荣州》诗。

淳熙二年,乙未(1175),先生年五十一岁。

在荣州得制置司檄,催赴参议官任,离荣州。范成大帅蜀,又辟为参议官,"以文字交不拘礼法,人讥其颓放,因自号放翁"。(《宋史·本传》)

淳熙三年,丙申(1176),先生年五十二岁。

是年罢官。《闲中偶题》云:"七千里外新闲客,十五年前旧史官。"《饭保福》诗:"饱饭即知吾事了,免官初觉此身轻。"皆咏本年事。

寻缘事不复摄州，别领祠禄，有《奉祠桐柏》诗。

撰《范侍制集序》及《筹边楼记》。

淳熙四年，丁酉（1177），先生年五十三岁。

是年主管台州崇道观。（《铜壶阁记》《彭州贡院记》）

《遣兴》诗自注："予将赴夔道，被命东归。"盖吏选叙州，而朝旨命赴行在也。此亦本年事。

淳熙五年，戊戌（1178），先生年五十四岁。

是年春，孝宗念其久外，趣召东下，先生《谢王枢密启》曰："斐然妄作，本以自娱，流传偶至于中都，鉴赏遂尘于乙览。"盖先生诗传入都，孝宗闻之，因特召还，即膺出使之命，未几有诏别用，通判建安（郡治所在今建瓯市）。曾便道归里。《归云门》诗："微官行矣闽山去，又寄千岩梦想中。"盖此行从衢州入闽，有仙霞岭、渔梁驿诸诗，皆记沿途游迹。

淳熙六年，己亥（1179），先生年五十五岁。

春夏在建安，寻去官。有《初发建安》诗。

归途由武夷山过铅山县，至衢州，奏祠待命，除提举江南西道常平茶盐公事，径赴江西。有弋阳县、饶抚道中等诗。

淳熙七年，庚子（1180），先生年五十六岁。

自临州至高安，被命谐行在。（《广寿禅院记》）以发粟赈民，为赵汝愚所驳，入奏，仍除外官，遂便道返山阴。

《宋史·本传》云："江西水灾，奏：'拨义仓振济，檄诸郡发粟以予民。'召还。给事中赵汝愚驳之，遂与祠。"

淳熙八年,辛丑(1181),先生年五十七岁。

在山阴。值浙东大饥,朱熹时提举浙东常平茶盐事。先生有诗寄之,望其来赈。

淳熙九年,壬寅(1182),先生年五十八岁。

仍在山阴,筑堂曰"书巢",啸歌其中。

淳熙十年,癸卯(1183),先生年五十九岁。

作《寄题朱元晦武夷精舍》诗。

淳熙十一年,甲辰(1184),先生年六十岁。

在山阴。秋间曾观潮海上。(《诗集》)作《闻虏酋遁归漠北》诗。

淳熙十三年,丙午(1186),先生年六十二岁。

是年差知严州府,赴行在。《重修天封寺记》云:"淳熙丙午春,予以新定牧入奏行在所。"

淳熙十四年,丁未(1187),先生年六十三岁。

在严州,是年始刻诗。(《子虡跋语》)

淳熙十五年,戊申(1188),先生年六十四岁。

仍在严州,任满。七月归山阴。(《剑南集》)寻除军器抄监入都。(《宋史·本传》)

有《宿监中偶作》《致斋监中夜与同官纵谈鬼神效宛陵先生体》诗。

淳熙十六年,己酉(1189),先生年六十五岁。

迁礼部郎中。兼实录院检讨官。作《史院书事诗》《明州阿育王碑记》。《宋史·本传》云:"绍熙元年,迁礼部郎中兼实录院检讨官。"则显为记年错误。

寻以口语被斥归，作《风月轩自记》，嘲弄岁月，以名其轩。

光宗绍熙元年，庚戌（1190），先生年六十六岁。

家居。删订诗稿。自号"九曲老樵"。（《跋郑侠谢昌国书后》）

绍熙二年，辛亥（1191），先生年六十七岁。

作《建宁府尊胜记》《绍兴府修学记》。（《渭南文集》）

绍熙三年，壬子（1192），先生年六十八岁。

家居。领祠禄以自给。《夜赋》《寄张季长书》，俱记其事。是年撰《天封寺记》。

绍熙五年，甲寅（1194），先生年七十岁。

家居。取舍东一地，种花数十枝，名曰"小园"。有诗自述其闲情逸致："窄窄柴门短短篱，山家随分有园池。客因问字来携酒，僧趁分题就赋诗。晨露每看花蕾拆，夕阳频见树阴移。拂衣司谏犹忙在，此趣渊明却少知。"

被命再领冲佑，有诗纪事，并作《孝宗皇帝挽诗》。

宁宗庆元元年，乙卯（1195），先生年七十一岁。

是年七月二十二日卧病，两旬始平，九月范参政成大卒。冬葺小庵两间，取师旷"老而学如秉烛夜行"之语，名曰"老学庵"。

庆元二年，丙辰（1196），先生年七十二岁。

是年再领祠官之命。《遣兴》诗："湖海元为汗漫游，误恩四领慢亭秋。"即指此。庆元三年，丁巳（1197）。先生年七十三岁。

夫人王氏殁。

庆元五年,己未(1199),先生年七十五岁。

致仕里居。时伪学禁方严,先生安贫守分,不慕乎外,终日啸咏湖山,流连景物,颇有衡门泌水之乐,宜其晚年诗恬淡而脱俗。

是年朱熹卒,有祭文甚哀。文云:"某有捐百身起九原之心,有倾长河注东海之泪,路修齿耄,神往形留。"可见其交谊之笃。

庆元六年,庚申(1200),先生年七十六岁。

作《居室记》。

嘉泰元年,辛酉(1201),先生年七十七岁。

先生之子子布自蜀中归。

嘉泰二年,壬戌(1202),先生年七十八岁。

《宋史·本传》载:"嘉泰二年,以孝宗光宗两朝实录及三朝史未就,诏游权同修国史,实录院同修撰,免奉朝请,寻兼秘书监。"

是年子虞赴金坛丞,子龙赴吉州掾。《寄二子》诗:"大儿新作鹤林游,仲子经年戍吉州。"即指此。

嘉泰三年,癸亥(1203),先生年七十九岁。

史局告成,升显谟阁待制,上章致仕,不允,兼授太中大夫。五月始东归。有《出都》诗:"重入修门甫岁余,又携琴剑返江湖。"又作《乍自京尘中得归故山作五字识喜》诗:"门巷如秋爽,轩窗抵海宽。初还绶若若,已觉面团团。引睡拈书卷,偷闲把钓竿。人生快意事,五月出长安。"

嘉泰四年,甲子(1204),先生年八十岁。

是年子虞官吴门,子坦官盐官市征,子修官闽,子遹亦将赴官,兄弟皆出,先生作诗送之。

开禧元年,乙丑(1205),先生年八十一岁。

是年更辟舍东隙地,插竹为篱,名曰"东篱"。作《东篱记》。

子龙自江西归。

作《出塞》四首,望王师克捷。

开禧二年,丙寅(1206),先生年八十二岁。

是年子虞调官行在,子遹调永平县钱监。

开禧三年,丁丑(1207),先生年八十三岁。

先生被封渭南伯,食邑八百户。子虞调官淮西,子龙官东阳丞,子坦调彭泽丞。

撰《李虞部诗集序》。

陈伯予遣画工来写先生像,并自作赞。

嘉定元年,戊辰(1208),先生年八十四岁。

子遹自闽中归。终岁强健,作诗绝伙。

嘉定二年,己巳(1209),先生年八十五岁。

立秋得膈上疾,近寒露小愈,旋复绵缠至冬而剧。

嘉定三年,庚午(1210),先生年八十六岁。

正月卒。

第二章　放翁诗的时代背景

　　诗是时代的刻痕、反映。所以在放翁的诗里，动荡着时代的波澜，汹涌着时代的暗潮。苦痛的意志，交奏着苦痛的灵魂，显现了时代的影子。

第一节　异族凭陵与朝廷昏惑

　　一、异族凭凌。放翁生长在宋金失和的一个动荡时代里。徽钦二帝的北狩，伴着他的降生。《唐宋诗醇》说："观游之生平，有与杜甫类者：少历兵间，晚栖农亩，中间浮沉中外，在蜀之日颇多。其感激悲愤，忠君爱国之诚，一寓于诗。"因为金虏的沦陷中原，宋室南迁，激起了他的爱国情绪。靖康的耻辱，历史上空前的剧变，发动了他忠君杀敌的热诚。他吃着国仇的果实而长大，他饮了民族的血泪而成长。所以他的诗，便是国仇血泪的结晶。

　　二、朝廷昏惑。高宗虽然中兴临安，但在心理上以残山剩水的小朝廷为满足，无意规复中原，一味屈辱媾和。如此，奸人专权，在朝廷上也形成主战言和两派的对立。这自然是注定了言和派的胜利，主战派的失败和悲哀。例如岳飞功名最高，主战最力，收复中原的心最切，其罹祸也最惨。言和派的胜利，确定了王业偏安，铸成历史上的大错。

放翁是继承着主战的传统的，自然与佞臣积不兼容。他抱着一颗忠臣义士的心，怀着重整山河的壮志，更惹起了苟安偷生的人们的嫉妒，不见容于昏惑的朝廷。所以他的抱负也生平未展。现实既对他这样的无情，朝廷既使他这样的伤心，因之，他不能不把温热来寄托在诗里。

第二节　道佛思想的交融

道家思想着重在清静无为，返诸自然，摆掉一切人为的束缚，追求自我的心灵解脱；佛家思想主张色即是空，解脱烦恼，遗弃现实，涅槃的超度，要求小己的自力拯救。这两种精神，每在兵荒马乱、干戈扰攘、人心厌乱、礼教失坠的时候，特别地适合人的心理。所以历史上的战争乱离，往往做了道佛思想抬头的先兆。例如魏晋的风尚老庄，崇尚虚无，竞尚清谈；南北朝的盛言佛理，都是战乱的结果。北宋末年，政治的昏暗，加重了人民的痛苦，道佛思想也因是蓬勃。道家的养心功夫，佛家的修道精神，融合了儒家的心性，那便是宋朝的理学。道佛思想的互相颤动与交融，那即是隐逸与出世的肯定。放翁生在南渡之时，很容易接受这样的思想：他一面是淡泊的胸襟、愉悦的心灵，一面是贯通宇宙间万事万物的哲理的冥会，收歛为隐逸趣味的诗的创作。

第三章　放翁诗的渊源与分期

第一节　放翁诗的渊源

世界上没有无根的芳草，没有无根的繁花，没有无源头的江河，没有无泉水喷涌的细流小川。虽然花草的根毛是那样纤细，伸入到土壤里是如此深邃；虽然河流的源头是这么悠远曲折，来自蛮夷辽绝的异域，经过了地断壤绝的无数万里。假如不以难止，不以远绝，总可求出它们的根底和源委的。放翁的诗，正是这样。不仅有先天优越的秉赋、遗传，并有后天的名师教诲。所以成就了他诗人的伟大、崇高。在诗学的园地里，放射出奇光异彩。他的诗是有渊源的。高洁活水的源头，汇成功一泓清水；名贵的花根，滋养出硕大的果实。他的诗源自哪几家呢？

《四库全书总目提要》云："游诗法传自曾几。而所作《吕居仁集序》又称源出居仁。二人皆江西诗派也。然游诗清新刻露，而出以圆润，实能自辟一宗，不袭陈、黄之旧格。"

魏庆之《诗人玉屑》说："陆放翁诗本于茶山。故赵仲白题曾文清公诗集云：'清于月出初三夜，淡似汤烹第一泉。咄咄逼人门弟子，剑南已见一灯传。'剑南谓放翁也。然茶山之学，亦出于韩子苍，三家句律，大概相似，至放翁则加豪矣。近岁又有学唐人诗而实用陆之法度者，其间亦多酷似处。"

由上可知放翁诗源于江西诗派，出于吕居仁、曾几二人。按曾几的诗，出于韩驹，驹列名于江西诗派，一传为曾几，再传就到了放翁了。

放翁的《曾文清公墓志铭》里说："公贯通六经，尤长于《易》《论语》，夙兴，正衣冠，读论语一篇，迨老不废，孝悌忠信，刚毅质直，笃于为义，勇于疾恶，是是非非，终身不假人以色词。公治经学道之余，发于文章，雅正纯粹，而诗尤工，以杜甫、黄庭坚为宗，推而上之，縠黄初建安，以极于《离骚》《雅》《颂》、虞、夏之际。初与端明殿学士徐俯，中书舍人韩驹，吕本中游，诸公继没，公岿于独存，道学既为儒者宗，而诗益高，遂擅天下。余从公十余年，公称其文辞有古作者余风，及疾革之日，犹作书遗余，若永诀者。"

从他这一段记述，对其诗的渊源已灼然可见了。文清公的好学精神，忠孝的风度，正义感的强烈，在十几年的师生交游中，一一做了放翁的模范榜样，铸陶成他的做人的类型和作诗的风格了。文清公的诗法，是放翁的规矩；文清公的诗格律，则做了放翁的准绳。放翁少时，是师事文清的。文清的诗，由放翁的话，可知其以杜甫、黄庭坚为宗。少陵的诗，博大瑰伟，自辟境界，格律谨严，无悖于规矩，其作诗气焰沉雄，兼有简雅、清丽、豪健、奇辟、赡博、秾艳诸风格；并且是体大善变的，诗境也不只局于一格，他是悲欢穷泰发敛抑扬，疾徐继横，无施不可。所以他的诗有平浅简易的；有绮丽精确的；有严重威武，若三军之帅的；有奋迅驰骤，若泛驾之马的；有淡泊闲静，若山谷隐士的；有风流蕴藉，若贵介公子的。绪密思深，妙处蕴藏于阃奥的圣境，这是少陵诗特有的神韵。山谷（黄庭坚）的诗是自为一家的，不蹈古人的町畦，所以成为江西诗派的鼻祖。象山（陆九渊）说："豫章（黄庭坚）之诗，包含欲无外，搜抉欲无秘，体制通古今，思致极幽眇，贯穿驰骋，工夫精到，虽未极古之源委，而其植立不凡，斯亦宇宙之奇诡也。"杨东山说："丈夫自有冲天志，不向如来行处行。"山谷的诗，就是所谓"不向如来行处行"的。他的诗摹仿少陵，尤于甫之瑰奇绝俗处，具体而微；喜谈句律，旁出度样，其诗虽非完全豪荡纵横，极驰骋的大观，但往往有不可控抑之处。劲直沉着，是他的诗的特点，然也容易流于生疏。吕居仁以为山谷诗得少陵之髓；清王士禛以为"山谷诗虽脱胎于杜，顾其天姿之高，笔力之雄，自辟庭户"，又说"从来学杜者无如山谷，山谷语必己出，不屑稗贩杜语"。又《朱少章诗话》说："黄鲁直独用崑体工夫，而造老杜浑成之地，禅家所谓更高一着也。"姚鼐亦谓："山谷刻意少陵，虽不能到：然其兀傲磊落之气，足与古今作俗诗者，澡濯胸胃，导启性灵。"如此可知山谷诗的流风余韵的深入人心，和他在诗坛上的地位了。文清公的诗，既然以少陵、山谷为宗，当然是能得二家之体，融会二家之所长，浑然成功了他的完美的诗格和诗境，而自出机杼，成一家风骨。放翁又师事文清，无疑承受了他们三家的精英，自摘藻采，自造意境，因之少陵与山谷，自然是放翁诗的渊源了。他们影响到放翁的诗是多么大呢？前面放翁论文清诗的渊源说："推而上之，繇黄初建安，以极于《离骚》《雅》《颂》、虞、夏之际。"按黄初建安的时代精神为洒脱、飘逸，故作诗较含蓄，诗情绵绵不尽，结尾令人有余音袅袅之思；虽有时情胜于意，但犹不失朴厚浑成之旨。至于楚骚、《雅》《颂》，更是诗教的极则，温柔敦厚，哀而不伤。楚骚里蕴藏着人类至崇高的热情，映射出屈子超人的生命，以宗教的牺牲情绪，愿接受鬼蜮们所加予他的极黑暗阴毒的痛苦。不忍见祖国的危亡，三致其意般地发出了警钟似的呼声。他明知道了解到"何方圆之能周兮，夫孰异道而相安"。但是他不能与恶势力妥协，抱了"亦余心之所善兮，虽九死其犹未悔"的为道牺牲的精神，虽经过几许的折磨困难，仍旧是坚定着"览余初其犹未悔"的决心。最后不得已宁愿超离人世，遨翔天国，时而又是"陟升皇之赫戏兮，忽临睨夫旧乡，朴夫悲余马怀兮，蜷局顾而不行"。禁不起故乡的吸力，对故国发生了热恋，对人生和尘世油然兴起了爱慕和难舍之感。这种人生的矛盾冲突，表现了楚骚的哀惋和倔强的色调，屈子可说是担得起"怨诽而不乱，哀而不伤"，诗人伟大了。若《雅》《颂》虞夏之文，又表示了原始人的情感，并和平中正的治世之音。在艺术上好比是未琢磨雕刻的璞玉，未经火炼炉熔的浑金，它是高洁的、朴质的、浑厚的、完整的、有生命的，可算是艺术上无雕琢痕的最上乘的作品了。文清公吸摄了它们，消化了它们，化成细致的、精美的、肥沃的肥料，传达和输送给放翁。因之，放翁的诗意诗境，格外肥美，和"硕大且卷"的少女一样完满无缺了。又表示，文清公尝与徐俯、韩驹、吕本中游。按三家均为江西诗派的诗人，吕本中所作《江西宗派图》，内有徐俯、韩驹。文清公既与他们往还，一定是文人相与，感召极深，才气激发，相得益彰。他们的邂逅叙晤，慷慨赋诗，才动风云笔走山河，热情相激，思绪相感，酬唱歌咏，自有一共同的诗格、共同的神韵和情调。那当然是一致树立江西诗派的旗帜了。所以说放翁也是江西诗派的嫡派呢！

放翁的《跋曾文清奏议稿》里说："时茶山先生居会稽禹迹精舍，某自敕局罢归，略无三日不进见，见必闻忧国之言，先生时年过七十，聚族百口，未尝以为忧民忧国而已。"可知放翁师生感情的真挚，过从的亲密，更可知文清公人格的完整和伟大。他是忧国无家的，他是先天下之忧而忧的。这些对放翁的感召很大，影响很深。所以放翁的诗中，忠爱感发，悲愤激昂，充满了爱国的观念，这是自然的。

又《跋〈曾文清公诗稿〉》里说："河南文清公，早以学术文章擅大名，为一世龙门，顾未尝轻许可。某独辱知，无与比者。士之相知，古盖如此。方西汉时，专门名家之师，众至千余人，然能自见于后世者寡矣。扬子惟一侯芭，至今诵之。故识者谓千人不为多，一人不为少，某何足与乎。此读公遗稿，不知哀涕之集也。"

可见放翁与文清公相知的深刻。放翁是为文清所推许的唯一弟子了。可以传文清的衣钵；可以发扬光大文清的诗文，拿一个不恰当的比喻来说，"士为知己者用，女为悦己者容"。放翁因为文清的相知，更提高了他孜孜不倦的作诗的兴趣，坚定了在诗文上一定有卓尔不群的成就的信心。他信仰他老师的一切；他崇拜他夫子的习尚；他圣化了他先生的诗文。文清在放翁的眼中，是一个圣洁神灵的影子，黑暗中的光明。他可以引导他到光明的路上去。他爱他，崇拜他，他对他的一切是亲切的、熟悉的、敬慕的。所以当他读他的先生的遗稿，能不兴起今昔不同之感，而怅然为之涕泗滂沱吗？所以说放翁诗的成就的伟大，归功于他的先生的鼓励、奖许，激起了他青春的、蓬勃的朝气，锤击出生命的闪雷般的火花，温暖他的诗心，发出不可遏止的创造力、冲动力，写下狂热、坦白、率直，真实感激豪宕的诗篇的地方，实在太多了。

又《贺曾秘监启》里说："恭维某官文贵乎道，气合于神，学稽古以知天，心集虚而应物。旧闻入洛之盛事，疑于古人，追数过江之诸贤，屹然独在。虽身居湖海之远，而名满覆载之间。友化人而游帝居，顾肯复求于外物。登泰山而小天下，盖尝俯陋于诸儒。力归使节，自乞守符。观其勇退于急流，真若无意于斯世。迫功名之不赦，凛风节之愈高。某自惟幸会，最辱知怜。识度关之云，距今十载。从浴沂之乐，终后诸生。孤踪愈远于师门，精意空驰于梦想。"

又《谢曾侍郎启》里说："兹盖伏遇某官尽心知性，惟道集虚，气塞天地之间，辞编《诗》《书》之策。授业解惑，务广先师之传；扬善进贤，用为圣主之报。广则或至于杂，恕则不责其全，是致庸虚，亦污题品。然而仰观明公之勇退，每蹈前哲之难能。超轶绝尘，优游卒岁，虽贤愚之甚远，顾师慕之敢忘。誓当力戒它岐，益坚素守。祸福有命，岂其或置于胸中。名节倘全，是则不辱于门下。"

可知茶山先生名节的孤高，得道的心性，气通于神明。心物的相应，形成了自然与我的契合与交融。冲淡玄远，构成超然旷怀的胸襟。急流勇退，兴起了恬淡闲适的感觉和悠情，显示了山谷隐士的风趣。进退不苟，表明了高尚的操守和亮节清风。乐天知命，豁然的胸襟，展现了无处而不自觉的态度，疏旷的超人的心灵。放翁敬佩他，仰慕他。模仿他，一则说："精意空驰于梦想。"再则说："名节倘全，是则不辱于门下。"看放翁多么地以茶山先生来自勉自励，而遥寄向往之情啊。放翁的晚年诗的风格，疏淡、清雅、闲远、淡泊，大有靖节先生的神韵，这种妙悟得道的启示，也是得之于茶山先生呵！他的《别曾学士》诗里说：

"儿时闻公名，谓在千载前。稍长诵公文，杂之韩杜编。夜辄梦见公，皎若月在天。起坐三叹息，欲见亡繇缘。忽闻高轩过，欢喜忘食眠。袖书拜辕下，此意私自怜。道若九达衢，小智妄凿穿。所愿瞻德容，顽固或少痊。公不谓狂疏，屈体与周旋。骑气动原隰，霜日明山川。鞭系不得从，瞻望抱悁悁。画石或十日，刻楮有三年。贱贫未即死，闻道期华颠。他时得公心，敢不知所传。"

放翁是如何地崇拜茶山先生？在他的心目中，茶山的诗文，与昌黎少陵是同样地有价值的，有相等的重量的。他这种神驰般的渴慕的热情，梦寐求之的精诚，固然是诗人应有的宗教般的情绪。但是，也可见茶山先生在当时青年心灵中的影响和地位的崇高了。放翁把他比作皎洁的明月，这是多么神圣化的比方。试想月亮高挂在银灰色的天空上，好像一只美人的眼睛，流出了清冽的寒光，投到人心灵中的每个角落，每个隐蔽的地方，以慈祥的母性的抚爱，吻着大地上的一切，她赶走了黑暗的鬼魅。她又如一位温和圣洁的女神，在深夜里弹出了宇宙的无声的寂寞的妙曲，暗示着光明的生生不息的人生之过程，共鸣拨动着每个人的心弦。这是多么和谐的境界？她是至高的光明的美的象征呵！茶山先生的灵魂的光辉，智慧的火焰，如皎月的流光，照出艺术的美的诗的缥缈的影子，作为青年追求的标的。放翁就是受他的感召最深的一个！我们在这一首诗里，可以清楚地看到放翁拜师的热烈的情绪，兴奋的感觉，憧憬的希望，仰高钻坚的心理，慕道的愿望……茶山和放翁师生缘分的结成，实奠定了放翁诗的未来的成功的基础，他是放翁的诗之花的根蒂，活水的源头啊！

放翁诗的第二个渊源，那便是吕居仁了。居仁作诗奇逸，他论诗尝引孙子的话："始如处女，终如脱兔。"这样的作诗风格，自然成就了他诗的奇逸了。放翁的《吕居仁集序》云："某自童子时，读公诗文，愿学焉。稍长，未能远游，而公捐馆舍。晚见曾文清公，文清谓某，君之诗渊源殆自吕紫微，恨不一识面。某于是尤以为恨，则今得托名公集之首，岂非幸欤？"

可见他自称源出于居仁，尤以未能亲瞻容辉、亲受诗教为遗憾。居仁的诗，对于放翁的影响一定是很大的，这是可以断言的。因为诗文的作品，为一个人全部精神的情理的结晶和萃聚。一位诗人在扰攘的红尘中，在错综的人事关系中，在芸芸众生的宇宙系统中，在乱纷纷的人世中，他是和其他的人一样地受着一切的限制、束缚，得不到解放的。甚至于为贫困所迫，现实的生活和柴米油盐，威胁着他的精神，使他呼吸不到清新的适意的空气，潦倒一生了。然而，在他的诗的世界里，在他的艺术的作品天国里，在他以心血灌溉的诗篇的园地里，他是自由的、坦白的、天真的、解放的。这里边没有虚伪，没有倾轧，没有束缚，没有顾忌。诗人是这个世界的主人，他要哭就哭，用不着如一般人暗地里垂泪，要笑就笑，绝不是笑里藏刀；悲哀起来，他可以对天怅望，脉脉地无语，用不着去强颜为欢，故作镇静；愤怒起来，他可以如警钟般地大声怒吼，他绝不了解什么"**待机而动**"和"**卧薪尝胆**"；当他在良心和正义感上应当骂那坏人的时候，他可以毫无顾虑地执行着骂人的总动员和总攻击令，他也绝没有想到了什么个人的荣辱安危……总之，在诗的世界里，充满了"真"的气氛；艺术的田园里，栽培了"真"的情感的绿树；它们都是超功利的。所以说诗人幸运的得天独厚的地方，是他有这一片为其他人所没有的美丽的诗的园地，在这一片园地里生活着花木鸟兽虫鱼……一切，诗人可以给它们以真情的寄托，同情，爱恋，诗人又可以向它们吐诉他的真心妙语，构成了和谐的乐土。但是，相反地，这也是他相较一般人不幸的地方，这一片诗的乐土，反变成为他的痛苦的泉水，溶解了痛苦、酸楚、悲哀……的质素，伴着诗人生命流去，一直到生命的歇止。是以在诗人的诗篇里，灌注了他的生命，熔化着他的灵魂。里边有真挚的热情；有珍贵鲜红的心血；有一串的眼泪；有意志的冲动；有无名的悲哀；有怒发冲冠般的愤慨，也有冷冷的人生的寂寞；也有苦风凄雨似的沙漠的荒凉；也有"**风雨如晦，鸡鸣不已**"般的诗人的孤高；也有"世人莫我知兮""吾将从彭咸之所居"的悲凉的高远的情趣；也有"九死不悔"的不与恶势力妥协的操守；也有花香鸟语陶醉在大自然中的闲雅和疏狂……诗是诗人的生命消逝当中的一点痕迹、一点幽光啊！放翁爱好居仁的诗，读居仁的诗文，不知不觉中就受了他的影响和感染，发生了精神上的交流，了解到他的灵魂之美，而成功了不见面的交游，这是与古人为友的实践啊。放翁的诗，是受居仁诗的熏陶的。在他的诗中，有居仁诗的风格和因素；他摄取了居仁诗的长处特点，融合它变为自己的一部分，化为他的诗的崭新的风格。

只要探本溯源，绝不能忽疏了居仁。所以茶山先生也说"君之诗渊源殆自吕紫微"了。

前面已经说过，曾几和吕居仁两先生，均为江西诗派。那么，放翁的诗派，自然也源出江西，为江西诗派的嫡传了。考江西诗派滥觞于黄鲁直，大都宗尚杜甫。所以《曾文清公墓志铭》说："以杜甫、黄庭坚为宗。"江西诗派的风格，大都流于奇辟生硬。即洪炎所说的"置字律令，新新不穷，其长处殆可以'新奇生硬'四字包之"。至茶山等人，则变本加厉。然而诗人放翁，他是多方面的，不拘泥于一家一派的。他独能从此派入，却又从此派超出，虽然有时候递嬗演变的痕迹，不免有蛛丝马迹可寻，不过，他的诗已经去了生硬的气息，奇辟的外衣，一变而为活泼的姿态，表现了极自然的情调了，从江西诗派中另辟蹊径，接受着山谷的"丈夫自有冲天志，不向如来行处行"的精神，树立了一种诗的风格，成为独立的剑南诗派了。

第二节　放翁诗的分期

　　把一位诗人的诗去分期，或者想在一位诗人的诗集中，划分出前后不同的几个段落来，这种困难，恰如我们要把悠长滚滚的大河，斩为一节节的一样，几乎是不可能的。李白的诗"**抽刀断水水更流**"，可作为这种困难的适当说明了。因为诗人一生的诗的创作，是他漫长生命心声的记录，"志"的表白，前后是有统一性的，有一贯性的，有永恒的不变者在的。它是有机的，浑然一体的，有统一人格的。但是，诗，相反地，也是生活的反映，时代的绘图，在诗人的几十年生命当中，往往因为他的前后的遭遇不同，时代所给他的刺激也不一致；环境和命运的泰否，随时也可以给他在情感上的波动、骚扰。加以诗人的知识，早岁与晚年不同；人生的体验，前后也有深度上的差异。因之，对人生的看法，对宇宙的了解，对人事的批判，也有深浅明暗的分别。再则，诗人一生足迹所到的地方不一，平原、山水、丘垄、池沼，各有它们的特色、趣味，自然也很容易变化着诗人气质。譬如说在一望无边的海上，万顷云烟，波涛汹涌，海啸应答，浪排如山，那将如何地惊心动魄，而有忐忑之感？一日烟水明媚，练华无波，海鸥成群，翱翔青空，归舟帆影，三五东西，那又是如何地目旷神怡，胸襟开阔，而有一尘不染、缥缈空灵之思？假如乘松涛谷风，登东岳之巅，俯视四野：只见点点村落，交错着一块块的不整齐的青碧的禾亩，浮云卷舒，飞舞足下；四顾苍茫，神游太空，能不有遗世独立，而兴小天下之感？如鄂蜀的三峡，包有诸滩之险，两岸连峰夹岸，万刃矗天，怪石玲珑，争巇奇诡，峰岚回合，千态万状。蜀山峥嵘，巉巉，奇巍，雄峻，复以重峦的怀抱，叠岭的环绕，徜徉其间，能不兴地腴民富，天府中兴之地之感？辽阔的原野，茫茫无际，"平畴交远风"，这是靖节先生体会到的何等的情趣？小丘上的绿树，陇头上的青草，自别具兴致；池塘的皱水，曲沼的翠波，亦另有诗情。那么，一切的一切，是多么容易地予诗人以新的刺激，情感上的暗示，仿佛用各种颜色的石子，击破他平静的心湖，发出了层层的新的水纹，溅起了透明的新的浪花，成就他的诗的新的风格，新的情调，新的姿态，新的韵味，新的致趣。但是，他的诗的精髓，是前后一贯的；人格，是前后统一的。各时期表现在诗上的差异，是表面的，而不是本质的。所谓差异，只不过一物的数种面貌而已。诗的分期，也是为了研究和了解的方便，并没有确切的某年某月，可作为在诗上划分的精确的界石，在这一年的前后的不同的两期中，可一定的丝毫不爽的表现出显著的诗的两段落的差异。相反地，这是人为的标准，没有科学上的精确。例如放翁诗的分期，我根据了在他一生的生活上的几件大事，能影响到他的心灵中的转变的，分成了四个段落，也就做了他的诗的分期。这不是说在他的四个时期的诗的风格，是完全一致的；而是说四个时期里的诗的风格，是互相错综的。不过是在每一个时期当中，都有一种显明的有力的诗的风格,领导了其余的风格罢了。这好像一年四季的气候,分起来固有春夏秋冬的不同,但是在微寒的春日,未尝没有凄凉的秋意;在漫漫的多雨的夏天,也未尝没有慵懒的春思。诗的分期也是这样。

序曲——放翁剑南漂泊与东归后的萍踪

在放翁的生命史上,可以划分为前后不同的四个段落:一个是入蜀前,一个是入蜀后,一个是东归后,一个是晚年故乡的幽居。在这四个阶段里,作为他一生的命运的关键的,自是入蜀后的时代,东归后只不过是这个时代的尾声,为了了解他这时期的心情,如何由追求到幻灭,不能不看一看他的漂泊与萍踪。

(一)放翁的剑南漂泊

放翁入蜀后虽是一度到过汉中,但为时短短的不及一年,所以说他西来八九年的时间,差不多整个的岁月漂泊在剑南了。他在剑南漂泊的路线和地理,是更可以帮助着我们去了解他这一期的诗的。在他经过的地方上的每一特点、名胜、古迹、自然的变化、晦明、风雨,都可给他无限的诗材,挑起他的诗兴,成就他的千古传诵的名作。放翁入蜀,自己写了《入蜀记》六卷,记载他沿途的大事和游览的胜迹。自乾道六年(1170)闰五月十八日他动身的那天起,至同年十月二十七日到达夔州的那天止,共计一百五十七天,天天都有记载。所以他这一段的足迹,我们知之颇详。自他入蜀以后,他的生活就成了萍踪絮影。汉中道上,剑南转蓬,飘飘无定,他这时便没有日记传世了。因此,我们对他的行止,也就比较模糊。幸而他的诗稿是按年编排的,使我们在他的诗集里,还可以寻出线索来。

放翁入蜀的路线及经过,据《入蜀记》的记载是:

乾道六年闰五月十八日晚行,离山阴乡里。

十九日黎明至柯桥馆。申后,至萧山,夜四鼓,解舟行,至西兴镇。

二十日黎明渡江(钱塘江)。

二十一日至三十日皆留临安,与故人饯别,并游西湖。

六月一日舟解缆离临安,泊籴场前。

二日晚急雨,宿临平,夜半解舟。

三日过秀州崇德县,宿石门。

四日晚泊本觉寺前。

五日抵秀州。

六日七日留秀州。

八日过平望。

九日过吴江县,宿尹桥。

十日过平江,宿枫桥寺前,唐人所谓"半夜钟声到客船"者。放翁作《宿枫桥》诗一首:"七年不到枫桥寺,客枕依然半夜钟。岁月未须轻感慨,巴山此去尚千重。"

十一日泊无锡。

十二日晚行,夜四鼓,至常州城外。

十三日早入常州,泊荆溪馆。

十四日过奔牛闸,抵吕城闸。

十五日夜抵丹阳。古所谓曲阿,或曰云阳。谢康乐诗云:"**朝日发云阳,落日到朱方。**"盖此谓也。

十六日过新丰,小憩,李太白诗云:"**南国新丰酒,东山小妓歌。**"又唐人诗云:"**再入新丰市,犹闻旧酒香。**"皆谓此,非长安之新丰也。夜抵镇江城外。

十七日至二十五日皆留镇江。

二十六日二十七日游金山。

二十八日夙兴,观日出江中,作《金山观日出》诗。

二十九日至瓜洲。

七月一日黎明离瓜洲,晚至真州(今仪征县)。

二日三日留真州。

四日发真州,过瓜步山,晚泊竹条港。

五日至建康。

六日至九日留建康。

十日早出建康城,至石头。

十一日出夹,行大江,过三山矶、列洲、慈姥矶、采石镇,泊太平州江口(当涂县)。

十二日至十七日留太平州。游青山李太白祠堂,有《吊李翰林墓》诗一首。

十八日解舟出姑熟溪,行江中,至大信口泊舟。

十九日至芜湖县,泊舟吴波亭。

二十日宿过道口。

二十一日过繁昌县,晚泊荻港。

二十二日过铜陵县,晚泊水洪口。

二十三日泊梅根港。

二十四日到池州。

二十五日留池州。

二十六日过长风沙罗刹石。李太白《江上赠窦长史》诗云:"万里南迁夜郎国,三年归及长风沙。"梅圣俞《送方进士游庐山》云:"长风沙浪屋许大,罗刹石齿水下排。历此二险过澎浦,始见瀑布悬苍崖。"即此地也。又太白《长干行》云:"早晚下三巴,预将书报家。相迎不道远,直至长风沙。"盖自金陵至此七百里,而家家来迎其夫,甚言其远也。

二十七日泊赵屯。有《雨中泊赵屯有感》诗一首。

二十八日过东流县不久,至马当。

二十九日阻风马当港中。

八月一日过烽火矶,南朝自武昌至京口,列直烽燧,此山当是其一也。过澎浪矶、小孤山,二山东西相望。昔人诗有"舟中贾客莫漫狂,小姑前年嫁彭郎"之句。传者因谓小孤庙有彭郎像,澎浪庙有小姑像,实不然也。晚泊沙夹,距小孤一里。

二日泛彭蠡口,四望无际,乃知太白"开帆入天镜"之句为妙。晚抵江州,岸土赤而壁立,东坡先生所谓"舟人指点,岸如赪"者也。泊溢浦。

三日至六日留江州。

七日至十日游庐山。

十一日泊赤沙湖口。东北望犹见庐山，老杜潭州道林诗云："殿脚插入赤沙湖。"此湖当在湖南，然岳州华容县及此，皆有赤沙湖，盖江湖间地名多同，犹赤壁也。

十二日晚泊橹脐汊。

十三日至富池。

十四日泊刘官矶旁，蕲州（今蕲春县）界也。

十五日次蕲口镇。

十六日晚过道士矶，矶一名西塞山，即玄真子《渔父辞》所谓"西塞山前白鹭飞"者。张文潜云："危矶插江生，石色孽青玉。"殆为此山写真。又云："已逢妩媚散花峡，不怕艰危道士矶。"盖江行惟马当及西塞，最为湍险难上，抛江泊散花洲。

十七日过兰溪，东坡先生所谓"山下兰芽短浸溪"者。晚泊巴河口，距黄州二十里，一市聚也。张文潜有巴河道中诗云："东南地缺天连水，春夏风高浪卷山。"

十八日至黄州。

十九日留黄州，游东坡。黄州有赤壁矶，图经及传者，皆以为周公瑾败曹操之地，然江上多此名，不可考质。李太白赤壁歌云："烈火张天照云海，周瑜于此败曹公。"不指言在黄州。苏公尤疑之，赋云："此非曹孟德之困于周郎者乎？"《东坡乐府》云："故垒西边，人道是，三国周郎赤壁。"则真指为公瑾之赤壁矣。

二十日离黄州泊戚矶港。有黄州诗一首。

二十一日晚泊杨罗汊。

二十二日过青山矶，晚泊白杨夹口，距鄂州三十里。

二十三日至鄂州。

二十四日至二十九日留鄂州。曾登石镜亭，访黄鹤楼故址。黄鹤楼旧传费祎飞升于此，后忽乘黄鹤来归，故以名楼，号为天下绝景。太白登此楼送孟浩然诗云："孤帆远影碧空尽，惟见长江天际流。"盖帆樯映远山，尤可观，非江行久，不能知也。有《武昌感事》诗云："百万呼卢事已空，新寒拥褐一衰翁。但悲鬓色成枯草，不恨生涯似断蓬。烟雨凄迷去梦泽，山川萧瑟武昌宫。西游处处堪流涕，抚枕悲歌兴未穷。"

三十日离鄂州。沿鹦鹉洲南行，洲上有茂林神祠，盖祢正平被杀处。故太白诗云："至今芳洲上，兰蕙不忍生。"即此地也。晚泊通济口。

九月一日始入沌，实江中小夹也。过新潭，夜泊丛苇中。

二日次下郡，泊白臼，有庄居数家，门外皆古柳侵云。

三日晚泊归子保。有居民十余家，多桑柘榆柳。

四日泊毕家池，盖属复州玉沙县沧浪乡云。

五日泊紫湄。

六日过东场，泊鸡鸣。

七日泊湛江。

八日次江陵之建宁镇，盖沌口也。入石首县界。

九日泊塔子矶。有《塔子矶》诗云："塔子矶前艇子横，一窗秋月为谁明？青山不减年年恨，白发无端日日生。七泽苍茫非故国，九歌哀怨有遗声。古来拨乱非无策，夜半潮平意未平。"

时值重九,买羊置酒,求菊花于江上人家,得数枝,芬馥可爱,为之颓然径醉,夜雨极寒,有《重阳》《早寒》诗各一首,《重阳》诗云:"照江丹叶一林霜,折得黄花更断肠。商略此时须痛饮,细腰宫畔过重阳。"

十日阻风雨,留塔子矶。

十一日泊三江口,自此遂不复有山。太白诗:"山随平野尽,江入大荒流。"盖荆渚所作也。

十二日过石首县,不入,泊藕池。

十三日泊柳子。

十四日次公安,古所谓油口也。汉昭烈驻军,始更今名。县有废城,髣髴尚存,图经谓之吕蒙城。然老杜乃曰:"地旷吕蒙营,江深刘备城。"盖玄德、子明,皆屯于此也。

有《公安》诗一首。

十五日留公安。

十六日过白湖,日入,泊沙市。老杜诗云:"买薪犹白帝,鸣橹已沙头。"刘梦得云:"沙头樯干上,始见春江阔。"皆谓此也。

十七日至二十六日留沙市。有《沙头》诗一首云:"游子行愈远,沙头逢暮秋。孙刘鼎足地,荆益犬牙州。鼓角风云惨,江湖日夜浮。此生应衮衮,高枕看东流。"

二十七日解舟,泊新河口,距沙市三四里。

二十八日泊方城。

二十九日阻风。

十月一日泊沱灉。一聚落,竹树郁然。

二日泊桂林湾。

三日与儿辈登堤观蜀江，乃知李太白《荆门浮舟望蜀江》诗"江色绿且明"为善状物也。泊灌子口，盖松滋、枝江两邑之间。灌子口一名松滋渡。刘宾客有诗云："巴人泪应猿声落，蜀客船从鸟道回。"有《松滋小酌》《晚泊松滋渡口》等诗。

四日泊龙湾。

五日过白羊市，盖峡州宜都县境上，泊赤崖。

六日至峡州。

七日留峡州。

八日过下牢关，西望重山如阙，江出其间，则所谓下牢溪也。

欧阳文忠公有《下牢津》诗云："入峡山渐曲，转滩山更多"，即此也。泊石牌峡。

九日过扇子峡，晚次黄牛庙。

十日泊城下。归州秭归县界也。

十一日过达洞滩，犹见黄牛峡。太白诗云："三朝上黄牛，三暮行太迟，三朝又三暮，不觉鬓成丝。"欧阳公云："朝朝暮暮见黄牛，徒使行人过此愁。山高更远望犹见，不是黄牛滞客舟。"盖谚谓"朝见黄牛，暮见黄牛，一朝一暮，黄牛如故。"晚泊马肝峡口。

十二日抵新滩。

十三日舟上新滩。由南岸上，及十七八，船底为石所损。

十四日留驿中。

十五日离新滩，过白狗峡，泊舟兴山口。

十六日到归州（今秭归县）。隔江有楚王城，或云楚始封于此。《山海经》云："夏启封孟涂于丹阳城。"郭璞注云："在秭归县南。"疑即此也。然《史记》云："成王封熊绎于丹阳，裴骃乃云在枝江。"未详孰是。有《憩归州光孝寺寺后有楚冢近岁或发之得宝玉剑佩之类》诗一首云："秭归城畔蹋斜阳，古寺无僧昼闭房。残佩断钗陵谷变，苦笋架竹井闾荒，虎行欲与人争路，猿啸能令客断肠，寂寞倚楼搔短发，剩题新恨付巴娘。"

十七日至十九日留归州。访宋玉宅，在秭归县之东。

二十日早离归州。过业滩。

二十一日晚泊巴东县，有《秋风亭拜寇莱公遗像》诗二首，其一云："豪杰何心后世名，材高遇事即峥嵘。巴东诗句澶州策，信手拈来尽可惊。"

二十二日发巴东，泊疲石。

二十三日过巫山凝真观，谒妙用真人祠，真人，即世所谓巫山神女也。泊清水洞。

二十四早抵巫山，县在峡中，亦壮县也。

二十五日泊大溪口。

二十六日入瞿唐峡。晚至瞿唐关，唐故夔州，与白帝城相连，杜诗云："白帝夔州各异城。"盖言难辨也。有《登江楼》诗一首云："已过瞿唐更少留，小船聊系古夔州。薄书未破三年梦，杖屦先寻百尺楼。日暮雪云迷峡口，岁穷畬火照关头。野人不解微官缚，尊酒应来此散愁。"

二十七日早至夔州（今奉节县）。州在山麓沙上，所谓鱼复永安宫也，在瀼之西，故一曰瀼西，士人谓山间之流通江者曰瀼云。

放翁在夔州住了一年多的时间，夔州是下临大江，景色奇丽，背负高山，气象雄伟的地方。重叠的峰嶂，有雅秀的情致，跳珠溅玉的浪花，赋予人以活跃生命的启示。朝雾暮云，带来了人生冷落之感。秋风衰草，也给了人怅然流浪天涯之悲。漂萍似的诗人放翁，踏进了边荒的千峰万峦的四川，怀着渴望未来一切的心情，而尝到宦海无聊的绝望的幻灭的冷箭穿心的滋味，所以他的整个的生命和全副的精力都用之于作诗了。这时放翁的一支笔，控制了宇宙的自然万象，大若山水，动若风云，小若草木鸟兽虫鱼，无不受其指挥、节制，各自呈现它的无名的形状，而构成放翁诗的有机的一部分。因之，蜀中的山水风物，也构成他这时的诗的特点。他的笔摄取了多少的逼真的自然景物的影响啊！"翩翩乳燕穿帘影，簌簌新篁解箨声。"（《初夏新晴》）"宿雨全消瘴，新霜剩得晴。"（《秋晚病起》）"十年尘土青衫色，万里江山画角声。"（《晚晴闻角有感》）"云重古关传夜柝，月斜深巷捣秋衣。"（《秋思》）"楼危压城起，硖迮束江来。"（《登城》）"瀼西黄柑霜落爪，溪口赤梨丹染腮。"（《秋晴欲出城以事不果》）"绝壁猿啼雨，深枝鹊报晴。"（《瀼西》）"漫漫晚花吹瀼岸，离离春草上宫垣。"（《试院春晚》）"乱山缺处如横线，遥指孤城翠霭中。"（《醉中到白崖而归》）。这些都是夔州特有的自然的外貌，山城特有的景色，经过放翁的神笔，而更亲切地呈露在我们的眼前了。

乾道八年（1172）的春年，放翁又离夔州，去汉中。他经过梁山至邻水，有《邻水县道上作》诗说："微雨晴时出驿门，乱莺啼处过江村。挽花醉袖沾余馥，迎日征鞍借小温。客路一身真吊影，故园万里欲招魂。鬓毛无色心犹壮，藉草悲歌对酒尊。"

可见是初春的景象了。又有《邻水延福寺早行》诗一首，从"乱山徐吐日，积水生野烟"的诗句看来，邻水的原野和蚕丛的路上，是一幅多么荒凉的画图啊！过广安，作《过广安吊张才叔谏议》诗："春风匹马过孤城，欲吊先贤涕已倾。许国肺肝知激烈，照人眉宇尚峥嵘。中原成败宁非数，后世忠邪自有评。叹息知人真未易，流芳遗臭尽书生。"

过岳池，作《岳池农家》诗一首。在"泥融无块水初浑，雨细有痕秧正绿"的句子里，写出了水田的自然之美和农学的趣味。至果州（今南充），有《果州驿》诗"池馆莺花春渐老"，可知到了春意阑珊春将暮的时候了。过阆中，作《南池》诗一首，诗里说："二月莺花满阆中，城南搔首立衰翁。数茎白发愁无那，万顷苍池事已空。陂复岂惟民食足，渠成终助霸图雄。眼前碌碌谁知此，漫走丛祠乞岁丰。"

在《鼓楼铺醉歌》诗里说："三巴未云已，北首趋褒斜……壮哉利阆间，崖谷何谽谺……"可知放翁北去褒斜的匆匆行色，和利州（今广元）阆中间的道上的凄凉啊！过筹笔驿（今广元北），有诗凭吊诸葛武侯，又兴起了绵绵怀古的悠情！"危栈巧依青嶂出，飞花并下绿岩来。面前云气翔孤凤，脚底江声转疾雷"（《嘉川铺遇小雨景物尤奇》）的诗句，更写出了栈道的特色，和自然幽奇的绝境哩！入金牛道，作《金牛道中遇寒食》诗一首，也是感时伤情之作。放翁远路跋涉到了南郑，已经是暮春了，从他的《南郑马上作》诗里"南郑春残信马行……迷空游絮凭陵去，曳线飞鸢跋扈鸣"看来，似乎又是杨花飞舞的清明过后的不几天呢！

就在这一年的秋天，放翁由南郑又回到阆中，有《自三泉泛嘉陵至利州》诗一首。过葭萌（故城在今广元昭化南），有"亭驿驱驰髀肉消，故山归梦愈迢迢……雨后风云犹惨淡，霜前草木已萧条……"（《夜抵葭萌惠照寺寓榻小阁》）的句子，更表示了这位诗人禁不起漂泊的寂寥了。到了阆中，有《阆中作》诗二首，其一云："挽住征衣为濯尘，阆州斋酿绝芳醇。莺花旧识非生客，山水曾游是故人。遨乐无时冠巴蜀，语音渐正带咸秦。平生剩有寻梅债，作意城南看小春。"

可见放翁第二次回到阆中感慨的深刻了。莺和花，山和水，一切，都不是生客，都是故人。而他呢，则征衣满尘，频岁飘零，旧地重游，自然是疏狂似的强颜为欢，而作超人的闲雅，去欣赏和暖如春的十月天气罢了。在十月十三日他从阆中又回到南郑，有《自阆复还汉中次益昌》诗一首。至三泉（陕西宁羌），作《三泉驿舍》诗。过嘉川铺得王炎檄趣归程，遂单衣破夜匆匆地上道。他的《归次汉中境上》诗说："云栈屏山阅月游，马蹄初喜蹋梁州。地连秦雍川原壮，水下荆扬日夜流。遗虏孱孱宁远略，孤臣耿耿独私忧。良时恐作他年恨，大散关头又一秋。"

过沔阳（今沔县境），有《沔阳夜行》诗。至西县（今沔县境），有《道中累日不肉食至西县市中得羊因小酌》诗一首："栈余羊绝美，压近酒微浑。一洗穷边恨，重招去千魂。"可见放翁在旅途中生活的狼狈和有趣，与胸怀的抑郁和牢骚了。但是到了汉中，不几日又因事去成都。有《初离兴元》诗、《自兴元赴官成都》诗。不过他到底去成都做什么官，现在因为手头材料和书籍所限，很难遽下结论和判断，只有付之阙如了。有的人以为此行是往成都给蜀帅范成大做参议官，我以为这是不对的。因为在《渭南文集》的"序"类里，每篇序的末尾，大都有年月日和放翁现任的官职题签，在《范待制诗集序》里，有"淳熙三年上巳日，朝奉郎成都府路安抚司参议官兼四川制置使司参议官山阴陆某序"的记载。按乾道八年至淳熙三年，整整的四个年头，而放翁在蜀帅参议官的任上，仅有一年多的时间。那么，就时间上来计算，早就卸任了。淳熙三年的序文里，当然不应该再有参议官的官衔。所以我们知道放翁给范成大做参议官是在淳熙二年的事情（详后），不是乾道八年十一月二日去成都做官的事了。在他的《长木晚兴》诗里说："沮水嶓山名古今，聊将行役当登临。断桥烟雨梅花瘦，绝涧风霜槲叶深。……"可知他仍是取道沔县宁羌的。有《赴成都泛舟自三泉至益昌谋以明年下三峡》诗、《壬辰十月十三日自阆中还兴元游三泉龙门十一月二日自兴元适成都复携儿曹在游赋》诗。过益昌，入剑门，有《剑门道中遇微雨》诗：

"衣上征尘杂酒痕，远游无处不消魂。此身合是诗人未，细雨骑驴入剑门。"

过武连县（今剑南西南八十里），有《宿武连县驿》诗。过魏城县（今梓潼县西），有《绵州魏成县驿有罗江东诗》云："芳草有情皆碍马，好云无处不遮楼。"戏用其韵诗说："老夫乘兴忽西游，远跨秦吴万里秋。尊酒登临遍山寺，歌辞散落满江楼。孤城木叶萧萧下，古驿滩声泷泷流，未许诗人夸此地，茂林修竹忆吾州。"

至绵州（今绵阳），游览当地的胜迹。旋去罗江，有《鹿头关过庞士元庙》诗说："士元死千载，凄恻过遗祠。海内常难合，天心岂易知。英雄今古恨，父老岁时思。苍藓无情极，秋来满断碑。"

这是对一位不成功的英雄的凭吊。杜甫的《鹿头山》诗说："及兹险阻尽，始喜原野阔。"可知自鹿头关以西，便踏上了成都平原，道路也就坦平了。过汉州（今广汉），亦稍任游览，有《游汉州西湖》诗一首："绕城凿湖一百顷，岛屿曲折三四里。小庵深院穿竹入，危树飞楼压城起，空蒙烟雨媚松楠，颠倒风霜老葭苇。"看这点点的岛屿，相映着藩篱小舍，远远的飞楼，配衬了绿碧的松楠，芦荻摇曳的腰肢，隐没在茫白的烟雨中，还有绕城的淡淡湖水，犹如少女的环带……这是多么幽奇的地方，大自然富有诗意的一角啊！这些，或者能减轻放翁奔波的疲劳，而给予他一种新的生命力吧？放翁终于到达了成都，可是已经是岁暮了。他的《成都岁暮始微寒小酌遣兴》诗里说："革带频移纱帽宽，茶铛欲熟篆香残。疏梅已报先春信，小雨初成十月寒。身似野僧犹有发，门如村舍强名官。鼠肝虫臂元无择，遇酒犹能罄一欢。"

他的《登塔》诗云"冷官无一事，日日得闲游"，可见他在成都做官的懒散和官职的落魄无聊了。但是，这也是一个机会，使他做暂时的休息，引起了郊游的兴趣，寻芳觅梅，写了几首与友人唱和的诗篇。

乾道九年(1173)的春天,他又离开了成都,到蜀州去做官,有《初到蜀州寄成都诸友》诗说:"流落天涯鬓欲丝,年来用短始能奇。无材藉作长闲地,有债留为剧饮资。万里不通京洛梦,一春最负牡丹时。襞笺报与诸公道,卷画亭边第一诗。"

但是,接着又回到成都,有《自蜀州暂还成都奉简诸公》诗一首云:"不染元规一点尘,行歌偶到锦江滨。淋漓诗酒无虚日,判断莺花又过春。客路柳阴初堕絮,还家梅子欲生仁。更须作意勤相过,要信年光属散人。"

不久,又去嘉州(今乐山)。由在《驿舍见故屏风画海棠有感》诗的"成都二月海棠开……闭眼细思犹历历……夜阑风雨嘉州驿,愁同屏风见折枝"的句子来看,可知是他在嘉州的驿舍里,寂寞冷落的当中,对往日的繁华和成都的二月海棠开,所发出的一种向往的回味,而予他的空虚感的心灵以慰藉了。他的《登荔枝楼》诗:"平羌江水接天流,凉入帘栊已似秋……公事无多厨酿美,此身不负负嘉州。"又有《再赋荔枝楼》诗:"只道文书拨不开,未妨高处独徘徊。"这不是对他在嘉州的时间和职务一种很好的说明吗?《立秋后十日风雨凄冷独居有感》诗说:"谁言簿领中,乃复有此暇。"我们可以知道他是在做主簿的官。嘉州位在三江的交汇处,濒水为城,城东岸上,有凌云的秀峰,飞舞生动;上建寺院,造像亦多,有映江的绝壁,葱茏环绕的郁林,风景绝佳;西南上的峨嵋,佛教的圣地;这里给予文人骚士可凭吊与留恋的地方,实在太多了。每至山抹斜阳,碧波生烟,城楼画角,一声声的悲鸣,"独立苍茫自咏诗"的画境,能不使人发出了感兴和

"虽信美而非吾土今，曾何足以少留"之思！所以放翁在嘉州住了近一年的时间，写作了不少的诗篇：有的是登高，有的是游览，有的是感怀，有的是凭吊，有的是唱和，有的是戏作，有的是寄托咏物，也有的是倦旅似的乡愁。灵魂上的寂寞，异乡的清冷生疏，倒反而给了放翁以作诗的动力呢！他的《雨夜怀唐安》诗说：

"归心日夜逆江流，官柳三千忆蜀州。小阁帘栊频梦蝶，平湖烟水已盟鸥。萤依湿草同为旅，雨滴空阶别是愁。堪笑邦人不解事，区区犹借陆君留。"

可知放翁的家眷，这时大概是仍然留在蜀州的。看他的归心逆江流，官柳忆蜀州，放翁是多么怀念蜀州（即唐安）呢？"堪笑邦人不解事，区区犹借陆君留。"是的，放翁的来嘉州，是大材小用，叫我们看来，也有杀鸡用牛刀之感。《八月二十二日嘉州大阅》诗说："陌上弓刀拥寓公，水边旌旆卷秋风。书生又试戎衣窄，山郡新添画角雄。早事枢庭虚画策，晚游幕府愧无功。草间鼠辈何劳磔，要挽天河洗洛嵩。"

就在是年的秋天，放翁忽然有归蜀州的消息。作《初报嘉阳除官还东湖有期喜而有作》诗，以抒其心怀。

"塞上经秋几醉醒，羁愁减尽鬓边青。烽传八诏登楼看，歌奏三巴忍泪听。好语忽闻还印绶，归心先已绕林坰。呼儿结束从今日，鹊语灯花故有灵。"

但是，归去的事，只不过是他燃着的希望之光而已，到了岁暮的时候，他有《岁晚书怀》诗说："残岁堂堂去，新春鼎鼎来。梦移乡国近，酒挽壮心回。暖律初催柳，晴光并上梅。东湖有归日，衰抱得频开。(原注:已遣人迓新守)"

　　淳熙元年(1174)的春天,放翁终于又回到蜀州去了。有《离嘉州宿平羌》(平羌在今荣山县北四十里)诗说:"初挈囊衣宿水村,萧然一扫旧巢痕。本来信手忘工拙,却为无心少怨恩。自笑远游谙马上,已营小筑老云根。淡烟疏雨平羌路,便恐从今入梦魂。"

　　又《游修觉寺》(修觉寺在新津县东南五里修觉山上)诗"花落忽惊春事晚",可知他到蜀州的时候,已将春暮了。这次他的蜀州重归,差不多过半的时间,逍遥在湖上,陶醉在湖光和春晖里,绿竹和花丛中,他的《暮春》诗说:"忙里偷闲慰晚途,春来日日在东湖。凭栏投饭看鱼队,挟弹惊鸦护雀雏。俗态似看花烂漫,病身能斗竹清癯。一樽是处成幽赏,风月随人不用呼。"

　　这可以见他这时的风趣态度和心灵的宁穆与平静了。又《四月五夜见萤》诗说:"蜀州官居富水竹,四月萤火绕梁飞。流年迫人不相贷,客子倦游何日归?"

　　更可见他这时的怅惘的胸怀呢!但是放翁也是爱恋着蜀州的。他的《夏日湖上》诗云:"江湖四十余年梦,岂信人间有蜀州。"至于蜀州的东湖,似乎更成为他生活的一部分,不能离开。因之,他在东湖上作的诗也特别多,往往脍炙人口、清新雅洁。在六月初的时候,他又跑到成都去,有《自唐安之成都》诗说:"出门犹苦雨,度堑喜新晴。日正车无影,风雨盖有声。疏疏稚苗立,郁郁晚桑生。宿醉行犹倦,无人为解酲。"

　　过江原县,有《度筰》诗。至成都,有《寓驿舍》(原注:予三至成都,皆馆于是)诗说:"闲坊古驿掩朱扉,又憩空堂绽客衣。九万里中鲲自化，一千年外鹤仍归。绕庭数竹饶新笋，解带量松长旧围。惟有壁间诗句在，暗尘残墨两依依。"

以寄其旧地重来的今昔不同之感和漂泊风尘之情！有《月中归驿舍》诗，原注"六月十四日"。可知放翁在成都，是六月中旬的事了。但是他接着又返回了蜀州。这次他的来去匆匆，从他的诗集看来，似乎是为了公事，他的《离成都后却寄公寿子友德称》诗说："萧条常闭爵罗门，点检朋侪几个存？吾道将为天下裂，此心难与俗人言。逢时尚可还三代，掩卷何由作九原。寄语龟城旧交道，新凉殊忆共清尊。"

大有吾道不行之叹！八月二十七日蜀州大阅，作《蜀州大阅》诗说："晓束戎衣一怅然，五年奔走遍穷边。平生亭障休兵日，惨淡风云阅武天。戍陇旧游真一梦，渡辽奇事付他年。刘琨晚抱闻鸡恨，安得英雄共著鞭！"

九月三日放翁又登大邑诸山，饱餐山色谷风，欣赏修竹黄花。看奇云危岫，听幽禽啼鸣。使他的平凡生活变得格外有趣、圣洁、幽雅。但是在他归来的时候，又不无怅然之情，空虚之感！他的《出山》诗说："出山似与高人别，回首时时一怅然。它日再来缘要熟，遍题名姓绿岩边。"

又《高秋亭》（原注：大邑）诗说："三日山中醉复醒，径归回首愧山灵。从今惜取观书眼，长看天西万叠青。"

放翁不久又由蜀州到成都去，有《自江源过双流不宿径行之成都》诗一首。"四到锦州身愈老，更堪重入少年场！"（《客多福院晨起》）可知放翁是四次来成都了。接着又离成都，作《临别成都帐饮万里桥赠谭德称》诗："成都城南万里桥，芦根苹末风萧萧……迎霜早已足雄兔，微冷便欲思狐貂。"可知他回到蜀州，大概已是晚秋了。就在这一年的冬天，他又到荣州（今荣县）去，有《将之荣州取道青城》（青城在今灌县西四十里）诗说："倚天山作海涛倾，看遍人间两赤城。自笑年年随宦牒，不如处处说闲行。草痕沙际犹余绿，枫叶霜余已带赪。归去还堪咤儿辈，锦囊三十六峥嵘。"（原注：青城一名赤城，而天台之赤城乃予旧游。）

　　可见放翁的游兴大发，留恋于大自然的巉岩远岫、瘦竹青松的奇景，以及山寺的圣迹。所以是要去东南方的荣州，反而绕道青城，向北方出发，游赏青城山去了。在那里的道观寺院里，逗留了几天，沉沐在道家的仙境里，遗忘了世俗的尘思，看了看岷江的翠波，远眺着雪山上的千年古老的皑雪。但是，匆忙的行色，不容许他做更多的停留，遂即上了岷江去荣州的水路。过郫县，有《郫县道中思故里》诗"江路滩声壮"；《宿江原县东十里张氏亭子未明而起》诗"江上五更鸡乱号"，这不是顺流而下的说明吗？过彭山县，至眉州（今眉山），经乐山县，有《平羌道中望峨眉山慨然有作》诗一首。在乐山因访旧友，居留数日，作《次韵何元立都曹赠行》诗："嘉荣东西川，此别不为远。"《次韵杨嘉父先辈赠行》诗："佳客如晨星，俗子如春萍。奇哉今日事，诸贤送东征。"实在禁不住"故人依依"之情了。过井研县，至荣州，作《初到荣州》诗说："乱山缺处城楼呀，双旗萧萧晚吹笳。烟深绿桂临绝壑，霜落残濑鸣寒沙。废台已无隐士啸，遗宅上有高人家。铃斋下榻约僧话，松阴枕石放吏衙。杯羹最珍慈竹笋，瓶水自养山姜花。地炉堆兽炽石炭，瓦鼎号蚓煎秋茶。少年远游无百里，一饥能使行天涯。岂惟惯见蓬婆雪，直恐遂泛星河槎。故巢肯作儿女恋，异境会向乡闾夸。一怀径醉帻自堕，灯下发影看鬓花。"

这一次放翁是独自来荣州的。不久又派人到蜀州去接家眷。有《自唐安徙家来和义出城迎之马上作》中"身如林下僧，处处常寄包。家如梁上燕，岁岁旋作巢"的感嗟！在岁暮的时候，蜀帅范成大征他做参议官，于除夕得到了制置司（范成大的官署）的檄文，催他赴参议官任。作《乙未元日》（原注：除夕得制司檄催赴官）诗。

淳熙二年（1175）正月十日放翁遂匆忙地离荣州去成都了。有《别荣州》（原注：正月十日）诗说："浮生岁岁俱如梦，一枕轻安亦可人。偶落山城无事处，暂还老子自由身。啸台载酒云生屦，仙穴寻梅雨垫巾。便恐清游从此少，锦城车马涨红尘。"

放翁到了成都，也是闲散得很，游玩附近的古迹林园，池塘绿水；他也曾到过新都、汉州、金堂，登高凭吊一切，尽兴而归。成都大阅，他作《成都大阅》诗说："千步球场爽气新，西山遥见碧嶙峋。令传雪岭蓬婆外，声震秦川渭水滨。旗脚倚风时弄影，马蹄经雨不沾尘。属橐缚袴毋多恨，久矣儒冠误此身。"

锦城从古就是豪华名胜之地，放翁两三年来，常来常往的，是多么爱恋它啊！《成都书事》诗说：

"剑南山水尽清晖，濯锦江边天下稀。烟柳不遮楼角断，风花时傍马头飞。笮羹笋似稽山美，斫脍鱼如笠泽肥。客报城西有园卖，老夫白首欲忘归。"

"大城少城柳已青,东台西台雪正晴。莺花又作新年梦,丝竹常闻静夜声。废苑烟芜迎马动,清江春涨拍堤平。尊中酒满身强健,未恨飘零过此生。"

成都是多么具有诗意而令人向往的处所! 难怪放翁有"白首欲忘归"和"未恨飘零过此生"的感觉了。这里自然的一切,很容易安静放翁的灵魂,与自然接近、融合。使他疏狂不羁、不拘礼法,成就他的放翁之名号! 所以在锦官城所写下的诗篇,也正因此而很多了! 这时他的诗情、诗意、诗境,在入蜀后的诗里,可说是达到了极峰顶层。

淳熙三年(1176)的春天,不知为了什么,放翁辞去参议官了。他的《饭保福》诗说:"筛雨云低未放晴,闭门作病忆闲行。摄衣丈室参耆宿,曳杖长廊唤弟兄。饱饭即知吾事了,免官初觉此身轻。归来更欲夸妻子,学煮云堂芋糁羹。"

又《闲中偶题》诗说:"久矣云衢敛羽翰,退飞更觉一枝安。七千里外新闲客,十五年前旧史官。花底清歌春载酒,江边明月夜投竿。痴顽直为多更事,莫怪胸怀抵死宽。"

这时他罢官闲居,时与僧道来往,并且治田躬耕,颇有野人家的风趣。他的《躬耕》诗云:"莫笑躬耕老蜀山,也胜菜把仰园官。唤回痴梦尘机息,空尽闲愁酒地宽。"可见他这时的心绪情怀了。但是,政府里不久别领给他祠禄,在他的《蒙恩奉祠桐柏》诗说:"少年曾缀紫宸班,晚落危途九折艰。罪大初闻收郡印,恩宽俄许领家山。羁鸿但自思烟渚,病骥宁容著帝闲。回首舳舻渺何处,从今常寄梦魂间。"

此后放翁没有官事的鞅掌、牵扯，游山赏水的时间也就越多，感慨也就越深。态度则格外潇洒，性格也愈加疏狂，唱和与述怀，游兴与豪饮，几乎成了他这时诗的主题了。

淳熙四年（1177），放翁奉命主管台州崇道观（见《渭南文集》《铜壶阁记》《彭州贡院记》）。是年的春天，放翁又暂时离成都，过永康（今崇庆西北六十里）、唐安、新津，至眉州。有《眉州作》诗说："扁舟久不泛蟆津，常恐黄尘解污人。烂醉破除千日㦤（原注：予不至眉山三年矣），狂吟判断四州春（原注：此行自成都历永康、唐安、新津至眉山）。汀洲渐叹萍花老，风露初尝荔子新。便欲骑鲸东海去，胜游未忍别峨岷。"

从眉州又折回青城去，旋返成都。这次他的周游各地，大概是看朋友，附带着游玩山水，抒发性灵吧？但是，失意的放翁，虽有锦城的繁华，然而因为它是他两年来的旧游之地，所以灿烂、繁华、美丽……反给予他以无穷的苦恼，无限的郁抑、烦闷……使他不能有长期的静止，他便又好动般地去旅行了。他到了双流县，在旅舍中有"开门拂榻便酣寝，我是江南行脚僧""每因髀肉叹身闲，聊欲勤劳鞍马间"之句。过江原县，至安仁县（今天邑县东南三十里），有《安仁道中》诗说："千古临邛路，飘然偶独游。病身那迫老，远客更禁秋。水退桥未葺，渡闲船自流。飞腾付年少，回首思悠悠。"

至邛州（今邛崃），"青鞋自笑无羁束，又向文君井畔来"（文君井在邛州），"秋风巾褐添萧爽，又作临邛十日留"（《书寓合壁》），可见他这次的游兴之浓了。他回成都以后，又于九月十日去汉州田猎，有"适从邛州归，又作汉州去"的诗句。但是从汉州归来以后，他再也没有做长途旅行，只是归心似箭，感到异乡的飘零。这一年的冬天，《得都下八月书报蒙恩牧叙州》（叙州即今宜宾）诗说："凤城书到锦江边，故里归期愈渺然。掌上山川初入梦，壶中日月尚经年。方轮落落难推毂，倦马骎骎怕着鞭。未佩鱼符无吏责，看花且作拾遗颠。"（原注：成期尚在明年冬。）

朝廷命放翁做叙州牧，反而使他有吏责累人，归期愈渺然之伤感。放翁的在蜀羁旅，除了剑南的山水使他爱恋、难舍，和得到心灵的慰藉外，宦海的波澜，宦途的崎岖，对他早已变成功无意义、无价值了。他又哪能不因得"书报蒙恩牧叙州"而怅怅然呢？但是，他的诗毕竟流传到了临安，打动了孝宗的心弦。孝宗念他"十年人向三巴老"的倦旅的凄凉，出乎他的意料地给了他召还东归的朝旨，催促他赴行在了。

淳熙五年（1178）的二月。放翁得到了京中的来书，许他东归，因此他的《即席》诗说："解鞍名园眼倍明，殷勤翠袖劝飞觞。海棠红杏欲无色，蛱蝶黄鹂俱有情。去日不留春渐老，归舟已具客将行。倦游短鬓无多绿，生怕尊前唱渭城。"

在祖饯的席上，他不禁发出了绵绵的惜别之情！他眼看要离开这孕奇育秀的蜀土，告别这苍茫的山，在这里他花掉了将近十年珍贵的生命，度过了他的黄金中年。他的足迹几乎印遍了川峡大部分的城镇和村落，他的影子又几乎射遍了剑南的津渡、驿亭、崖嶂、寺院、道观、碧水和幽山。他怀着无穷的热诚、希望；生活是那样失意、悲凉，使他不能不发出"万事任从皮外去，百年聊作梦中观"的呼喊。因之，十年以来，如火的热情，付于血红的山花；冷落寂寞，寄托于缥缈的云烟；幽篁小草，和他同样地俱有孤高的情调；不舍昼夜的川流，对他发出了生命的叹嗟……这里一切的一切，对他都是熟悉的、亲切的，厌恶中这有留恋的，一旦离去，他的心绪和感情，将是如何地激动、紊乱，矛盾和冲突，怅怅然如有所失？但是，放翁终于离成都南下，由岷江水道，过眉州，有"蜿蜒回顾山有情"的伤感了！经玉津（今犍为县北九十里）、叙州，然后顺长江东下，至泸州，也有"天涯住稳归心懒，登览茫然却欲愁"的情怀哩！过白帝城旧地，有《白帝泊舟》诗说："客路闲无事，津亭爽有余。峡江春涨减，瀼岸夜灯疏。老矣孤舟里，依然十载初。倦游思税驾，更觉爱吾庐。"

到了归州已是重五了。过岳阳，有《岳阳楼》诗说："江风吹雨濯征尘，百尺阑干爽气新。不向岳阳楼上醉，定知未可作诗人。"

经武昌，有《南楼》诗："十年不把武昌酒，此日阑边感慨深。舟楫纷纷南复北，山川莽莽古犹今。登临壮士兴怀地，忠义孤臣许国心。倚仗黯然斜照晚，秦吴万里入长吟。"

又《将至金陵先寄献刘留守》诗说："梁益羁游道阻长，见公便觉意差强。别都王气半空紫，大将牙旗三丈黄。江面水军飞海鹘，帐前羽箭射天狼。归来要了浯溪颂，莫笑狂生老更狂。"

过镇江，回到了久别的故乡三山，已是初秋的时候了。他这一次剑南漂泊，受够了"九年行半九州地"的风尘、苦味；写下了"千篇诗费十年功"的灵魂上的呼声。他怀着倦旅的心情，孤零和寂寞；带着一副"商略人生为何事，一蓑从此入空蒙"的胸襟；

如羁鸟似的重返可留恋的旧林。欣赏熟悉亲切的山色湖光，观照相识的红枫青松。看那四面岭上的白云，可以怡神悦性；荒村的落日，可以兴起文思：湖上的鱼艇钓船，是何等的诗意？淡淡暮霭中的芦苇蒲柳，是何等的洒脱？茅舍竹篱，"窗中列远岫"的画境，自然容易使人忘掉尘机；寂历的村路幽径，那又可以使人断绝俗缘哩。凌霜的黄花，傲骨的绿竹，是幽人的情致；鲜鲫丝鲙，紫蟹润羹，也是渔家的口味；煮酒烧红叶，那更是山人的作风了……一切，在放翁是适合的，爱慕的，友情的。诗人的躯体中，原是有爱好自然山水，冲淡、玄远、闲适、淡雅……的血液啊！所以远游归来的放翁，终有"诗情自合江湖老，敢恨功名与愿违"（《湖中暮归》），"早知粟里多幽事，虚走人间四十年"（《题斋壁》）的彻悟般的感嗟了！"酒徒莫笑生涯别，久矣渊明悟昨非。"（《偷闲》）这是他这时心情的逼真的写照，俨然以靖节先生自况了。放翁的剑南漂泊，在事业上虽然是"壮志未酬"无意义的徒劳往返；但是，从他诗的本身上来说：因了蜀山蜀水和他的失意的遭遇，诗境达到奇突旷放的极峰境界，情境中漫弥了豪放的凄厉的奔流的爱国热情，铸陶和交融成诗坛上不朽的名作，燃点着民族灵魂上的火炬，烧着我们万代子孙的心，作为新生、再生、永生的种子了。他的诗，是全民族的灯塔。是以，我们对他的入蜀之行，不为他的潦倒、飘零、受苦而悲哀、欷歔；反之，正为他这些而替他庆幸，庆幸他因此而做了更伟大的诗人。"塞翁失马，焉知非福"，对放翁的剑南漂泊，正要作如是观了。

（二）东归后的萍踪

剑南归来的放翁，本可以衡门泌水，栖迟南亩，而不必再心为形役以问世了。但是爱国的诗人，又哪能脱离开民众的苦痛而不问，自己去偷闲风月，做镜湖上的逍遥游呢？所以他怀着矛盾的心情，抛弃了他爱好的故园，又出山至闽做官，为了人民，把自己投入浮萍飞絮的命运中了。

他的《归云门》诗说：

"万里归来值岁丰，解装乡墅乐无穷。甑炊饱雨湖菱紫，篾络迎霜野柿红。坏壁涯埃寻醉墨，孤灯饼饵对邻翁。微官行矣闽山去，又寄千岩梦想中。"

《将入闽夜行之云门》诗说：

"东鹜并偏门，篮舆兀睡昏。纱灯穿壁蟏，吠犬闯篱根。久客悲行役，清愁怯梦魂。余生犹几出，回首付乾坤。"

可见他离家前的怅惘了。在淳熙五年（1178）冬十月里，乃动身去闽通判建安（今建瓯）。有《适闽》诗说："春残犹看少城花，雪里来尝北苑茶。未恨光阴疾驹隙，但惊世界等河沙。功名塞外心空壮，诗酒樽前发已华。官柳弄黄梅放白，不堪倦马又天涯。"

试想"暂归仍客路，投老倍乡情"的情绪，风吹天涯的感觉，有谁能免除呢？更何况多情善感的诗人啊！过枫桥（在诸暨东北五十里），有《赠枫桥化城院老僧》诗"门前霜半寸，笑我事晨征"之句。经衢州，有《衢州道中作》诗说："耿耿孤忠不自胜，南来清梦绕舲棱。驿门上马千峰雪，寺壁题诗一砚冰。疾病时时须药物，衰迟处处少交朋。无情最恨寒沙雁，不为愁人说杜陵。"

这是何等的荒凉情调,忠君伤别的情怀? 矛盾的生活,理情的冲突,常常是诗人的特有财富,它们是诗人痛苦的泉水,也是诗流所出发的深谷幽涧呢! 到了仙霞岭,有《宿仙霞岭下》诗:

"吾生真是一枯蓬,行遍人间路未穷。暂听朝鸡双阙下,又骑羸马万山中。重裘不敌晨霜力,老木争号夜谷风。切勿重寻散关梦,朱颜改尽壮图空。"

可见他在自伤飘蓬飞转的当中,犹憧憬着他旧日的壮志雄图,但幻灭的现实,对他是一场噩梦而已。《梦藤驿》诗说:"又入千山去,真成万里行(原注:今年自成都八千里赴行在,又千余里入闽)。履霜常早驾,秉炬或宵征。古驿怪藤合,荒陂群雁鸣。客中常少睡,归梦若为成。"放翁到了建安,有《建安雪》诗一首。我们知道建安自古是以产茶著名的。试想一位嗜酒的诗人,来到一个香味奇绝的茶乡里,虽有孤馆行役的冷清之感,然而对此解醒的奇品,又哪能不浮起心眼中的微笑呢? 所以他有"不枉年来行万里"之句了。在是年的岁暮,他有《书怀》诗说:"濯锦江头成昨梦,紫芝山下又新年。久因多病疏云液,近为长斋进玉筵。啼乌傍檐春寂寂,飞花掠水晚翩翩。支离自笑生涯别,一炷炉香绣佛前。"

淳熙六年(1179)春夏仍在建安,有《建宁重五》诗说:"霏微入户黄梅雨,磊落堆盘碧筒黍。病来一滴不饮酒,但嗅菖蒲作端午。人生忽忽东逝波,白头奈此节物何! 去年已作归州客,今年建州更愁绝。归州猿吟鸟啼里,屈沱醉归诗满纸(原注:屈沱盖屈原故居)。即今忆此那可得,西望归州三叹息。"

久经风霜的放翁，以他凄凉的生命色调，涂抹了往昔的时日；"猛回首，往事堪嗟"的叫喊，也是一位有理想抱负的诗人所不可避免的结果啊！是以在一般人去"赛龙舟"极快乐的端午节日，反而打动了放翁的平稳思潮，吹起了伤感的波皱，拨成了他无声的心弦，弹出了无声的人生悲凉之曲。是的，人生如西逝的翠波和流水，虽然所要做的事情很多，但是宿愿未酬，转瞬就是"二毛萧萧"。因之，浮萍般的多病的放翁，每逢佳节又哪能不叹息呢？他的《感怀》诗说：

"半年建安城，士友阙还往。出门每太息，还舍犹惆怅。有酒谁与倾，得句空自赏。疏直触人情，低回沚吾颡。岂无佳山水，正尔寄梦想。何当载亲朋，烟浦摇两桨。"

放翁在建安的生活，是多么孤独寂寞啊！有谁来了解他呢？他好比踏上了一片广阔无垠的沙漠，受冷风寒沙的袭击，他撑得住荒凉，忍受着四无人烟的内心空虚与寂寥，他虽有老骥伏枥的战士般的精神，但终于又兴起了远离此地与重返故乡三山之思了。"出门无交朋，呜呼吾何适。归哉故山路，讵必须暖席"（《思归》），"报与故交当贺我，计归犹及菊花时"（《客怀》），成了他这时的唯一希望和想象了。所以他这时的诗篇，以自伤飘零、咏怀、思归的内容居多。是年的秋天，遂离建安，有《别建安》绝句诗说：

"楚泽吴山已惯行，武夷从昔但闻名。北岩小寺长汀驿，且喜游山第一程。

"欹帽扬鞭晚出城，驿亭灯火向人明。多情叶上萧萧雨，更把新凉送客行。"

可知放翁的归途,是从武夷山向铅山县的路径的。我常常想放翁是一位有趣和潇洒的诗人。看他离建安的一幕:在满城灯火黄昏的时候,他冒了凄凉的秋雨,冲破了新凉的秋意,他欹帽扬鞭,告别了建安,萧萧的雨声,唱着送客的歌曲,发出了伤别的叹息,这是多么生动的一幅画图,多么有诗意的一部影片啊!放翁毕竟是诗人,他的一举一动,都充满了诗的气氛,诗的情味,有灵感的,有生命的,这些在只会讲功利和"愚而诈"的市侩气的俗人看来,或者以为放翁是可笑的吧?但是,我们不这样看,我们钦仰这位"不失赤子之心"的诗人,他象征了人生真实的价值与意义的呢!过武夷山,有《游武夷山》诗"学道虽恨晚,养气敢不勤!宦游非本志,寄谢鹤与猿"的诗句,可知他有归隐之想了。至崇安,有《崇安县驿》诗说:"驿外清江十里秋,雁声初到荻花洲。征车已驾晨窗白,残烛依然伴客愁。"经铅山县,作《紫溪驿》(原注:信州铅山县)诗说:"他乡异县老何堪,短发萧萧不满簪。旋买一尊持自贺,病身安稳到江南。"

到了信州(今上饶),有《信州东驿晨起》诗说:"衣上征尘鬓畔霜,信州古驿憩归装。悲歌未肯弹长铗,豪气犹能卧大床。半暗残灯摇北壁,常饥老马卧东厢。邻鸡唱罢衣篝暖,自笑行人日日忙。"

过玉山县,而至衢州,他因为不愿再受宦海之苦,所以奏乞奉祠,留衢州待命。他的《奏乞奉祠留衢州皇华馆待命》诗说:"世念萧然冷欲冰,更堪衰与病相乘。从来幸有不材木,此去真为无事僧。耐辱岂惟容唾面,寡言端拟学铭膺。尚余一事犹豪举,醉后龙蛇满刿藤。"

但是，朝廷没有允许他，反叫他去临川做江西常平提举官（《本传》）。于是，由衢州径往江西去了。过弋阳县，有《弋阳县驿》诗云："大雨山中采药回，丫头岩畔觅诗来。唤船野渡逢迎雪，携酒溪头领略梅。久客愁心端欲折，何时笑口得频开？殷勤记着今朝事，破驿空廊叶作堆。"

他的《雪后苦寒行饶抚道中有感》诗说："残雪暮还结，朔风晴更寒。重裘犹粟肤，连酌无驿颜。指直不可握，终日缩袖间。十年走万里，何适不艰难。附火财须臾，揽辔复慨叹。恨不以此劳，为国戍玉关。"

可见放翁行路的艰苦了，冒着凛冽的北风，踏着皑皑的积雪，大有孟浩然寻梅的作风！在这冰天雪地中，在这冰冷的原野里，在这纯白的滢洁的世界里，他虽然是肤粟指直，却油然生出了火般的热情，爱国杀敌的念头，他恨不能把十年来无为的劳苦，用作戍玉关的守边御侮的工作上去。以往的琐碎、平凡，消耗了他的生命，他是多么不甘心啊！这也可见我们这位诗人抱负的伟大和他对人生的看法了！他到了临川，已是岁暮了。他的《抚州上元》诗说："江月微云外，街泥小雨余。人如虚市散，灯似晓星疏。羁雁同身世，新霜上鬓须。明年更清绝，鱼火对茅庐。"

又有《春晚》诗说："五十六翁身百忧，年来转觉此生浮。山川信美故乡远，天地无情双鬓秋。社后燕如归客至，春残花不为人留。一觞一咏从来事，莫笑扶衰又上楼。"可知放翁已是五十六岁（即淳熙七年，1180）了。他感慨他半生的遭遇，动了思归之情；看到韶华的易逝，引起了无恨的怅惘和变幻之感。所以他只有以酒浇愁，以诗言志了。这时他曾因事去金溪县一行，有《金溪道中》诗说："云暗苦竹市，雨来乌石冈。驾犁双犊健，煮茧一村香。天地君恩重，风埃吏责忙。敢辞坡路滑，且领笋舆凉。"

不久又回到临川，《初秋》诗说："湿萤相逐照高栋，又见一年风露秋。流落江湖常踽踽，扫平河洛转悠悠。簿书终日了官事，尊酒何时宽客愁？拟倩天风吹梦去，浩歌起舞散花楼。"

旋去高安，《乾道初予自临川归钟陵李德远范周士送别于西津是日宿战平风雨终夕今日自临川至高安复以雨中宿战平怅然感怀》诗说："故人已作山头上，倦客犹郭陌上尘。十五年间真一梦，又骑羸马涉西津。十五年前宿战平，长亭风雨夜连明。无端老作天涯客，还听当时夜雨声。"

诗人的感觉是如何地灵敏？是的，往事云烟，幻昙如梦，宇宙是一个变动不居的过程啊！十五年是多么悠久的时间？在这个时光之流中，生灭了多少的幻象？青丝已变成花白；面额上刻下了多少人生的痕纹，烙印了几许的人生惨痛？故人的死亡，旧地的重到，又加孤馆青灯，凄风凄雨，哪能不激动起怅然悠悠的回忆，浮现出昔日的快乐和今日的苦寂呢？看古今敏感的诗人，降生时带下了几多的苦痛？心灵上生就了几许的创伤？他几乎成了苦海中的独航者，凄凉的秋夜里的弃儿。这，使我们反而觉到狉獉的野人、蚩蚩之氓的幸运了。至丰城县，有《丰城村落小憩》诗说："霜信催寒力尚微，邮亭系马旋添衣。平郊极目冬耕遍，小妇簪花晚饷归。孤宦每随征雁远，故人已似晓星稀。上书自效真须猛，菰正堪炊蟹正肥。"

这时，"江西水灾，奏：'拨义仓赈济，檄诸郡发粟以予民。'"（《本传》)，有《寄奉新高令》诗说："小雨催寒著客袍，草行露宿敢辞劳。岁饥民食糟糠窄，吏惰官仓鼠雀豪。只要闾阎宽箠楚，不须停障肃弓刀。九重屡下丁宁诏，此责吾曹未易逃。"

可见这时的官荒吏惰情形了。为了"岁饥民食糟糠窄"，放翁不辞草行露宿的辛苦，星夜赴道，办理赈灾，他这是如何地关心人民、慈爱百姓？"吏惰官仓鼠雀豪"的惨凄的景象，他又是对此如何地愤怒？"只要闾阎宽箠楚，不须停障肃弓刀"，他这是如何地沉痛？"此责吾曹未易逃"，他又是如何地愤慨？诗人放翁的伟大，人格的完整，完全是因为由一"爱"字出发，他的爱和热，要弥漫了大宇宙的每个角落啊！但是他到了高安已是十月的天气了。不久，又回到临川，有《入临川境马上作》诗说："投老癃身薄领间，却因马上得偷闲。兼旬敢恨常为客，一饭何曾不对山。铜镜无情欺白发，霜风有力散酡颜。今宵要看浮桥月，尽放征骓晚入关。"

时孝宗召放翁诣行在，遂离临川东来，有《发临川》诗说："见客道傍店，添衣江上村。陂长风浩浩，山远雾昏昏。虚日人声合，凶年菜色繁。扶衰归北阙，何以报君恩？"

可知放翁这时的心情了。既伤凶年菜色，又伤自己老病，无补于野原的饿殍；做官也没有多大的成绩表现，有负君恩，内心里大有惭愧徨徨之感呢，放翁过弋阳县、信州、玉山县、衢州，但到了寿昌县界时，却得朝廷书，命他不必入奏了。这时他心中非常怅惘，有《行至严州寿昌县界得请许免入奏仍除外官感恩述怀》诗说：

　　"晓传尺一到江村，拜起朝衣渍泪痕。敢恨帝城如日远，喜闻天语似春温。翰林惟奉还山诏，湘水空招去国魂。圣主恩深何力报，时从天末望修门。"

　　于是放翁经严州（今建德），作《杭头晚兴严州》诗说：

　　"山色苍寒野色昏，下程初闲驿亭门。不须更把浇愁酒，行尽天涯惯断魂。"又《予欲自严买船下七里滩谒严光祠而归会滩浅陆行至桐庐始能泛江因得绝句》诗说：

　　"桐庐县前橹声急，苍烟茫茫白鸟双。乱山日落潮未落，胜绝不减吴松江。"至桐庐县，泛江去萧山东归，有《渔浦》诗说：

　　"桐庐处处是新诗，渔浦江山天下稀。安得移家常住此，随潮入县伴潮归。渔翁持鱼叩舷卖，炯炯绿瞳双脸丹。我欲从之逝已远，菱歌一曲暮江寒。"

　　可见放翁这时已动了江湖之志、归隐之思，《萧山》诗中的"素衣已免染京尘，一笑江边整幅巾。……会向桐江谋小筑，浮家从此往来频"的诗句，更显示他这种情调的浓厚呢，于是放翁回到故乡，已是岁末的时候了。此后的四年多时间，他都是蛰居在山阴，饮酒写诗，欣赏大自然，沉思默照，冥会宇宙的道理！

　　但是，诗人的生活是矛盾的，遁迹沧洲的放翁，又不耐井水般的寂静，而举远游四方之思。有《闲中颇有四方之志偶得长句》诗说："世论纷纷枉见仇，吾身自计本悠悠。读书渐懒惟思睡，压酒初成不怕愁。蜀栈冷云侵瘦马，楚江笼月系孤舟。兴来会作飘然去，更续骚人赋远游。"

可见他颇有继屈子远游自疏之志，以孤愤地神游八荒；但事实上他也暂时没有登朝做官的机会，他自己也没有再做官的企图和打算。所以拖长了衡门栖迟的时间，抱着寂寞与自足的态度，观山看水，丰富他内心的生活；交僧友道，与渔樵为伍，提高他淡泊的江湖的趣味；无限的对人类的热情，无限的身世家国之感，还有无限的尘世的人生的酸楚，一齐寄之于笔墨，一齐付之于曲生。这时他的精神是高洁的、空灵的、驰骋于太空的、鸟瞰人世的、伟大的、无名的、绝俗的、达到了极峰的平面的。但是他的生活是清苦的、味淡的、山村野人的、茅舍农家的、安贫的、冻馁的、可是乐道的、有生趣的。譬如说在他六十岁（淳熙十一年，公元1184年，）的时候，有《六十吟》诗道："人生久矣无百年，六十七十已为寿。嗟予忽忽蹈此境，衰发如蓬面枯瘦。孤松摧折老涧壑，病马凄凉依栈豆。尚无筹策活目前，岂有功名付身后。壁疏风入灯焰摇，地炉火尽寒萧萧。胸中白虹吐千丈，庭树叶空衣未纩。"

他生活的情况如何，从他这首诗里就不难明白了。我们仿佛看见一位白头的老人，在一间破旧的茅舍里孤零零地点着一盏青灯，冬夜穿壁的寒风，吹得灯焰忽暗忽明，炉火也不知什么时候消灭了。他，仍然穿着一件单衣，好像忘掉了冷似的，壁上描下了他的生动的潇洒的疏狂之影子，他凝视着明灭的残灯，似乎又是在倾听庭院的秃头树枝的呼吸和它们在寒气里发出的颤抖声音。他的神态是骄世的、清高的、凛然不可犯的……这是一幅多么凄凉的悲苦的深夜图啊！这正是放翁诗人的生活的一页速写和自述! 其次，"书生病卧苔及榻，湿薪燎衣熏欲盲"(《久雨排闷》)的贫病交加的景象，使我们看了又是如何地为这位诗人的处境而伤心，洒两行同情的热泪! 不过，在他是甘之如饴的，仍然是自负的，时刻没有忘掉国家的失地，君父的仇辱，依然是抱了陶侃运甓似的心怀，戮力中原，待机杀敌。"四海一家天历数，两河百郡宋山川。诸公尚守和亲策，志士虚捐少壮年"(《感愤》)，"报主知何时，誓死空愤激"(《作雪未成自湖中归寒甚饮酒作短歌》)，这是他的为国赤心的说明，对朝廷百僚的无情的、激怒的、愤懑的谴词啊!

就在这一年的春天，放翁曾至钱塘江一游，有《雨中泊舟萧山县驿》诗说："端居无策散闲愁，聊作人间汗漫游。晚笛随风来倦枕，春湖带雨送孤舟。店家菰饭香初熟，市担莼丝滑欲流。自笑劳生成底事，黄尘陌上雪蒙头。"

到了钱塘，适逢着凄凄的春雨，作《江头十日雨》诗一首，旋即兴尽归来。过柯桥(在绍兴西四十里运河滨，道通萧山)，有《柯桥客亭》诗说："小市初晴已过春，朱樱青杏一番新。灞陵老子无人识，暂借邮亭整角巾。梅子生仁燕护雏，绕檐新叶绿扶疏。朝来酒兴不可耐，买得钓船双鳜鱼。"

又《小雨舟过梅市》诗说："故故催诗衬雨篷，悠悠破梦隔云钟。遥看渔火两三点，已过暮山千万峰。老矣自应埋病骨，归哉莫念抗尘容。停桡小住青枫岸，吴市高人傥可逢。"

可见放翁这时心理的矛盾，亦家乡里蛰居，就渴望着出游；既然乘兴出游了，又立刻发出了人老年衰的"归哉"的意绪和不禁奔走风尘之苦的呼声；刹时转念又有出世的韵趣,渴慕高人的幻想。看放翁的想象力和思路,实在是宛若游龙了,诗人的生活,本身就是一首诗啊!

淳熙十三年（1186）的春天,放翁年六十二岁,又离家赴行在。据《重修天封寺记》说:"淳熙丙午春,予以新定（即严州）牧入奏行在所,馆于西湖上。"有《临安春雨初霁》诗说:"世味年来薄似纱,谁令骑马客京华。小楼一夜听春雨,深巷明朝卖杏花。矮纸斜行闲作草,晴窗细乳戏分茶。素衣莫起风尘叹,犹及清明可到家。"

他在临安谒孝宗,召对延和殿。放翁的传上也说:"起知严州,过阙陛辞,上谕曰:'严陵山水胜处,职事之暇,可以赋咏自适。'"由此看来,孝宗完全以风雅诗人看待放翁了,没有了解到放翁的抱负和他的济世的才志,所以始终未重用他。在这种情形下,由放翁看来,再出山做官,实在是没有什么意义,只不过疲劳身心而已。他的《延和殿退朝口号》诗说:"雨余未肯放朝暾,穿仗恭承圣主恩。清跸传声徐御殿（原注立庭中项之,奏姓名,上乃自东厢出御座）,紫衣引拜许龙门。徘徊漫结尧阶恋,零落难招楚泽魂。归去犹堪夸里巷,桐江新赐两朱幡。"

"十年短棹乐沧波,强著朝衫弃钓蓑。才薄何堪试冯翊,恩深犹许对延和。空墙烟柳遥迎马,辇路春泥欲溅靴。莫恨此身衰病去,同时朝士久无多。"

这时,他感到与孝宗久违重逢,不无依恋之情;见到与他同时的朝士的凋谢,又不无悲伤之感。悠悠时光,茫茫往事,实在叫人有沧桑之叹啊!此次,他没有留在朝廷里做官,也没有马上赴新任；仅仅逛了逛西湖，看了看故人，欣赏了一下杭州的风景，凭吊了一回武林的古迹，他又重返到故乡三山去了。有《还家》诗说："富贵元须早致身，白头岂复市朝人。数声鹎鵊呼残梦，一架酴醾送晚春。叠嶂出云明客眼，澄江涨雨濯京尘。逢人枉道哦诗瘦，下语今年尚未亲。"

"天津桥上醉骑驴，一锦囊诗一束书。作客况当多病后，还家已过暮春初。泥深村巷人谁顾，草满园畦手自锄。不为衰迟思屏迹，此心元向利名疏。"

可见诗人这时冲淡的胸襟，淡泊的趣味，爱茅舍田园的心情，早把名利视为身外物了。夏天又东游鄞县，有《游鄞》诗说："晚雨初收旋作晴，买舟访旧海边城。高帆斜挂夕阳色，急橹不闻人语声。掠水翻翻沙鹭过，供厨片片雪鳞明。山川不与人俱老，更几东来了此生？"

过上虞，有《泊上虞县》诗说："鄞江久不到，乘兴偶东游。涨水崩沙岸，归云抱县楼。吟余声混混，梳罢发飕飕。喜见时平象，新丝入市稠。"

趁姚江的落潮东下，至明州（今鄞县），有《明州》诗说："丰年满路笑歌声，蚕麦俱收谷价平。村步有船衔尾泊，江桥无柱架空横。海东估客初登岸，云北山僧远入城（原注：仗锡平老出出来迎子）。风物可人吾欲住，担头莼菜正堪烹。"

放翁在明州住了不久，与朋友饮酒赋诗，尽结交契合的乐趣。有"夜话不觉鸡报晨"的真挚的豪情，也有"极知贫贱别离苦，明日有怀就谁语！人无根柢似浮萍，未死相逢在何许？道边日斜泣相持，旗亭取醉不须辞"（《行路难》）的伤别的热诚的意绪呢！归来即赴严州新定牧任，到任时已是七月三日了。有《官居戏咏》诗说："万里飘然似断蓬，桐庐江上又秋风。判余牍尾栖鸦湿，衙退庭中立雁空。灯火市楼如酒贱，歌呼村落觉年丰。谁言病守无欢意，也与他人一笑同。"

"说著功名即自羞，暮年世味转悠悠。一庭落叶楸梧老，万里悲风鼓角秋。怀绥不为明日计，登楼且散异乡愁。渔舟大似非凡子，能拣溪山胜处留。"

"城头闲倚一枝藤，病起清羸不自胜。衙鼓有期催晚坐，绦铃无赖唤晨兴。爱书习气嗟犹在，寡过工夫愧未能。寂寞已无台省梦，诸公衮衮自飞腾。"

可见他官舍冷落的氛围，寂寞的景象啊！又《残年》诗说："残年迫钟漏，病骨怯风霜。投愤早当去，强颜徒自伤。文符纷似雨，讼诉进如墙。笑杀沧浪客，微官有许忙。"

放翁对于官事鞅掌，大有鸡肋之感！但是，为了答谢孝宗的起用恩遇，和在谋人民的福利尽他的一点微力，以"头痛医头"的治标的办法，贡献他的衰老的赤红心血。所以他不能不再过这么一段他认为平庸的乏味的官场生活，忍受小我的苦楚，这是他的忠君爱民苦心呢！"休日文书且解围"（《休日行郡圃》），"文书缚急何由耐"（《小酌》），"厌见文书衔客袖，但思蔬水曲吾肱"（《自咏》），"明复对胥吏，孤愤何由摅"（《雨夜》），"符檄积几案，寝饭于其间。榜笞督租赋，涉笔驿我颜"（《秋兴》），可见他的心灵上的苦恼情绪了。他的《自嘲》诗又说："贪禄忘归祇自羞，一窗且复送悠悠。镜明不为人藏老，酒薄难供客散愁。正得虚名真画饼，元非大器愧函牛。年来事业知君否？高枕诗书学问囚。"

　　他对于自己是如何地用了嘲笑式的谴责，可知他对于这种生活的厌倦了。淳熙十四年（1187）的秋天，他有《严州大阅》诗说："铁骑森森帕首红，角声旗影夕阳中。虽惭江左繁雄郡（原注：白乐山诗云：'雪溪殊冷僻，茂苑太繁雄'），且看人间矍铄翁。清渭十年真昨梦，玉关万里又秋风。凭鞍撩动功名意，未恨猿惊蕙帐空。"在一首诗里，可以表现出放翁的英武，透露出英雄的气概，谁说他仅仅是一位诗人，颓放、多情、善感、淡泊……而没有建功立业的心肠和企图？"凭鞍撩动功名意"，放翁实在是一位上马杀敌的战士呢！我们知道诗人放翁的慧眼，好比海雾中的两个明灯，射照着遥远的光亮的民族的前途，他所凝视着的功名，是规复中原，洗二帝的尘垢和耻辱，尊王攘夷，出人民于左衽，是有国家民族的永久的价值与荣誉的；绝不是追求个人的私利与虚名，做一个简任特任的铨叙的办事少而拿钱多的公务员所能满足的。因之，他一面做官，一面叫苦，思归，伤飘零……最后把对人类的爱与热情，对国家的雄图，只有付之于沙鸥和山水，托之于诗文了。

　　放翁在严州的生活是很清苦的，他的《戏作》（原注：浙西诸郡惟严无职租）诗说："归卧元知作饿夫，宦游依旧是臞儒。免教妻子争粳秫，秋稼连云一棱无。"

　　《到严十五晦朔郡酿不佳求于都下既不时至欲借书读之而寓公多秘不肯出无以度日殊悯悯也》诗说："桐君故隐两经秋，

小院孤灯夜夜愁。名酒过于求赵璧，异书浑似借荆州。溪山胜处身难到，风月佳时事不休。安得连车载郫酿，金鞭重作浣花游。"

放翁不仅是生活清苦，并且是无书可读，无佳酿浇愁，在寂历的秋日，漫漫的秋夜里，放翁的心情是多么无聊！官舍的凄凉，又是一样地容易使人感到人生的惆怅呢。到了戊申（淳熙十五年，1188）元日作诗以抒泄他的郁郁的胸怀。诗云："白头身世叹羁孤，一念儿时泪已濡。尚记争先书郁垒，岂知落后举屠苏。杯盘草草思邻舍，车马纷纷厌九衢。六十年非心自了，挂冠犹足补东隅。"

不久，他又作《上书乞祠》，诗云："上书又乞奉祠归，梦到湖边自叩扉。此去敢辞依马磨，向来真惯拥牛衣。致身途远年龄暮，报国心存气力微。誓墓那因一怀祖，人间处处是危机。"

夏七月任满离严州归山阴，有《泛富春江》诗说："双橹摇江叠鼓催，伯符故国喜重来。秋山断处望渔浦，晓日升时离钓台。官路已悲捐岁月，客衣仍悔犯风埃。还家正及鸡豚社，剩伴邻翁笑口开。"

到故乡已是七月十日了。有《七月十日到故山削瓜沦茗翛然自适》诗说："镜湖清绝胜吴松，家占湖山第一峰。瓜冷霜刀开碧玉，茶香铜碾破苍龙。壮心自笑老犹在，狂态极知人不容。击壤穷阎歌帝力，未妨尧舜亦亲逢。"

又上书乞祠，不报。作《老病无复宦情或者疑焉作此示之》诗说："病思萧条岂独今，十年前已鬓霜侵。旧交略尽形吊影，薄宦宜休口语心。老骥已甘当伏枥，穷猿况是急投林。别君径入乱云去，后日相思何处寻？"

秋到行在，除军器少监，有《宿监中偶作》诗说："流落归来两鬓丝，此生真愧北山移。数残宫漏寒无寐，开尽梅花病不知。同舍破柑醒宿酒，故人折简索新诗。生涯可笑清如许，枉是京尘扑马时。"

至淳熙十六年（1189）的春天，迁礼部郎中兼实录院检讨官。有《史院书事》（原注：是日丞相过局）诗说："信史新修稿满床，牙签黄帙带芸香。中人驰赐初宣旨，丞相传呼早出堂。皇祖圣谟高万古，诸贤直笔擅三长。孤臣曾趣龙墀对，白首为郎只自伤。（原注：绍兴辛巳，尝蒙恩赐对。）"

这一次放翁修的是高宗实录，很容易勾起他对往事的回忆来。他想起高宗时的召对；想起少年时的壮图的襟怀；他更想起三十年的与人世奋斗的一幕幕历史；也想起他的少年壮志是如何归于幻灭；以及半世的生命是如何像一叶浮萍，东西飘零……白头的郎中，将要结束他的政治的生命，衰病残年，做这种蝇头蚊睫的史官。当年睥睨一世的放翁，自然是要浮起一片茫茫无涯的伤心，簌簌地洒人生凄凉之泪了。不久，以作诗触忌被斥归。有《去国待潮江亭太常徐簿宋卿载酒来别》诗说：

"昨解鱼符已径归，偶随尺一起柴扉。暂留已愧黔吾突，久住空令缁客衣。外物纷纷何足问，故人眷眷莫相违。从今再见应无日，长与沙鸥共钓矶。"

他到家已是初冬的时候了。有"知我向来惟断简，会心终竟在孤篷。东归已卖腰间剑，鲁叟从今不讳穷"（《即事》）以表明他的甘愿浪迹江湖，躬耕南亩，和他的安贫的箕山之志。他的《到家旬余意味甚适戏书》诗说："天恐红尘著脚深，不教经岁去山林。欲酬清净三生愿，先洗功名万里心。石鼎飕飗闲煮茗，玉徽零落自修琴。晚来剩有华胥兴，卧看西窗一炷沉。"

但是，老死田园，退居幽林深谷，又岂是放翁的本心和初衷呢？他有理想抱负。他伤心他的一生的遭遇，伤心"浮云蔽白日"般的朝廷。他更愤怒他这次无理的放逐，他是抑压住激动的感情，故作冲淡的闲散语，毅然的一去竟作"游子不复返"了。然而愤愤之情，又岂能已于言呢？在他的《予十年间两坐斥罪虽擢发莫数而诗为首谓之嘲咏风月既还山遂以风月名小轩且作绝句》诗说："扁舟又向镜中行，小草清诗取次成。放逐尚非余子比，清风明月入台评。绿蔬丹果荐瓢尊，身寄城南禹会村。连坐频年到风月，固应无客叩吾门。"

可见放翁是多么自负。在众醉我醒的世界里，放逐又算得了什么呢？还不是贤能们应有的结局吗？此外他"从来本不择死生，况复区区论祸福"（《雪夜小酌》）的诗句，更可以见出他的正义的耿介的天性，和置祸福于度外的态度了！

放翁是重回山阴了，永远结束了他的觉得厌恶而不能放弃的政治生涯，收起了他的漂泊的命运，变成了沾泥的杨花，不再东西地飞来飞去。以镜湖的烟雨、翠波、风光……休息和恢复他半生的奔波的疲劳；以三山中的红花、秋菊、枫叶、丽日……温暖他的久经风霜的鳞伤的破碎的心灵。成群的水鸥，伴着他的矶旁垂钓；妩媚的青山，远远地如少女钟情似的向着他默默无语；蛮荒的山林，他可以不分昼夜地任意逍遥、遨游；深邃幽

静的寺院，几乎印遍了他的足迹；淳朴的野人，是他常过从的好
友；渔樵僧道，变成了他的莫逆和知心；不取钱的河鱼，成了他
的家常便饭；山禽野味，几乎是四季不离……放翁的一切，是更
进一步地接近大自然，与大自然交融了；他的身体，也脱离了世
俗的羁绊而自由了；精神也更美，更崇高与空灵了。诗，也随着
他的生活安定，进入更高的阶段，换了面目，一切，仿佛都是再
生！

一、入蜀前的诗

自十二岁至四十五岁（绍兴六年至乾道五年）。

"汩余若将不及兮，恐年岁之不吾与。朝搴阰之木兰兮，夕揽洲
之宿莽。"

我们知道放翁生长在动乱的时代，眼看到胡马的驰骋，耳
听到靖康伤心的故事。复仇的种子，早种在幼稚的心田中。慨然
以国家为己任，一刻都不能忘怀"从头收拾旧山河"的壮志。这种
抱负和心胸，几乎渗透到他一生的每首诗里，作为他的诗的主要
风格之一。他的童年生活，大半是居留在山阴故乡，一个山清水
秀之地，幽美而富有诗意的环境，这对一位诗人神性的陶冶，诗
的取材，诗情风韵，影响是多么大呢？我们为了明了他这个时期
的诗起见，不能不进一步探讨山阴的风物。

《病中怀故庐》诗："我家山阴道，湖山淡空蒙。小屋如舴艋，
出没烟波中。天寒橘柚黄，霜落罴亚红。祈蚕箫鼓闹，赛雨鸡豚空。
叉鱼有竭作，刈麦无遗功。……"

又《乡人或病予诗多道蜀中邀乐之盛适春日游镜湖》四绝

句说:"嫩日轻云淡沲天,扑灯过后卖花前。便从水阁杭湖去,卷起朱帘上画船。

"舫子窗扉面面开,金壶桃杏间尊罍。东风忽送笙歌近,一片楼台泛水来。

"湖波绿似鸭头深,一日春晴直万金。好事谁家斗歌舞,方舟齐榜出花阴。

"花光柳色满墙头,病酒今朝懒出游。却就水亭开小宴,绣帘银烛看归舟。"

又《思故山》说:"千金不须买画图,听我长歌歌镜湖。湖山奇丽说不尽,且复为子陈吾庐。柳姑庙前鱼作市,道士庄畔菱为租。一弯画桥出林薄,两岸红蓼连菰蒲。陂南陂北鸦阵黑,舍西舍东枫叶赤。正当九月十月时,放翁艇子无时出。船头一束书,船后一壶酒,新钓紫鳜鱼,旋洗白莲藕。从渠贵人食万钱,放翁痴腹常便便。暮归稚子迎我笑,遥指一抹西村烟。"

这是多么清俊秀丽的富有诗意的环境与景色啊!山阴的风物,充分表露了自然的美,写出了自然的奥妙和秘密。山的倩姿,是蟠幽郁秀;水的丽影,是澄澈明静,不施铅华。沐浴在这种清幽淡雅超逸的环境中,陶醉在这种淳朴的山村的湖水之乡里,流连在这种大自然美的光景的境界里,放翁的诗心,将会随着景物和天色的幻变,而兴起了无穷尽的诗意、妙思和对自然爱好之感,因之形成了他在这个时期的诗的主要风格了。大自然是一部奇书,他可以在这里头取他所喜欢的材料,学习他愿知道的课题。所以晓雾、晚霞、晨风、残月、绿树、红叶、青山、碧水、一花、一草……还有乡村的静美，村夫的朴实，乡居的情趣……都做了他诗的内容和题材了。虽然他在这一个时期里，专心一意地猎取功名，在三十四岁的时候，曾到过福建去做官。但不久调回行在，后通判建康，旋又调赴镇江，继而移官豫章。在宦海中他是没有什么建树和惬意的。不过他可以到处游览山水，更进一步了解自然和接近自然了。在这一个时期中，放翁的诗章很少。我常常怀疑到底为什么一位"年十二能诗文"的大诗人放翁，会到了四十五岁生命流去了一半的时候，才只有一百六十七首的诗流传给我们，较之他的诗全集和遗稿共计一万余首的数目，实在是如"沧海一粟"，渺小得太可怜了。这不是对诗人的珍贵生命的浪费吗？我想这时期的放翁，是如朝日初升，一团蓬勃的朝气，希望着未来的光明。壮志雄怀，给了他的生命以力的冲动。只手转乾坤的伟业，匹马重整山河的壮举，在他看来，或者是指顾间的事。所以他思以身许国，愿在驱除金虏、扫净妖氛，在抗战救亡的征途上，消失了他的生命；在解除中原的人民的水火般的痛苦上，牺牲了他的体躯。当然，他对诗的看法，自如《扬子法言》里所说的："雕虫篆刻，壮夫不为也。"他一定要去"建永世之业，留金石之功"。是以他的半生的时间和生命，消磨在宦海里，作诗仅成了他偶尔的酬赠和吟咏性灵而已，绝没有占据他生命的全部。这时他好比一个天真无知的孩子，看着宇宙的一切都是美的、善的、有生命的、有希望的、和谐的、光明的。在他的内心里，俱有内在的与生俱来的原始的冲动力、外向力、过剩的生命力，容易使他忘掉了自己，而与外界融合，看外界的事物，格外来得生动、亲切：他可以怀着一颗童心到海边上用细沙碎石，建筑他理想的房屋；在汀洲上可以用鲜花布置他的理想的花园，他又可以跑到深山丛林里去捉蝴蝶，听鸟语……甚至于虽有冽冽的寒风，他也不惊奇这是人世的冰冷，虽有轻薄的灰云，他也不诧异这是人间的昏昧……冰冷与灰色，在他这时看来仅是一个过程，他所希冀的、追求的不是这些，而是芳草萋萋、杨柳依依、好花斗艳、万紫千红、黄鹂婉啭、子规夜啼的情致美满而光暖的世界。因此，放翁虽是有宦途的失意，饱尝了壮志频频地化成幻影的苦味，但是，他并不悲观、消极、疲倦。相反地，希望的火焰，烧彻了他的周身；强烈的自信，变成了他的奔放的热情，凝固成铁一般的意志。他有基督的精神，为国家忍受痛苦和灾难的浩气，这种风格和情调，在他入蜀前的诗篇里，是不难找到的。

以上所说的是关于放翁在这个时期里的诗的精神内容和风格，现在更进一步论他诗的本身。我们知道放翁诗的宗派，是出于少陵和山谷的，在他的前期的诗里，表现了十足的才气超然。但是，却又颇能自出机杼，尽其才而后止，绝没有才竭而意不尽的毛病。他的诗是以才气胜的，才气控制了每一章的诗篇，统御了所有的诗料。所以他虽然是模仿前人，然而他不落前人的窠臼。试看他的《示子遹》诗："我初学诗日，但欲工藻绘。中年始稍悟，渐欲窥宏大。数仞李杜墙，常恨欠领会。元白才倚门，温李真自郐。"这是对他学诗过程的叙述。在这一时期的诗中，采藻上不无工巧的地方，或者有时露出雕琢的痕迹。但是，清新、生动、倩致、隽永、不落纤佻、仍归雅正,这正是他的初期诗的特色! 现在凭了个人的主观和看法,选几首代表作如下。

《夜读兵书》诗说:"孤灯耿霜夕,穷山读兵书。平生万里心,执戈王前躯。战死士所有,耻复守妻孥。成功亦邂逅,逆料政自疏。陂泽号饥鸿,岁月欺贫儒。叹息镜中面,安得长肤腴。"

《送七兄赴扬州帅幕》诗说:"初报边烽照石头,旋闻胡马集瓜州。诸公谁听刍荛策,吾辈空怀畎亩忧。急雨打窗心共碎,危楼望远涕俱流。岂知今日淮南路,乱絮飞花送客舟。"

《送李德远寺丞奉祠归临川》诗说:"送骑拥东城,烟帆如鸟轻。道行端有命,身隐更须名。盱食烦明主,胡沙暗旧京。临分一襟泪,不独为交情。"

《新夏感事》诗说:"百花过尽绿阴成,漠漠炉香睡晚晴。病起兼旬疏把酒,山深四月始闻莺。近传下诏通言路,已卜余年见太平。圣主不忘初政美,小儒惟有涕纵横。"

《闻武均州报已复西京》诗说:"白发将军亦壮哉,西京昨夜捷书来。胡儿敢作千年计,天意宁知一日回。列圣仁恩深雨露,中兴赦令疾风雷。悬知寒食朝陵使,驿路梨花处处开。"

《闻雨》诗说:"慷慨心犹壮,蹉跎鬓已秋。百年殊鼎鼎,万事祗悠悠。不悟鱼千里,终归貉一丘。夜阑闻急雨,起坐涕交流。"

《度浮桥至南台》诗说:"客中多病废登临,闻说南台试一寻。九轨徐行怒涛上,千艘横系大江心。寺楼钟鼓催昏晓,墟落云烟自古今。白发未除豪气在,醉吹横笛坐榕阴。"

《七月十四夜观月》诗说:"不复微云滓太清,浩然风露欲三更。开帘一寄平生快，万顷空江著月明。"

《游山西村》诗说："莫笑农家腊酒浑，丰年留客足鸡豚。山重水复疑无路，柳暗花明又一村。箫鼓追随春社近，衣冠简朴古风存。从今若许闲乘月，拄杖无时夜叩门。"

《东阳道中》诗说："风欹乌帽送轻寒，雨点春衫作碎斑。小吏知人当著句，先安笔砚对溪山。"

《幽居》诗说："翳翳桑麻巷，幽幽水竹居。纫缝一獠婢，樵汲两蛮奴。雨挟清砧急，篱悬野蔓枯。邻村有鬵子，吾敢叹空无。"

《晚泊慈姥矶下》诗说："山断峭崖立，江空翠霭生。漫多来往客，不尽古今情。月碎知流急，风高觉笛清。儿曹笑老子，不睡待潮平。"

《残春》诗说："残春醉著钓鱼庵，花雨娱人落半岩。岂是天公无皂白，独悲世俗异酸咸。妄身似梦行当觉，谈口如狂未易缄。已作沉舟君勿叹，年来何止阅千帆。"

二、入蜀后的诗

——自四十六岁至五十三岁（乾道六年至淳熙四年）。

"不抚壮而弃秽兮，何不改乎此度也？乘骐骥以驰骋兮，来吾道夫先路也！"

放翁的入蜀，是他平生的一件大事，也是决定他的未来去做政治家抑或是诗人的分野，这个关键在他的生命上是太重要了。放翁有崇高的理想；有做大诗人的热情，有原始人的冲动；有伟大的抱负；有过剩的生命力；有圣洁的心灵，使他去爱祖国，爱家乡，扩而至于爱人类；更有创造的冲动力，迫着他去做超人的冒险，做挽狂澜于既倒的事业。放翁在国家危难的时候，不愿意做一位懒散的文人，即要做一位救亡的战士，立金石之功的中兴英雄。所以他抱了极大的热忱，怀了伟大的希望，幻想着未来的光明，离了温暖而恋爱的故乡，江南的媚人的风景，于乾道六年（1170），迈上了征途，走到"通衢舞竹枝"的绝徼，"谯门对山烧"的荒凉的僻壤，企图在川陕打下个稳固的政治与军事的基础，不仅与金虏争取长江上游的优势，而且可以收复关中，进一步地规复中原，实现他的中兴宋室的壮志。但是，事实往往纷碎了理想，现实常常惊醒了好梦，黑暗有时候暂时地也可以战胜了光明。是以放翁在他入蜀以后，一切都感到失望了。崇高的理想，变成泡影般地可笑；珍贵的热情，做了对照下的悲凉；忧国的怀抱，变成追求不到的观念，憧憬着的未来，给了他一种幻灭的悲哀。两年多在夔州的逗留，获得的是无限的怅惘；将近一年的汉中幕僚生活，换来的是绝望的无意义的空虚。以后五年多的时间，在成都、汉州（今广汉）、蜀州（今崇庆）、嘉州（今乐山）、汉嘉（今雅安北）、荣州……的宦游，也尝尽了羁旅飘零的滋味；和范成大的交往，也只得到了"不拘礼法"的放翁的名号。在一切不如意的时候，在雄怀壮志被毁灭了的时候，在被人生的荒凉空虚寂寞凄苦袭击着的时候，使他在"功业之神"的面前，是渺小的、无价值的、没有地位的，像蜉蝣撼大树般地可怜了。但是，在他的精神和"灵魂之美"的方面，却有极高度的发展、升华，射出一阵阵的灿烂的光辉。放翁为了发泄他的忠国爱国之情，吐露他的壮怀的郁抑，抒发他的被淤塞的情感,呐喊他心灵中的苦闷和悲凉,叫出他在人生旅途上所感到的冷落和残酷,以及他磊落的气度……他遂开辟了他的诗的园地,扩大了他的诗的范围,整个的生命,放在他的诗园里,做了忠实的园丁。一切莫名的感怀,都寄托在他的诗里。诗,是他的生命,也是他的灵魂的归宿。所以这时他的诗,不仅在质量上达到登峰造极的标准,在数量上也如雨后春笋,一夜齐出,更加万顷波涛,汹涌而来,产量之大也为古今诗人之第一了。现实与时势的所迫,使他不能不放弃了做一位政治家的野心和希望,而做一位极适合于他的性分的诗人与风雅的州宰,过他的闲散的风趣的诗人的生涯,享受空灵的神游八方的寂寞的自足的诗人的快乐。但是啊,金人的狼奔豕突,中原的胡骥悲鸣,战区人民的左衽的苦痛,偏安一隅的小朝廷的局促……一切的现实,对他都有强烈的吸引力,他又哪能有一时刻的忘掉呵!在这样的心灵的冲突和矛盾中,在良心和责任感的震荡的苦渊里,他所发而为心声的诗章,大都是凄厉之音和感激豪宕的悲愤的调子!所以放翁这一时期诗的风格,多表现出了意气豪迈,往往志存戎轩,大有横槊跃马、愿效驱驰之概;汗漫热烈的情绪,郁塞磊落的风度,更构成了此时期特色。放翁自入蜀以后,蜀中的山水、风物、雾云、天色,给了他以新的刺激,发生了新的感应。蜀地的山,没有江南的山的妩媚、秀丽。它好像是一位身经百战的武士,自然没有江南的山之少女般的倩姿。它是悬崖峭壁,不是泉壑清幽;它是崇山峻岭,不是峦峰绵延;它是鸟道迂回,不是松涛汹涌;一个是雄伟,一个是秀媚;一个是巍巍的巉岩，一个是白云抱幽石的秀峰。我们假如身历三峡，不禁有叱咤风云、神驰高空、超绝人生不平凡之感。蜀中的水，也没有江南之水的碧绿，也没有江南之水的净美。江南的水，好比不施铅华的西湖，表现了淡雅韵秀。蜀地的水，犹如浓妆的少妇，自有她的沉郁艳丽的趣味。江南的湖沼星散错落，一望碧波万顷，淡淡的云烟，轻纱似的晓雾，迎风弄姿的幽花小草，使人有潇洒之思。蜀地山中的潺湲的细流，绕过无数的怪石身旁，穿过了出谷的一簇簇竹丛和青草，滋润着谷旁的山花，使人不禁有超逸归隐、方外出世之想……总之，江南与巴蜀的自然环境，是截然地呈现出二种典型和不同的外貌。因之，放翁的诗，自入蜀后而境界一变。不再如在故乡时写自然风物那样地轻松、潇洒；巴蜀的景色，给了他无穷的异乡羁旅的冷落，而带来了沉郁悲凉。所以这时他的诗大部分是情景交融，而他的取景，又大多数是描绘冷静、凄切、荒漠的境界，借以抒泄他的胸怀和烘托他的身世家国之感。大自然的"冷色"，做了他命运的前瞻。空虚、冷清，也成了他这时期的诗的风格的特点之一。这一次放翁的川陕之行，虽在事业上没有什么成就，然而在作诗上有惊人的进步，开放出诗坛上的一朵名花，确定了他做诗人的方向。但是，我们这里需要更进一步探讨的，是他在这时期的精神的发展和精神的升华。当一个人的壮怀和抱负化成了泡影般的幻灭，现实的功业对他表示了绝望的时候，他的精神上的发展，可能的只有三途：一途是对绝望的命运挣扎，力挽危局；一途是超脱红尘，如僧道般地逍遥方外；一途是饮酒浇愁，疏狂玩世，在醉仙的世界里，以幻想的姿态，虚构他的虚无缥缈的空中楼阁。这个幻影，是完满无缺的、是胜利的；但是，也是梦境的，颇与鲁迅先生所写的阿Q的精神胜利相似的。放翁对第一条途径是走不通的。譬如说在当时的川陕最有力量的武人，首推王炎，放翁对他曾陈"进取之策"，而不为所用；其次是蜀帅范成大，也不能听取放翁的话，仅为"文字交"。这样的处境，对他的事业的命运，当然没法来挽回了。所以他只能走后两条路：我们在放翁的诗集里，随时可以看到他与僧道的来往和交游；对寺院的留恋与爱慕；他自己也时时表露出对神仙逍遥的趣味和大彻大悟的感觉。我们也可以看见他的嗜酒豪饮，醉后的佯狂，吐露胸怀的醉歌和灭虏的大志的表白，那是多么动人的中兴宋室的策划！我们也可以看到他和侠客来往，自己也学过剑术，这又是如何的英雄本色！所以说他一方面是超世的方外的思想，一方面是狂疏的愿做醉侯的情趣，过他的神游的生活，获得他的自足的精神胜利，这两种精神的心理的情调之强烈的显现，也构成了他这时期的诗的显著的风格和特点。

至于他诗的本身，在这一个时期里，表现了宏伟的诗境，博大的境界，如长江大河，奔流而来，常以白描的技巧，表现他的才气纵横，脱去了工巧雕琢的衣裳，换上了天机云锦的外套。他的《九月一日夜读诗稿有感走笔作歌》诗说："我昔学诗未有得，残余未免从人乞。力孱气馁心自知，妄取虚名有惭色。四十从戎驻南郑，酣宴军中夜连日。打球筑场一千步，阅马列厩三万匹。华灯纵博声满楼，宝钗艳舞光照席。琵琶弦急冰雹乱，羯鼓手匀风雨疾。诗家三昧忽见前，屈贾在眼元历历。天机云锦用在我，剪裁妙处非刀尺。世间才杰固不乏，秋毫未合天地隔。放翁老死何足论，广陵散绝远堪惜。"这不是放翁自己对于他的诗在这一时期里的一篇很好的描述吗？看他如何地体会到诗的奥妙处，如何地去了解和体会微妙的创作过程，对诗产生一种神奇的经验与妙悟。放翁作诗的奥妙，他竟比作叔夜先生的高贵而失传的《广陵散》曲了。这更值得我们来体会和沉思它的个中的情趣。今选他这一时期的代表作如下：

《驿亭小憩遣兴》诗说："淡日微云共陆离，曲阑危栈出参差。老松临道阅千载，杜宇号山连四时。汉水东流那有极，秦关北望不胜悲。邮亭下马开孤剑，老大功名颇自期。"

《三月十七日夜醉中作》诗说："前年脍鲸东海上，白浪如山寄豪壮。去年射虎南山秋，夜归急雪满貂裘。今年摧颓最堪笑，华发苍颜羞自照。谁知得酒尚能狂，脱帽向人时大叫。逆胡未灭心未平，孤剑床头铿有声。破驿梦回灯欲死，打窗风雨正三更。"

《宝剑吟》诗说："幽人枕宝剑，殷殷夜有声。人言剑化龙，直恐兴风霆。不然愤狂虏，慨然思遐征。取酒起酹剑，至宝当潜形。岂无知君者，时来自施行。一匣有余地，胡为鸣不平？"

《晓叹》诗："一鸦飞鸣窗已白，推枕欲起先叹息。翠华东巡五十年，赤县神州满戎狄。主忧臣辱古所云，世间有粟吾得食。少年论兵实狂妄，谏官劾奏当窜殛。不为孤囚死岭海，君恩如天岂终极。容身有禄愧满颜，灭贼无期泪横臆。未闻含桃荐宗庙，至今铜驼没荆棘。幽并从古多烈士，悒悒可令长失职。王师入秦驻一月，传檄足定河南北。安得扬鞭出散关，下令一变旌旗色。"

《春晚书怀》诗说："老客天涯心尚孩，惜春直欲挽春回。长绳纵系斜阳住，右手难移故国来。暑近蚊雷先隐辚，雨前蚁垤正崔嵬。茹芝却粒终无术，万事惟须付一怀。"

《叹息》诗说："国家图箓合中兴，叹息吾宁粥饭僧。卖剑买牛衰可笑，坏裳为袴老犹能。晓过射圃云藏垒，夜读兵书雨洒灯。安得龙媒八千骑，要令穷虏畏飞腾。"

《观华严阁僧斋》诗说："拂剑当年气吐虹，喑呜坐觉朔庭空。早知壮志成痴绝，悔不藏名万衲中。"

《枕上》诗说："枕上三更雨，天涯万里游。虫声憎好梦，灯影伴孤愁。报国计安出？灭胡心未休。明年起飞将，更试北平秋。"

《南窗》诗说："流落逢知少，疏慵迕俗多。闷拈如意舞，狂叩唾壶歌。巴酒禁愁得，金丹奈老何！南窗好风月，聊复此婆娑。"

《游修觉寺》诗说："上尽苍崖百级梯，诗囊香碗手亲携。山从飞鸟行边出，天向平芜尽处低。花落忽惊春事晚，楼高剩觉客魂迷。兴阑扫榻禅房卧，清梦还应到剡溪。"

《小市》诗说："小市门前沙作堤，杏花虽落不沾泥。客心尚壮身先老，江水方东我犹西。暂憩轩窗仍汛扫，远游书剑亦提携。子规应笑飘零惯，故傍茅檐尽意啼。"

《待青城道人不至》诗说："我亦从来薄世缘，偶然采药到西川。慵追万里骑鲸客，且伴千年化鹤仙。金鼎养丹暾海日，玉壶取酒醉江天。朝来坐待方平久，读尽黄庭内外篇。"

《舟中偶书》诗说："老子西游万里回，江行长夏亦佳哉！昼眠初起报茶熟，宿酒半醒闻雨来。汉口船开催叠鼓，淮南帆落亚高桅。
四方本是丈夫事，白首自怜心未灰。"

三、东归后的诗

——自五十四岁至六十五岁（淳熙五年至淳熙十六年）。

"曾歔欷余郁邑兮，哀朕时之不当。揽茹蕙以掩涕兮，沾余襟之
浪浪。"

万里归来的放翁，怀着一种疲倦的心情，踏进了如慈母般
的故乡的怀抱，燃着一种神秘的渴望之火，跑到久别重逢的具
有魔力的镜湖的面前，他是如何地激动与兴奋啊！他有甜蜜，也
有辛酸；有温暖，也有悲凉；有喜悦，也有伤感；有说不出的愉
快，也有莫名的凄切……万缕的各样的情绪，交织在心头，编成
了凄凉网，笼罩着空虚、寂寥和对一切苍茫的意味！故乡确是
一只无形的巨手，触着了放翁十年来的创伤，勾起了他久已埋藏
在心灵幽深处的苦痛，浮起了对烟云般的往事的回忆；他想起
他少年时代的抱负，他想起了剑南十载的奔波；他想起了入蜀时
的志愿；他想起了君辱国仇；他想起了征衫褪色和破旧；他想起
了仆仆风尘对国事之徒劳无功；他想起了历来的在人生旅途上
的艰苦和不妥协的奋斗；他想起了他倔强的与恶势力之周旋；
他想起他如何地熬过异乡作客的寂寞；他想起他如何地克服人
间的荒凉；他想起他的面纹如何地写下了生活的痕迹；他想起
了他的青丝上如何地渐渐涂满了雪霜……过去的一切，如警钟
似的唤回他的睡梦，数载的磨炼，粉碎了他的理想的虚幻的嵬
巍的空中楼阁。他又好比一只负伤的小鸟，不能再任意翱翔，而

有故巢之恋；他又好比一匹眊聩的老骥，不能再驰骋大漠，而有塞上之思。他爱恋着故乡，憎恶着以往的生命的浪费的生活，"万里客经三峡路"，除了"千篇诗费十年功"的一点诗的心血的成绩以外，试想值得说的还有什么？因之，他面对着故乡的景色，看见山水的妩媚，能不脉脉无语，兴起了内心的忏悔，如对爱人的泣诉，而潜然地流伤心之泪吗？所以他这时期诗的风格，大半表示了仕宦的乏味、无聊；做官生活的琐碎、平凡；以及羁旅的冷落，孤馆的无情；天涯芳草，萋萋莫莫，思归的游子，望之歆歆的色调；倦客的心情，绝俗的意绪，几乎透渗到每一诗篇。歌咏故乡的山水、茅舍、汀苹、孤蓬、淡烟、鸥鸟……描写故里的风趣和物产；红蓼、茯苓、霜蟹、鲫鲹……这些便构成了这时期他的诗的主要的特点。此外还有一川月色，沁人肺腑；万里晴空，阔人胸襟；湿意的海洋的空气，清淡的抹山的微云。一切都使放翁的疲惫的心灵得到安慰，使放翁陷入烦恼障里的灵魂得到解脱。是以放翁的精神也格外地美化，洋溢着淡雅的气氛。这时，放翁的心湖是那样平静，心绪是那么安宁，态度是那么含蓄、恬淡……因之，反映到他的诗章里的，自然是潇洒、高洁、淡泊、清远、闲适、绝俗、玄雅、超逸和空灵的诸种情调……试想这样富有山林神韵的生活，这种充溢着田园妙趣的环境，这样洋溢着自然之美的山村茅舍，可说是最适宜于诗人的寄迹和托足了。我们庆幸放翁有这么幽静美妙的故乡环境，有这么多的人生的生活体验，他应该用上他的诗人的生命，整个的热情，和宗教式的情绪、热感，灌注到他的诗的园地里，纯真的诗国里，凭着以往的体验和修养，凭着大自然的色光与灵感的映照，射出他精神上的彩华，发出他灵魂的光辉，写下自然、山水，及一切的逼真的"灵"的姿态和色调，提高诗人的嗓子，吼出全民族的心声，在诗坛上燃点起万丈的光焰，作为诗国里一盏灿烂永明的灯，造就一位更伟大的诗人呢！但是，诗人放翁，对他东归后的生活，并不如此处置，对他剩余的生命，并不如此安排。他不是不知道纯诗人的生活是风雅、自由、疏狂、闲散，有风趣，有情味；宦场的生活是龌龊、拘束、刻板、穷忙、机械、无聊。然而放翁的天性，虽爱故乡，但亦爱国家民族；虽爱自然、山林，更爱普天下的人民。他在飘零失意当中，未尝忘了君父的耻辱与破碎的河山，正逍遥在故乡三山的时候，也没有忘怀了人民的痛苦。是以他决定再抛离开温暖的可留恋的家乡，重新英勇地迈上了漂泊的旅途，投身在仕宦的风波当中。他明知道不能再有希望建立惊人的驱逐金虏于国土之外的伟业，写下在民族史上的不可磨灭的金石之功；但是，为了安慰他自己的良心，为了减轻他对人民在心灵上的责任感，乃对天下事抱了"知其不可而为之"的精神，以治标的办法，在解除人民的痛苦上，在谋人民的福利上，尽他所有的力量。不过冰冷的人海，又如何能认识他的热情的高贵和伟大；昏昧的朝廷，又如何能体谅国士孤臣耿忠的苦心。是以他的建安（今建瓯）一行，也没有什么政绩与成就，空空地增添了他的心灵的愁怅和羁旅行役之悲；在江西常平提举的任上，以水灾民饥，遍野嗷嗷，发义粟赈民，又为小人劾奏，受了召还的处分。这岂不是连诗人这一点良心上的温暖和热力，都不允许他向人民的身上放射吗？对诗人这一把不失其赤子之心的纯真的心灵之烈火，也要窒息和熄灭吗？因此，他怀着一颗悲哀伤感的心，遁迹山阴了。所以他这时期诗的风格，又表现一种极大的矛盾；诗的情调，也表现出了异常的不调和。他的生活与心声的诗，形成了截然不同的两种类型的对立。一方面是入世的，为国的，为民的，对现实有强烈感受的，战斗的，我不入地狱谁入地狱的姿态的；一方面又是留恋山水的，倦旅的，思归的，禁不起狂风暴雨的，多感的，飘逸的，旷达的，冲淡的，清奇的，情趣的。抒发胸中郁抑的感怀，寄托身世，思念往事……也是这时期他的诗的风格上的一环哩。我常想他这时期诗的风格上的驳杂、矛盾，从表面看来是不调和的、没法解释的。不过，从他的诗的心理的基础上去透视，又觉到他这种风格是可爱的，自然的，率真的了。试想在现实上的一切不能够满足他的希望的一位诗人，除了一方面针对着现实去奋斗挣扎，挽回他的不幸的命运外，在诗文上，在灵魂的领域中，当然要表现他的真实的情怀，吐诉他的奋斗过程的痛苦，与在人性上潜伏着的与生俱来的感情的脆弱和不禁寂寥的"*池鱼思故渊*"之感了。是以做人的风度上，自然地也是扮演着"外强中干"的淡泊、山林、田园、倦游的趣味了。所以说放翁的诗的风格，虽然是多方面的，形式上是矛盾的，但是在本质上是一致的、和谐的；人格是前后统一的、不变的。这时放翁的游览诗很少，也可以见到他是如何地集中精力，注意现实了！

召还归里寄迹镜湖之滨的放翁，似乎应该永远地栖隐了。

山明水秀之乡，对一位诗人的生活是如何地具有引力呢？但是冲突、矛盾、冲动的种子，天生地种在诗人的心中，只待春风拂吹，杨柳依依的天气，便会发芽、生长了！所以当孝宗召放翁起知严州的时候，他又燃起了希望之火，重新构起幻虚的楼阁。但是将近两年的桐庐江畔的官舍居留，他得到的又是什么呢？文书的鞅掌，吏牍的琐碎，俗务的平凡……半年的郎中吏官，结果又以诗忌被斥而归。诗人的最后一次的对现实的幻想，也在他的愤怒、不平、怅惘……的情绪下，化为泡影了。所以他这时期的诗，也有一个新的面目：对文书纷乱的实烦；对公文堆积的病痛；对闲适自由的爱慕；对无拘束生活的追求；对官场的过度的疲倦；对朝廷昏惑愚妄的愤慨。感觉到他遭遇的生不逢辰，格外地觉得白鹭水鸥的可亲；见庙堂上不可再与衮衮的公卿们共议国事，远逝自疏的去志也益坚；江湖的奇丽的幻变的景色，重新对他有了吸力。因之，他更坚定了"诗情自合江湖老"的决心。"尽收事业渔舟里，全付光阴酒榼边"的理想的诗人生活，竟成了他这时期唯一的美满的希望着的东西了。这样多的诗材内容，如此地扩大了的诗的领域，涌现出这样多的风格和方面，浮出了这样多的色调、情趣和味道……交织成了他这时诗的新颖的面貌。至于放翁的"形在江海之上，心存魏阙之下"的忠君爱国的思想，更是随着他的纯朴、真实、热烈的性情，崇高伟大的人格，通过他的心灵的净化和一定的表现形式，而贯串了他的各时期的诗的风格了！

　　总之，东归后的放翁，因为在意识上起了数次的变化，在心之波流上起了几次的曲折，在思想上也时常表现了形式上的矛盾。所以反映到他的诗的风格上，气味也相当地复杂，味道也辛酸不一，很难以简明扼要的单纯的语句，道出他的轮廓，绘出他的影像。不过，我们可以说的是：诗人放翁的心理矛盾，他是"身在朝而心在野，身在野而心又在朝"，永远地对环境不满，有热情，有智慧、理情的冲突，便是他的诗的复杂的风格的源泉。是以在他这一时期的诗中，所表现的风格便或是强烈的入世，或是飞扬跋扈的英雄本色，或是乡愁，或是旷达，或是疏狂，或是山林，或是田园，或是渔樵之思了。要了解他这种不调和、幻变，如胡马在大漠上驰骋般的忽东忽西，飘忽不定的姿态；如雨后天空上的虹蜺的彩晕，红紫鲜淡的不同，霞光耀目的倏忽万变的色相，自然要求之于他的诗的心理基础，心理的把握，这是了解他这时期的诗的锁钥！

至于这时期诗的本身，仍保持着前一时期的宏肆之境，不过已成了这种境界的尾声、余韵。它改变了方向，改变了面目。他这时期的诗境，是一往神行、辽阔、清空、潇洒、隽永、超逸、绝俗、不落言筌，大有陶谢的作风。精神上达到了极高的平面，时露天我妙契的境界，心与道通的意味。他的沉郁顿挫，感激豪宕的神情的诗章，也占了他这时期诗园的一角。今选他这一时期的代表作如下：

《湖村秋晓》诗说："剑阁秦山不计年，却寻剡曲故依然。尽收事业渔舟里，全付光阴酒楢边。平野晓闻孤唳鹤，澄湖秋浸四垂天。九关虎豹君休问，已向人间得地仙。"

《思归》诗说:"白发满青镜,怅然山水身。那因五斗米,常作半涂人。涉世风波恶,思归怀抱真。会当求钺斧,送老镜湖滨。"

《月岩》诗说:"几年不作月岩游,万里重来已白头。云外连娟何所似? 平羌江上半轮秋。"

《泛舟武夷九曲溪至六曲或云滩急难上遂回》诗说:"一叶凌风入峡来,山童指点几崔嵬。急流勇退平生意,正要船从半道回。"

《横塘》诗说:"横塘南北埭西东,拄杖飘然乐未穷。农事渐兴人满野,霜寒初重雁横空。参差楼阁高城上,寂历村墟细雨中。新买一蓑苔样绿,此生端欲伴渔翁。"

《遣兴》诗说:"平生与俗马牛风,落魄人间亦未穷。绿绮奏终香缕碧,乌丝书罢烛花红。梦中吴蜀山川近,醉后周秦战伐空。投老飘然君勿笑,也胜鱼鸟在池笼。"

《秋兴》诗说:"白发萧萧欲满头,归来三见故山秋。醉凭高阁乾坤迮,病入中年日月遒。百战铁衣空许国,五更画角只生愁。明朝烟雨桐江岸,且占丹枫系钓舟。"

《题酒家壁》诗说:"明主何曾弃不才,书生飘泊自堪哀。烟波东尽江湖远,云栈西从陇蜀回。宿雨送寒秋欲晚,积衰成病老初来。酒香菰脆丹枫岸,强遣樽前笑口开。"

《秋夜闻雨》诗说:"香断灯昏小幌深,不堪病里值秋霖。惊回万里关河梦,滴碎孤臣犬马心。清似钓船闻急濑,悲于静院听繁砧。玉峰老去情怀恶,稳受千茎雪鬓侵。"

《后园独步有怀张季长正字》诗说:"斯世元知少赏音,道存何恨死山林。半生去国风埃面,一片忧时铁石心。闲看断云成小立,偶穿修竹得幽寻。故人已到梁州未?尺纸东来抵万金。"

《书愤》诗说:"清汴逶迤贯旧京,宫墙春草几番生。剖心莫写孤臣愤,抉眼终看此虏平。天地固将容小丑,犬羊自惯渎齐盟。蓬窗老抱横行路,未敢随人说弭兵。"

《吏责》诗说:"吏责何时得暂停,年来减尽鬓边青。高谈正乐催迎客,美睡方酣报掣铃。安得云山长在眼,便从樵牧与忘形。诗成不用频怊怅,自古笼禽例剪翎。"

《泛湖》诗说:"笔床茶灶钓鱼竿,潋潋平湖淡淡山。浪说枕戈心万里,此身常在水云间。"

《放逐》诗说:"放逐虽惭处士高,笑谭未减少年豪。青山随处有三窟,白首今年无二毛。正得筇枝为老伴,尽将书帙付儿曹。饮酣自足称名士,安用辛勤读楚骚。"

《夜归偶怀故人独孤景略》诗说:"买醉村场半夜归,西山落月照柴扉。刘琨死后无奇士,独听荒鸡泪满衣。"

四、晚年幽居的诗

——自六十六岁至八十六岁(绍熙元年至嘉定三年)。

"步余马于兰皋兮,驰椒丘且焉止息。进不入以离尤兮,退将复修吾初服。"

在这个漫长的悠久的二十年的岁月流波中,他除了有短短的年余的时光,曾被召赴行在修两朝实录等国史,做些与人无争的文字上的编辑工作外,整个的时间,都栖迟在故乡。他傍山依水,葺舍筑庐;开荒辟园,栽花植草,极尽了绝俗的幽居之美,怀着"终焉之志",过他晚年的富有闲情雅趣的诗人的隐逸生活了。试想我国是一个以农业立国的大陆国家,辛苦的农民,在不同寒暑的季节里,把他们高贵的生命,都花费在以汗血所灌溉的田园里,毕生精力都用到他们依以为命的垄亩中。因之,他们对自然山水的态度,由最初原始的敌对、斗争,进而至于亲切、熟悉、爱与友谊,直到二者的观照和交融。所以反映到我们的文学里、诗国里,自然是山水的爱好,田园的愉悦。影射到我们诗人的灵府里,那便是隐逸趣味的浓厚:对大自然的陶醉,对丘壑的爱恋,和大自然的谐和之美,所给人的一种从人世归向大自然去的强力诱惑的获得了。诗人放翁正是继承这个传统,接受我们这种特有的遗传精神。加以宦途失意,和几十年在飘零苦海中的挣扎与风险,看到朝廷昏惑、偏安,不禁兴起了一切希望渺茫的生命情调。这,更使他甘愿归返到大自然去,只有在那里,才能找到他的耿介性格和旷放思想的慰藉。只有在山水田园里,才能净化他的着尘的灵魂。所以他晚年的诗,竟迈上了山水田园的隐逸方向。我们知道放翁故乡会稽的佳山水,自古是名士骚客所流连的胜地,为躲避世俗纷扰而追求自然陶醉的高人们,在心灵上获得虚恬与豁情的乐土。晋顾恺之赞美会稽佳山水说:"千岩竞秀,万壑争流,草木蒙笼其上,若云兴霞蔚。"王献之也说:"镜湖澄澈,清流泻注,山川之美,使人应接不暇。"他经年地游放在这样的如画的山水的妙境里,很容易唤起他对大自然的一种爱慕与欣赏,宁静的观照。在精神上得到解放,在内心上得到超脱,达到"忘我兼忘世"的境地。不过还要说的是:

放翁这时期观察自然、接近山水的态度。不像早年诗的仅凭直观，只从它们真形与外貌上去摄取影像；而是透过表象与外貌，以虚玄幻想的意味，在神遇上了解宇宙的大生命和自然和谐之美。他的小生命与自然的大生命起"心"的交流，他与宇宙合为一个有机的不可分的"万物皆备于我矣"的浑朴的整体。进入了一个"道"的境界。所以这时期放翁描摹自然的诗，不仅是对自然的形相上的一种真实的刻画，在它们的背后，还射出了玄理的"道"影，指示出了"恒物之大情"，而对于自然有一种潜蒙的幽玄的领悟。这些是与他的初中期诗虽同为描写自然，而在基本精神上所不同的地方。因之，在这一个角落的诗的题材上，铸融了与前三期完全不同的崭新的风格。他在少壮年的时候，血气方刚，生命力过剩，对事物的认识、大自然的欣赏，多半采取了帝国主义的方式，只有凭借他的主观经验的向外照射，搜寻知识。如此，他所得到的知识、所了解的自然，当然是表象和形貌了。这可以做他前三时期的诗的注脚。他到了老年的时候，已经如航海的老水手似的度过了无数的风险；如钢铁似的经过了千锤百炼，碰了几许钉子。又如身经百战的老兵似的，带了多少创伤。他当然要澈悟到所摄取的表面形象的知识的不可靠，而不能不把搜寻的外射的目光收回，反射到他自己的心中。对万物自然众象，来一种领会，悟解、沉潜、神游、冥想……心如明镜似的发出了"心眼"里的强烈的智慧之光，去了然、控制、和驭使纭纭众象，掌握永久真理，和接近宇宙的本体，窥破了深邃的玄之又玄的"众妙之门"。这种境界，恰可做他晚年诗的说明。这时期放翁的诗章，多半是模拟着陶谢的风格神韵。《春晚》诗："平生慕陶谢，著语终不近。"《春雨》诗："诗句谢宣城。"《读陶诗》诗："陶谢文章造化侔，篇成能使鬼神愁。"《自勉》诗："学诗当学陶。"可见他对陶谢的景慕。尤其对靖节先生，更是虚心地一方面学他的诗，一方面体验他的人生态度。接受他的参透世相、淡泊宁静、安贫乐道的隐逸的精神。所以这时期的放翁的诗国里，除了山水的爱好的色调外，又几乎弥漫着田园的超尘的气氛。这时放翁自己不仅是一位田园农民诗的伟大作家，并且是一位冥会万象，遇物便了的哲人。试看"陶公妙诀吾曾受，但听松风自得仙"（《松下纵笔》），"漆园傲吏养生主，栗里高人归去来，俱作放翁新受用，不妨平地脱尘埃"（《登东山》）的诗句，这是多么富有玄理的趣味，达到了多么高的空灵的哲理的造诣。"我诗慕渊明，恨不造其微，……千载无斯人，吾将谁与归"（《读陶诗》），"莫谓陶诗恨枯稿，细看字字可铭膺"（《杭湖夜归》），这又是对陶公表示了如何的一种同调者的景仰与爱慕？直有欲出其门下而不可得之惜！因此，晚年的放翁的诗的风格，是针对着靖节先生的诗的方向，沿着陶诗的故径去发展，"年来诗料别，满眼是桑麻"（《倚杖》），更可证明他的诗材是取自由园与农家里，这又可使他成为一位田园诗人了。但是，我们要说明的是：他与陶诗虽然走了相同的方向，然而在他们的基本的作诗的精神上，却有差别。不外他们同样地对大自然有一种宁静的穆穆的欣赏，和对自乐其乐的幽花与小草的观照与爱护；他们也同样地逃避世俗的尘机，投身于大自然的生命里，默默无语地领略和倾听宇宙间一种神秘的无语之言，而与造物者携手、默契；他们又同样地友爱淳朴的野人、农民；他们也同样地留恋僻静荒凉寂寥还俗的山村；他们也同样地怡悦山岭上的无心出岫的白云；他们又同样地陶醉唱着生命之歌的不舍昼夜的奔驰的流水；他们同样地栖丘饮谷，做了一个忘怀一切的隐者；他们也同样地是爱好山水，歌唱自然的诗人；他们同样地热爱着自然界的万物，他们也同样地愉乐着四时的幻变的景色，他们同样地有淡泊自乐的、独善其身的、快适的胸襟；他们也同样地有着他们自己的天地，恬退的性格，和追求超然物外的生活；他们同样地描摹着田园山林之美，和农家的美化的风趣；他们也是同样地把农事作为诗的体裁的诗人；他们同样地借粟乞食，怀了安贫乐道的趣味；他们也同样地储潜了英雄本色，表现了不平凡的生命情调；他们同样地也有韶华与时光如流水般去得太快的感觉；他们也同样地有大化不可把握的领悟……但是，在他们如上述的一些相同的因素中，也就包含、孕育，与储藏了不同的成分。这自然是因为他们两人的性格与所处的时代的不同，而所生出来的差异；例如相同地写一首以农事作为题材的田园诗，陶诗可以写出"晨兴理荒秽，带月荷锄归"（《归园田居》）的画境，富有超逸的情调；而放翁则道出"五亩畦蔬地，秋来日荷锄，何曾笑尔辈，但觉爱吾庐。……"（《荷锄》）的诗句，颇有激昂不平的感觉。靖节先生是以老庄的思想，杂糅了他的耻事二姓的观念，交奏着逃避现实的心理，而对田园农事的一种美化（如《劝农》《归园田居》），以寄托他的无附依的灵魂，并可借以美化他的精神领域；放翁虽然间或也有逃世的心理，美化田园山林的诗文，不过他旋即超越了这个美幻的范畴，反转来以入世的姿态，揭示人们所加予田园里的幕后的丑恶面，如警钟似的替农民叫苦："有山皆种麦，有水皆种秔。牛领疮见骨，叱叱犹夜耕。竭力事本业，所愿乐太平。门前谁剥啄？县吏征租声。一身入县庭，日夜穷笞搒。人孰不惮死，自计无由生。还家欲具说，恐伤父母情。老人饛得食，妻子鸿毛轻。"（《农家叹》）这便是他这个思想与意识的表明。其次，在陶陆两家的诗园里，都是栽植着不平凡的生命之花，都是开得庄严绚烂，有如血般的丹红。不过，在陶的诗花上，是蒙上了一层淡薄的烟雾，遮盖了它的本来的如火如荼的倩姿，使我们看不到它的热烈，反觉到它的冷静、含蓄，和平淡的美丽。但是在他的《咏荆轲》一诗里的"其人虽已没，千载有余情"的嗟感，这不是它的本来的色相的刹那间的一现吗？揭开罩在它上面的雾层，谁说它没有"热死人"的色彩？在陆诗的树花上，虽然间或地抹上了一点白霞湿云，点衬出它的静美，但是旋即被它本身所发出的火热的力量所吹散，又现出了它的本初的热情的色调：绚烂，有力和充满了奔放的动的壮美。冷与热，静与动，淡与醲，解脱与苦闷，超尘与入世……极相反的、极矛盾的情调，笼罩住他的诗国，贯串着他的全整的诗集，象征了他矛盾的不可解救的人生，没有靖节先生生活的那样潇洒、超脱、和谐，加重地说，这种意味，也可以说是放翁这时期诗的特色。再次，靖节与放翁，虽然同时感觉到"恐年岁之不吾与"的悲哀，发出了"日月忽其不淹兮，春与秋其代序"的浩叹，但是靖节能由"常恐大化尽,气力不及衰",一转念间变为"拔置且莫念,一觞聊可挥"(《还旧居》)的超脱;所以他抱了"纵浪大化中,不喜亦不惧。应尽便须尽,无复独多虑"(《神释》)的态度,不以生死祸福的威胁,波动了他的平静如镜的心湖,他只有顺随着宇宙和大自然的规律的次序的生灭,而忘掉了一切。放翁则对现实人生有强烈的留恋,对生命有高度的珍惜,他不能听任大化和宇宙规律的次序安排,而以倔强苦战的姿态,与造物主争生命,虽然有时候也发出了"折除却得常强健,天定方知果胜人"(《即事》)的感慨,然而他仍然"执着"着以人定胜天的企图,以药石与养生去延年益寿,不过在他感觉人力终属极微弱的时候,他又不禁写出了《老叹》《老态》《病中》《修道》《养生》《慕仙》……的诗篇,以寄其怅惘的心情,和他的人力不能挽回的生之悲哀。与绝望的命运挣扎,是放翁一生的作风,他在这一时期的诗里,表示得更为显著。由上的分析与比较,我们可以知道放翁晚年的诗,虽然是走的陶谢的旧路;题材与内容,对象与范围,大体是步了陶谢的后尘;而他自己又特别指出"我诗慕渊明"的得意语。但是,以我们看来,他们是有"同中有异"的差别的。放翁这一时期的诗是披了田园和隐逸山水的外衣,做出了如僧道般的看破红尘的求药蓬岛的姿势,装出了要超脱尘俗的样子,而他的骨子里的精神是入世的,他的灵魂与人民是合而为一的,他的心也不能远离人间的……这一点矛盾与微妙的人生之谜的启闭处,便是放翁脱去渊明诗旧的传统的羁绊,在田园的农民的诗的领域中,而能新颖地独创一家的关键;放翁的诗,能接受前人的传统和长处，但是不为所囿，而能超越前人，自塑面目，这更是放翁作诗的伟大处。明乎此，我们便知道放翁晚年诗的大概了。不过，放翁的诗是多方面的，我们还要继续说的是，放翁诗对于老庄、《周易》的思想的接受。老庄的精神，是追求自我的心灵的解脱；《周易》的思想，是指明了宇宙是一个大化的生生不已的过程。放翁把这两种精神收敛到内心里，便是心灵的愉悦，对纭纭万物的淡泊；把这两种思想放射到性情上，观照到大化的众相上，便是悟道诗的制作。"门无客至惟风月，案有书存但老庄。问我东归今几日，坐看庭树六番黄。"（《闲中》）"大易中含造化机，王何元未造精微。乾坤要自吾身看，卧听鸡鸣起索衣。"（《读易》）这种高深的玄妙的"道"义，与道体合而为一的人生情调，我们除了用神秘的无声的天籁的语言，冥想、神会，去解释和领悟外，还能用人间的语言去着一字吗？所以在放翁晚年的诗中，也有一大部分的诗储蓄了道家的思想，含蕴着玄理的意味和一鳞半爪的去把握造化的过程……储"玄"与藏"道"的诗，也是放翁晚年诗的阵营里的一支生力军呢！我们知道放翁是忠君爱国的，是主张抗金杀虏的，是有平天下的宏愿的，是有爱苍生的热肠的，是有豪情的胸襟的……我们也知道他的半生的奋斗与挣扎是徒然的，在现实的把握与功业的建树上是失败的，他是不容于朝廷的，是忤于俗人的，不被尘世所了解的，是遭受了几次放逐的……我们也知道这时的宋室是苟安的，局促一隅的，以小朝廷自喜的，朝野人士是粉饰太平而无收复中原之志的……我们也知道两河沦陷区的人民是受金人的奴辱与虐待的，是饱受左衽的痛苦的，父老是日夜翘企王师的来临，出他们于水火之中的……这四种思潮在他心湖里的交流与激荡；这四种图影在他灵魂之幕上的浮现与对比，竟成了他晚年的苦痛的源泉。诗是心志的表明，所以他这时期的诗的风格，也非常驳杂：他虽然是以制欲的方式，时常抑压他的七情，使他不染尘念，把他的心从人世里拖回到自然里，从人间提升到天上，追求精神上的解放、超脱，但是"陟升皇之赫戏兮，忽临睨夫旧乡"的怀恋故国的情绪，又搅乱了他的心弦，发出低微的伤时忧国的奏曲，记录为时刻的不忘君国的和灭虏的诗篇。他虽然也希望忘怀现实的一切，不愿意再记起过去的如噩梦一场的往事，但是世事的迁移，故旧的凋谢，又哪能不引起他的沧桑之感？所以他这一时期的诗，也有一部分是代表了一般风烛残年的老人们的不可避免的晚景的寂寥与荒凉。还有更奇新而开诗坛上的新风气的，是他的记梦诗的大量的创作。我常想他的记梦诗的制作的动力与原因：一个可能是他服膺温柔敦厚的诗教之旨，把满腹的感怀，满腔的抑郁……寄之于诗，托之于梦，以"戏作"的方式，表现诗人的"温其如玉"的含蓄与保留的态度。次一个可能是他采取唐人李长吉的作诗方法，先得佳句于诗囊中，诗成而无题，遂题为梦诗。再次一个可能是放翁的精神与思想的升华，他在清醒时不能满足的事物，他求之于无知觉的睡后；他在人世间得不到的东西，他求之于若恍若惚的虚幻的梦境。在梦的国度里，一切是美满的，他的灵魂可遗弃他肉体的躯壳，遨游八方，游览他所愿意凭吊的名山大川，或凌空翱翔，求仙海上，或重访他的久已去世的故人，执手话旧，而打破了生死与阴阳的隔阂；或叱咤风云，"壮志饥餐胡奴肉"般地逐金虏于漠北……由他的记梦诗的内容看来，颇合于第三种的说法。记梦诗实在是暮年的放翁对他的缺陷的心灵予以补偿的产物，自然应列入他晚年诗的风格之一。总之，隐逸、田园、山水、乡村、闲适、寂寞、凌空、梦幻、神游、悟道、乐贫、慕仙、伤时、忧国、灭虏心、经世志、爱野老、思高人……的诸种情调，融会成他的晚年的形似矛盾而精神实一贯的和谐的诗。

至于放翁这一时期诗的本身，因为他与田园接近，受自然之美的陶冶，所以他的生命充满了闲适的趣味，精神放射出冲淡虚恬高洁的光辉。因之，反映到他的诗上，是诗境的突变，这时他的诗在表面上看来，似甚平淡；然而以深入的目光去透视，则见到在它的后面，实蕴含着极深湛的意旨和玄理。这时他的作诗，也不再像前期的雕章琢句、工绘辞藻；简直是用了极天然的白描，不去求工见好，而自能给予他的诗一个朴质的高雅的浑厚的天成的极高贵的艺术生命；这个艺术生命，如西子的净面似的，不容许半点人工的铅华，去破坏它的美与完整。放翁诗里所说的"身游与世相忘地，诗到令人不爱时"（《山房》），"目衰书卷研求懒，心弱诗章锻炼疏"（《遣兴》），"无意诗方近平淡，绝交梦亦觉清闲"（《幽兴》），"诗凭写兴忘工拙，酒取浇愁任浊清"（《初晴》），可做他晚年的诗的说明。刘后村说他是皮毛落尽，此评颇有见地！今选录他这一时期的代表作如下：

《幽栖》诗："闲人了无事，地僻称幽栖。晒米留鸡食，移琴避燕泥。桐生窗欲暗,笋长径还迷。不作容车计,门闾尽放低。"

《巢山》诗:"巢山避世纷,身隐万里云。半谷传樵响,中林过鹿群。虫镂叶成篆,风搴水生纹。不蹋溪桥路,仙凡自此分。"

《闻鸟声有感》诗:"小市提壶酤浊酒,东陂脱袴插青秧。归来静卧茅檐底,如觉闲中白日长。

"流年冉冉去无情,日夜溪头布谷声。城郭虽存人换尽,令威应悔学长生。"

《杂感》诗:"志士山栖恨不深,人知已是负初心。不须先说严光辈,直自巢由错到今。

"山人那信宦涂艰,强着朝衣趁晓班。豪气不除狂态作,始知只合死空山。"

《秋晚》诗:"门巷清如水,情怀淡似秋。诗吟唐近体,谈慕晋高流。托命须长镵,浮家只小舟。江南烟雨岸,何处不堪留?

"木落寺楼出,江平沙渚生。牛羊下残照,鼓角动高城。寒至衣犹质,忧多梦自惊。群胡方斗穴,河渭几时清?"

《自勉》诗:"妄出真成错,归耕惜已迟。褐温贫始觉,饭美淡方知。身外元无易,情中自有诗。穷源那得止,瞑目以为期。"

《初秋书感》诗:"流年冉冉不容追,余息厌厌只自知。马革裹尸违壮志,鹿门采药卜幽期。林蝉委蜕仙何远,巢燕成雏去已迟。触事尔来多感慨,北窗闲赋早秋诗。"

《闲记老境》诗:"谢事久悬车,为农懒荷锄。破裘寒旋补,残发短犹梳。槁木忘荣谢,闲云任卷舒。心知老当逸,先罢夜观书。

"嫌闹不入市,怕寒稀出门。拥炉愁兀兀,投枕睡昏昏。柳色新如染,梅花香满村。犹嗟未免俗,薄酒诳空樽。"

《四月二十八日作》诗:"行遍人间病不禁,鬓毛饱受雪霜侵。茅檐一夜萧萧雨,洗尽平生幻妄心。"

《衰疾》诗:"衰疾支离负圣时,犹能采菊傍东篱。捉襟见肘贫无敌,耸膊成山瘦可知。百岁光阴半归酒,一生事业略存诗。不妨举世无同志,会有方来可与期。"

《道室》诗:"筮遇风山第六爻,翛然尽谢俗间交。谋生旧买云三顷,托宿新分鹤半巢。露下丹芽生药垄,月明金粉落松梢。眉间喜动君知否?借得丹经手自抄。"

《二月一日夜梦》诗:"梦里遇奇士,高楼酣且歌。霸图轻管乐,王道探丘轲。大指如符券,微瑕互琢磨。相知殊恨晚,所得不胜多。胜算观天定,精忠压虏和。真当起莘渭,何止复关河。阵法参奇正,戎旃相荡摩。觉来空雨泣,壮志已蹉跎。"

《书感》诗:"一是端能服万人,施行自足扫胡尘。南州不可无高士,东国何妨有逐臣。"

《东园》诗:"车马无声客到稀,荷锄终日在园扉。断残地脉疏泉过,穿透天心得句归。对镜每悲鸾独舞,绕枝谁见鹊南飞?悠然自遣君勿怪,文史如山暂解围。"

《山村独酌》诗:"腰剑如今不换牛,固应万事一时休。孤舟惯作潇湘梦,骏马宁思鄠杜游。毁誉要须千载定,功名已向隔生求。石帆山下秋风晚,买酒看云自献酬。"

《隐趣》诗:"归老家山一幅巾,俗间那可与知闻。举怀每属江头月,赠客时缄谷口云。行采菖蒲绿藓磴,卧浮舴艋入鸥群。力营隐趣君无怪,作得闲人要十分。"

《春日杂兴》诗:"更事多来见物情,世间常恨太忙生。花开款款宁为晚,日出迟迟却是晴。"

"一枝筇杖一山童,买酒行歌小市中。莫笑摧颓今至此,当年万里看春风。"

《八月二十三年夜梦中作》诗:"道士上天鹅一只,老僧住庵云半间。去来尽向无心得,痴黠相除到处闲。江山千里互明晦,鱼鸟十年相往还。高岩缥缈人不到,醉中为子题其颜。"

《季夏杂兴》诗:"巉巉瘦驴岭,莽莽老牛陂。四海均羁旅,何人感此诗?

"疏泉浇药垄,枕石听松风。此乐惭专享,无因与客同。"

《养生》诗:"西游曾受养生书,晚爱烟波结草庐。两眦神光穿夜户,一头胎发入晨梳。邀云作伴远忘返,与鹤分粮宽有余。占尽世间闲事业,任渠千载笑迂疏。"

《小室》诗:"术浅难医恙,文疏不送穷。诗囊逢厄运,药里少新功。小室香凝碧,明窗日射红。邻翁来问疾,少话莫匆匆。"

第四章　放翁的个性与思想

诗是命运的象征，灵魂的歌唱；诗是人生的反映，时代的刻痕。所以在诗里含蓄着诗人的个性；在诗里蕴藏着时代所赋予他的思想。个性是思想的本源，诗是思想的花朵，我们为了进一步明了放翁起见，不能不在他的诗里搜寻他的个性与思想。

第一节　放翁的个性

放翁殁久矣，我们欲在七百多年后的今日，来描绘他的个性，当然是感觉到非常地困难；即在他的本传的记载里，也仅仅指明了他的不计利害的谏诤耿直和不拘礼法的颓放的个性。但是，我们觉得这是他的个性的一鳞一爪，而不是他的全豹。兹据他的言论与诗文，推定其个性如后：

一、真挚，在诗人的心灵里，是没有虚伪的影子的；在纯朴高洁的诗章中，是没有"愚而诈"的言语的。有的是：天然真性的吐露，无雕琢的挚情的奔流。诗人的一哭一笑，都是出于精诚的灵府，原始的感情。放翁诗的妙处，即在达到了这个高的境界，他的性真情挚是可以感天地而动鬼神的。例如他的《登山西望有怀季长》诗："……张卿独所敬，凤昔推直谅。迹虽隔吴蜀，相忆每惨怆。使者交道中，万里问无恙。忽焉奉赴告，斯文岂将丧？腰绖不抚棺，执绋不会葬。送子岷山下，想见车百两。我徒哭寝门，泪尽气塞吭。……霜风九月初，凭高极西望，江原在何许，安得铲叠嶂？"《哭李孟达》诗："旧交多已谢明时，孟达奇才最所思。晚岁立朝虽小试，平生苦学竟谁知！尊前一笑终无日，地下相从却有期。恸绝寝门霜日暮，短篇聊为写余悲。"《送邢刍甫入闽》诗，"两穷相值每相怜，闻子南游一怆然。莫道此行非久别，衰翁何敢望明年！"《思子虡》诗："里堠迢迢阻问津，年光冉冉苦催人。未能免俗予嗟老，岂不怀归汝念亲。家酿湖莼谁共醉？江云淮月又经春。新诗提罢无从寄，独倚危阑一怆神。"《九月七日子坦子聿俱出敛租谷鸡初鸣而行甲夜始归劳以此诗》云："……吾儿废书出，辛苦幸庶几。夜半闻具舟，怜汝露湿衣。既夕不能食，念汝戴星归。手持一杯酒，老意不可违。秋瘦酒味薄，食少鸡不肥。"《庚申十二月二十一日西和州健步持子布书报已取安康襄阳路将至九江矣悲喜交怀作长句》：

"吴蜀相望万里程，征鞍忽报近溢城。角巾已入三更梦，老眼先增十倍明。告至偏为亲旧问，劳还深愧里闾情。追思二纪睽离事，喜极翻成涕泗横。"《三月十六日至柯桥迎子布东还》诗："江国常年秋雁飞，吾儿远客寄书稀。道途一见相持泣，怜曲聚观同载归。草草杯盘更起舞，匆匆刀尺旋裁衣。从今父子茅檐下，回首人间万事非。"《寄子布》诗:"钓滩耕垄雪盈簪,从入新年病至今。,远使有书常洒泪,长宵无梦更伤心。何由老眼迎归棹,空为秋风感暮磓。一纸新诗千万恨,临风怅望独长吟。"《子虞当以十月离溆上喜而有作》诗:"十月霜侵客子衣,片帆计已发淮溆。山林独往我何敢?州县徒劳儿未非。传舍方寒索调护,里门终日待来归。解装且共灯前语,万事真当付一欷。"《醉眠》诗说:"达士如鸱夷,无客亦自醉。痴人如扑满,多藏作身祟。放翁亦何长,偶自远声利。胸中白如练,不着一毫伪。醉来酣午枕,晴日雷起鼻。寄谢敲门人,予方有公事。"《月下》诗:"月白庭空树影稀,鹊栖不稳绕枝飞。老翁也学痴儿女,扑得流萤露湿衣。"在以上所引的几首诗里,有的是悼亡友的哀词,有的是哭故人的悲痛语,有的是临别一襟泪的离情,有的是倚闾望儿归的意绪,有的是伟大的父爱的吐露,有的是本性的表白,皆是通过了他的心灵,随着他的真性挚情的泉水而喷射出来的心声,使我们读了以后,在不知不觉中我们的心也失掉了主宰似的融入了他的诗的某种情调里。这,当然是他的个性"真挚"的一点灵机,与我们的心扉相通而生出的一种神秘的伟力,永远支配着人的真情实感,这也是放翁诗的佳妙与高贵处。

二、耿直,放翁秉性是贞介耿直的。他处世是不计利害,不畏权势,只问是非的。正义的火焰,烧红了他周身的血液,做了他见义勇为的支持。为了他这一种性格的贯彻,他不知道接受几许的灾难,受了多少的苦楚,遭了几次放逐,甚至于因此注定了他在现实上的事业的失败的命运。他这种个性是见于行事的:如反对杨存中久掌禁旅;反对禁中购买珍玩,反对非宗室外家的王爵恩加渎乱名器，主张杀戮，尤沮格的官吏将帅，以整饬风纪；攻击龙大渊曾觌招权植党，荧惑圣德，上怒，出通判建康；力说张浚用兵，免归……在他的诗文里，也常有以他的耿直的性格而获罪的记载。如《予十年间两坐斥罪虽擢发莫数而诗为首谓之潮咏风月既还山逐以风月名小轩且作绝句》诗："放逐尚非余子比，清风明月入台评。"《野兴》诗："早见高皇宇宙新，耄年犹作太平民。虚名仅可欺横目，戆论曾经犯逆鳞。"《放逐》诗："放逐虽惭处士高，笑谭未减少年豪。"《放翁自赞》云："名动高皇，语触秦桧。"都是他这种耿直的性格的表现，也是他的一生命运的说明。这，倒与屈子的"既替余以蕙纕兮，又申之以揽茝"的精神，为同调了。

三、仁爱。诗人的心是"天心"的象征，诗人是爱神的化身，没有哪一个诗人不是如造物主似的在博爱着人类，甚至于热爱着鸟兽草木虫鱼……这种意味，在放翁的诗里，表现得特别强烈和浓厚；爱苗在放翁的心田里，生长得格外地蓬勃、秀丽。仁与爱，铸成了他的有力的个性；仁与爱，使得他的生命特别地放出了奇光异彩，并且圣化了他的诗国。他在爱着君父，例如《乙巳秋暮独酌》诗："孤云系不定，野鹤笼难训。卖药句曲秋，沽酒天台春。中原几流血，四海一闲人。邀月对我影，折花插我巾。花月成三友，江海为四邻。何敢忘吾君，巢由称外臣。"《幽居》诗："白发萧萧仅到肩，一枝藤杖日蹒跚。草苫墙北栖鸡屋，泥补桥西放鸭船。心似枯葵空向日，身如病栎孰知年？放怀却有翛然处，不养金丹不学禅。"《望永阜陵》诗："龙飞回首尚如新，忽阅人间四十春。圣主已严天上驾，孤臣归作道傍民。倾河尚恨难供泪，卫社何由得致身？独立秋风吹白发，感恩肝胆漫输囷。"他也在爱着人类，例如《书适》诗："万事罢经营，悠然心太平。甘餐随日足，美睡等闲成。处处佳风月，人人好弟兄。神仙不须学，券内有长生。"他也在爱着自然界的一切，有生命的，或者无生命的。例如《闻雁》诗："霜高木叶空，月落天宇黑。哀哀断行雁，来自关塞北。江湖稻粱少，念汝安得食？芦深洲渚冷，岁晚霰雪逼。不知重云外，何处避毕弋？我穷思远征，羡汝有羽翼。"《赠鹭》诗："雪衣飞去莫匆匆，小住滩前伴钓篷。禹庙兰亭三十里，相逢多在暮烟中。"《赠鹊》诗："为梁星渚自何年？毛羽摧伤不怨天。知我斋余常施食，翩然飞下北窗前。"《闲咏园中草木》诗："剪刀叶畔戏鱼回，帔子花头舞蝶来。领略年光属闲客，一樽自劝不须推。"《秋兴》诗："秋暑势已穷，风雨纵横至。白鹭立清滩，与我俱得意。"《赏花》诗："湖上花光何处寻？朱朱白白自成林。衰翁何预伤春事，闲客犹怀爱物心。欲堕每愁风骤起，正开却要日微阴。兰亭禹庙平生事，一樿芳醪莫厌深。"《鸡犬》诗："贫家也复谨朝昏，小犬今年乞近村。糠粃无多深愧汝，狺狺终夜护篱门。"《病中遣怀》诗："放生何足为爱物，施药因行聊结缘。山舍老翁无事业，只将闲事占流年。"他的仁爱心的扩充与深入，更进一步地如佛家的戒杀生。例如《病思》诗："杀物求君舌本肥，是非岂复待深思。即今不足何时足？小甑香粳日两炊。""江上秋风芦荻声，鱼虾日日厌煎烹。病来作意停鲜食，留得青钱买放生。"《仲秋书事》诗："秋风社散日平西，余胙残壶手自提。赐食敢思烹细项，家庖仍禁擘团脐。（原注：昔为仪曹郎兼领膳部，每蒙赐食，与王公略等，食品中有羊细项，甚珍，予近似恶杀，不食蟹。）"可见滤过了放翁的诗篇，沉淀出了他的仁爱的个性。仁爱的精神，是伟大化了他生命，使得它更为有意义、有价值了。

四、贞洁。"民生各有所乐兮，余独好修以为常"，这是屈子愤慨的述志，也恰做了后日放翁的代言。放翁的个性，是坚贞高洁的：好像是一片晶莹的白玉，不染点尘；又像是一颗闪烁的露珠，澈亮透明。他讨厌与世浮沉，孤零地抱着"世人皆浊我独清"的情怀；他不喜欢随俗推移，单独地怀着"世人皆醉我独醒"的胸襟。在他那样阴沉昏暗的明争暗斗的社会里，在他那样无正义感的互相倾轧的现实中，他这种贞洁的不同流合污的性格，当然要感受到一般人的"各兴心而嫉妒"的痛苦，接受了"是以见放"的命运。但是，贞洁的个性，使得他决不以"身之察察"，而去受"物之汶汶"；反之，是因了社会上所给予他的坚苦与失意愈多，更显得他这种"岁寒然后知松柏之后凋也"的贞洁的性格的可贵与有光辉，这种光辉的凝敛，便是他的诗格的高雅、超逸；这个光辉射影到诗里，便显现为两种姿态与方式：

（一）以"香草"自喻的。放翁也如屈原似的爱好着"香草"，以耐寒的嶙峋傲骨的梅、菊等逸品，象征着他的个性的坚贞高洁和人格的美。试想一个人在尘浊的人世里不被了解的时候，自然地对于遗世独立的放着阵阵清香逸气的"香草"，生出一种歆羡的感觉，更进一步作为唯一的同调与精神的寄托者，甚至于觉到它们是知友，和自我性分的显现与化身了。在放翁的诗集里，咏梅花的诗特别地多，想来是这个道理吧。例如《探梅》诗："半吐幽香特地奇，正如官柳弄黄时。放翁颇具寻梅眼，可爱南枝爱北枝。"又云："江路云低糁玉尘，暗香初探一枝新。平生不喜凡桃李，看了梅花睡过春。"《射的山观梅》诗："凌厉冰霜节愈坚，人间乃有此癯仙。坐收国士无双价，独立东皇太一前。此去幽寻应尽日，向来别恨动经年。花中竟是谁流辈，欲许芳兰恐未然。"《雪中寻梅》诗："幽香淡淡影疏疏，雪虐风饕亦自如。正是花中巢许辈，人间富贵不关渠。"《梅花》诗："山村梅开处处香，醉插乌巾舞道傍。饮酒得仙陶令达，爱花欲死杜陵狂。"《开岁半月湖村梅开无余偶得五诗以烟湿落梅村为韵》诗："梅花如高人，妙在一丘壑。林逋语虽工，竟未脱缠缚。乃知尤物侧，天下无杰作。老我怀不纾，樽前几开落。"《梅花》诗："造物作梅花，毫发无遗恨。楚人称芳兰，细看终不近。"又云："欲与梅为友，常忧不称渠。从今断火食，饮水读仙书。"又云："江上梅花吐，山头霜月明。摩挲古藤杖，三友可同盟。"《二友》诗："清芬六出水栀子，坚瘦九节石菖蒲。放翁闭门得二友，千古夷齐今岂无？"《余年二十时尝作菊枕诗颇传于人今秋偶复采菊绕枕囊凄然有感》诗："采得黄花作枕囊，曲屏深幌闭幽香。唤回四十三年梦，灯暗无人说断肠。"又云："少日曾题菊枕诗，蠹编残稿锁蛛丝。人间万事消磨尽，只有清香似旧时。"《陶渊明云三径就荒松菊犹存盖以菊配松也余读而感之因赋此诗》："菊花如端人，独立凌冰霜。名纪先秦书，功标列仙方。纷纷零落中，见此数枝黄。高情守幽贞，大节凛介刚。乃知渊明意，不为泛酒觞。折嗅三叹息，岁晚弥芬芳。"《秋花叹》诗："秋花如义士，荣悴相与同。岂比轻薄花，四散随春风。黄菊抱残枝，寂寞卧寒雨。拒霜更可怜，和蒂浮烟浦。古来结交意，正要共死生。读我秋花诗，可代丹鸡盟。"

（二）忤俗的。"何方圆之能周兮，夫孰异道而相安？"在放翁的诗里，也重演了这个悲剧的人生。我们知道放翁是有贞洁芳香的个性的，自然是与"户服艾以盈要兮"的俗人们，如"薰莸不同器而藏"般地水火不相容，那便是诗里的忤俗的色调了。世俗中人，体会不到坚贞高洁的可爱，只知道庸俗、龌龊，窥不破生命的真谛，发现不了美的生命的价值，只看到丑恶、虚伪，和无耻。这样的情趣，当然是被放翁所摈弃的。在他的冰清霜凛的生活里，更不需要尘粒与俗斑的沾污，所以他这种性格的演进，便成为忤俗了。例如《灯下读书戏作》诗："吾生如蠹鱼，亦复类熠耀。一生守断简，微火寒自照。区区心所乐，那顾世间笑。闭门谢俗子，与汝不同调。"《夜兴》诗："枭呼作人声，月出如野烧。推枕中夜起，残灯尚余照。难从公荣饮，独效孙登啸。八十推不僵，平昔岂所料。空廊病马卧，枯草老牛噍。明朝语俗人，与汝不同调。"《十月》诗："红树平沙十月天，放翁今作水中仙。冬冬林外迎神鼓，只只溪头下钓船。世事极知吾有命，俗人终与汝无缘。菊花枯尽香犹在，又付东篱一醉眠。"《幽居遣怀》诗："习气深知要扫除，时时褊忿独何欤？呼童不应自生火，待饭未来还读书。世态讵堪闲处看，俗人自与我曹疏。作诗未必能传后，要是幽怀得小摅。"《雨后快晴步至湖塘》诗："齿豁从教道字讹，负薪陌上且行歌。古人亦自逢时少，吾辈何疑忤俗多。山扫黛痕如尚湿，湖开镜面似新磨。亦知大有掀髯处，无奈西流白日何！"

由上可知：放翁的贞洁的个性，孕育了"以香草自喻的"与"忤俗的"两个丽姿截然不同的女儿：一个是那么馨香、温柔；

一个是那么的超脱、高傲。我们可以从这一对姊妹花的神态、表情的对照里，格外看出她们的母亲的高贵和伟大。

五、疏狂。是一个不解之谜吧？没有一个诗人不是疏狂的。到江里去捉"水中月"而死的诗仙李白，他的飘逸与疏狂的人生态度是不用再说了；即便是主张文以载道的诗人韩愈，又何尝没有"楚狂小子韩退之"的诗句哩！所以诗与狂，是一物的两面，是永远解不开的一环。狂，竟成了上帝造人时，特别所私阿的而给予诗人的一件神秘的礼物了。尤其是放翁，疏狂的个性，成了他家族的珍贵遗传。我们知道陆氏是出于接舆之后，所以在放翁的生命里，也承受了疏狂的血液。疏狂的性格，当然是他的一脉相继的本色。我们也知道放翁有聪颖的智慧、超尘的胸襟和不可一世的才华；加以当时社会的紊乱，国难的频仍，朝野的暮气和他的体国的丹心，这些，时刻在扮演着冲突与矛盾。人间世既难以满足他的希望，和适宜于他的超人的智慧与才华的发展，所以激荡起他的空疏倔强的傲慢，褊激怨怼的烦恼，如是，则越发难以控制他的疏狂的奔放的性情了。因之，在放翁的诗国里，到处都印遍了他的狂人的足迹。例如《醉歌》诗："我饮江楼上，阑干四面空。手把白玉船，身游水精宫。方我吸酒时，江山入胸中。肺肝生崔嵬，吐出为长虹。欲吐辄复吞，颇畏惊儿童。乾坤大如许，无处着此翁。何当呼青鸾，更驾万里风。"《楼上醉歌》诗："我游四方不得意，阳狂施药成都市。大瓢满贮随所求，聊为疲民起憔悴。瓢空夜静上高楼，买酒卷帘邀月醉。醉中拂剑光射月，往往悲歌独流涕。划却君山湘水平，斫却桂树月更明。丈夫有志苦难成，修名未立华发生。"《遣兴》诗:"蓬壶旧隐已微茫,浪迹红尘乐未央。纵酒山南千日醉,看花剑外十年狂。新诗刻烛惊词客,骏马追风戏鞠场。要是世间男子事,不须台省竞飞翔。"《卜居》诗:"南浮七泽吊沉湘,西沂三巴掠夜郎。自信前缘与人薄,每求宽地寄吾狂。雪山水作中泠味,蒙顶茶如正焙香。傥有把茅端可老,不须辛苦念还乡。"《登子城新楼遍至西园池亭》诗:"狂夫无计奈狂何,何况登临逸兴多。千叠雪山连滴博,一支春水入摩诃。吟余骑省霜侵鬓,钓罢玄真雨满蓑。逐虏榆关期尚远,不妨随处得婆娑。"《狂歌》诗:"少年虽狂犹有限,遇酒时能傲忧患。即今狂处不待酒,混混长歌老岩涧。拂衣即与世俗辞,掉头不受朋友谏。挂帆直欲截烟海,策马犹堪度云栈。枵然痴腹肯贮愁,天遣作盎盛藜苋。发垂不栉性所便,衣垢忘濯心已惯。眼前故人死欲无,此生行矣风雨散。羞为尘土伏辕驹,宁作江湖断行雁。"《夜饮示坐中》诗:"胡雁叫群寒夜长,峥嵘北斗天中央。达人大观眇万物,烈士壮心怀四方。纵酒长鲸渴吞海,草书瘦蔓饱经霜。付君诗卷好收拾,后五百年无此狂。"《草书歌》诗:"倾家酿酒三千石,闲愁万斛酒不敌。今朝醉眼烂岩电,提笔四顾天地窄。忽然挥扫不自知,风云入怀天借力。神龙战野昏雾腥,奇鬼摧山太阴黑。此时驱尽胸中愁,搥床大呼狂堕帻。吴笺蜀素不快人,付与高堂三尺壁。"《狂吟》诗:"浮世何须宇宙名,一狂自足了平生。秋风湘浦纫兰佩,夜月缑山听玉笙。学剑惯曾游紫阁,结巢终欲隐青城。年来自笑弥耽酒,百斛蒲萄未解酲。"《西村醉归》诗:"侠气峥嵘盖九州,一生常耻为身谋。酒宁剩欠寻常债,剑不虚施细碎仇。歧路凋零白羽箭,风霜破弊黑貂裘。阳狂自是英豪事,村市归来醉跨牛。"《题斋壁》诗:"胙艋为家一老翁，阳狂羞与俗人同。梦回菱曲渔歌里，身寄苹洲蓼浦中。断简尘埃存治道，高丘草棘闲英雄。旗亭村酒何劳醉，聊嚣平生芥蒂胸。"《狂夫》诗："狂夫与世本难谐，醉傲王侯亦壮哉！奕奕方收岩际电，酣酣已起枕间雷。回天力在人终叹，入月星来敌自摧。千载鬼雄皆国士，直令穷死未须哀。"《醉舞》诗："短帽簪花舞道傍，年垂八十尚清狂。茸茸胎发朝盈栉，炯炯神光夕照梁。令尹阅人三仕已，太山在我一豪芒。药苗麦饭初何久，全取愚儒百链刚。"放翁的狂诗，除以上所引之外，还有许多，不能悉举。可知放翁的诗篇，大部分是浸润在他的疏狂的个性之海里；疏狂的浪花，几乎溅遍了他的诗国的沃土了。

六、矛盾。诗，是栽种在诗人的矛盾的心血里的绿树，用诗人的灵魂冲突的甘露所灌溉出来的红花。大部分的诗人，都是象征着冲突矛盾的个性与命运的。放翁就是这类型的诗人中最明显的一个。看他一生的行事：他喜欢寂寞，同时也厌恶荒凉；他爱好孤独，同时也最怕空虚；他热爱着人类，同时也最痛恨狡诈的俗人；他喜欢交游，同时也最爱好独来独往；他热恋着宦途，但他又禁不起"官场中的英雄"们的倾轧和袭击；他渴慕着山林的恬静，但他也禁不住现实的强力的诱惑；他嗜好着书卷与诗文，但他又觉得"雕虫小技"的"儒冠多误"……一切，像一面磨光的镜子似的，照映出他的个性的矛盾。例如《孤寂》诗："晚境诸儿少在傍，书堂孤寂似僧房。家居不减旅怀恶，夏夜尚如寒漏长。数著笋斋甘淡薄，半盂麦饭喜丰穰。愚儒幸自元无事，日课朱黄自作忙。"《明日观孤寂诗不觉大笑作长句自解》诗："独处将如长夜何？直将寂寞养天和。爱身不惰如怀璧，守气无亏似塞河。尘箧空存获麟笔，烟陂懒和饭牛歌。年来勋业君知否？蠹下新降百万魔。"这是如何矛盾的心情？《独游》诗："地僻少人迹，身闲思独游。荒村更阻雨，衰鬓不禁秋。断续呼牛笛，横斜放鸭舟。残年淡无事，随处送悠悠。"《村居闲甚戏作》诗："人厌尘嚣欲学仙，上天官府更纷然。不如啸傲东篱下，且作人间过数年。"又云："题诗本是闲中趣，却为吟哦占却闲。我欲从今焚笔砚，兴来随分看青山。"《近村》诗："家居每思出，出亦无与游。江山岂不佳，乃复生我愁。"《读道书》："吾读黄老书，掩卷每三叹。正使未长生，去死亦差缓。如何不自力，白首犹漫漶？友朋死略尽，日月难把玩。岂无独往顾，儿孙苦羁绊。"《怀旧》诗："鹤鸣山下竹连云，凤集城边柳映门。当日不知为客乐，如今回首却消魂。"《雨三日歌》诗："士生蓬矢射四方，扫平河雒吾侪职。湖中隐士倘可逢，握手与君谈至夕。"《书怀》诗："谢客元无疾，深居似有忧。向空书咄咄，对竹送悠悠。出每思安卧，归还念远游。春衣典已惯，斗酒不难谋。"《夜半忆剡溪》诗："早睡苦夜长，晚睡意复倦。"

由此上所引的诗句看来，放翁的个性，表现得如何矛盾？感情表现得多么动荡、不宁？矛盾与冲突的个性，是放翁生命的唯一有力的支持；使得他忽而如狂风暴雨，卷起千丈怒涛，冲溃堤障，泛滥似的表示了生命力的旺盛和澎湃；忽而使得他的生活如长江大河，一泻千里，明沙清水似的显示了灵魂的优美。他这种个性，的确丰富了他的生活内容，美化了他的一切；至于它反映到他的人生思想的部分，留待下节再说。

附：放翁的衣着

衣着是个性的象征，装束是灵魂的表现。所以我们在谈放翁个性以后，附带地谈一谈他的衣着，这是可以帮助着我们更进一步去了解放翁的性格的。

我们首先要问：放翁的衣着的质料是什么呢？据他的《龟堂自咏》诗："采藤持织屦，剥楮治为冠。"《新制道衣示衣工》诗："良工刀尺制黄绅，天遣家居乐圣时。着上朱门应不称，裁成乌帽恰相宜。"《乙夜纳凉》诗："幽人新制葛衣成，二寸藤冠觉发轻。"《近村暮归》诗："甖樽恰受三升醅，龟屋新裁二寸冠。（原注：甖樽即皮袭美所云诃陵樽也；予近以龟壳作冠，高二寸许）"《晚凉述怀》诗："衡门日落清风起，又着藤冠度野桥。"《新制小冠》诗："悠然顾影成清啸，新制栟榈二寸冠。"又："栟榈冠子轻宜发，练布单衣爽辟尘。"《遣怀》诗："宽袂新裁大布裘，低篷初买小渔舟。"《烟波即事》诗："雕胡炊饭芰荷衣，水退浮萍尚半扉。"可知放翁衣着的质料，是非常奇特的。他的冠有：楮冠、藤冠、龟壳冠和栟榈冠；衣有：黄绅衣、葛衣、练布单衣、大布裘、芰荷衣；他的屦是藤织的。其次，我们要问，他的衣冠的样子是如何呢？除了以上所引的诗句业已谈到的以外，他的《大寒》诗云："*可怜切云冠，局此容膝室。*"我们更可以知道他的冠有两种形式，即二寸冠：如二寸藤冠、二寸龟壳冠、二寸栟榈冠与切云冠。他的衣是宽袂的，仍保持着儒服的"衣逢掖之衣"的古制。这里我们还要特别提出来说的是他的芰荷衣与切云冠。试想以芰荷的绿叶为衣，这是什么样子的奇服？切青云的高冠，又是怎样的古怪？此外他的二寸龟壳冠，也是够人捧腹了。

我们更进一步去追问：在放翁的身上，他喜欢佩带的是什么？他的《饮酒近村》诗："痛饮山花插鬓红，醉归棘露沾衣湿。纱巾一幅何翩翩，庭中弄影不肯眠。"《识喜》诗："意适簪花舞，身轻拾杖行。"《初冬杂咏》诗："对酒插花君勿笑，从来不解入时宜。"《梅开绝晚有感》诗："寻梅不负雪中期，醉倒犹须插一枝。"《新裁道帽示帽工》诗："故帽提携二十霜，别裁要作退居装。山人手段虽难及，老子头围未易量。花插露沾那暇惜，尘侵鼠啮却须防。裹时懒复呼儿问，一匣菱花每在傍。"可见放翁是喜欢簪花的，花的灿烂与芬芳，做了他的人格的象征了。

根据以上所论，放翁的衣冠的质料是高洁的、淳朴的，无论是为藤，为楮，为龟壳，为拼榈，为絁，为葛，为练布，为芰荷，都是采取了自然的素质的原始之美；他的衣冠的形式是奇特的、与众不同的；他的佩带是芳香的。他的一切都与尘俗保持着相当的距离，他的生活也是一首诗啊！

第二节　放翁的思想

社会是思想的背景，时代精神是思想的灵魂，人生的体验是思想的血肉，理性的批判是思想的骨格；这几种因素的激荡与配合，塑雕成一个新的思想的内容。一位诗人的思想、哲理，投射到诗里去，那便是诗情的深刻、有力；诗境的博大、变化。一位诗人的思想、哲理，在诗里反照出来，那便是扑朔迷离，万美辐辏，如神龙的见首不见尾，不可把握。放翁诗里的思想也是这样，纵然是冥往神搜，沉思默想，怕也如庄子所说的"得意而忘言"，不知从何说起，即便是说出来的，恐怕也是糟粕了。

现在我们在论放翁思想之前，有必要追问的和先决的两个问题是：其一，放翁平生最崇拜的是何人？他服膺的是谁？其二，喜欢常读的是哪类的书？这些，都是他的思想之流的源泉，是帮助着我们去探索他的思想本身的。所以说它们是在谈放翁的思想前所不可少的序曲。

一、放翁生平最崇拜的人。放翁一生所崇拜而服膺弗失的人，约有三种：文学家、哲学家、政治家。

（一）文学家。也或者因为放翁是一位诗人吧，在他的一生当中，特别喜欢文人，不仅对他当时的来往"论文"的诗友，洋溢着伟大的同志的爱；即是对于以往的诗人，更充满了崇拜的热忱和向往景仰的心情。兹述其最崇拜的诗人如下：

1. 屈原与宋玉。《阻风》诗："听儿诵离骚，可以散我愁。微言入孤梦，怳与屈宋游。"《遂初》诗："狂本类三闾。"《新凉》诗："奇文窥楚屈。"

2. 嵇康与阮籍。《醉歌》诗："三十六策醉特奇，竹林诸公端可师。"《感事》诗："李白嶔崎历落，嵇康潦倒粗疏。生世当行所乐，巢山喜遂吾初。"《春雨》诗："胸怀阮步兵，诗句谢宣城。今夕俱参透，焚香听雨声。"《小室》诗："养生吾岂解，懒或似嵇康。"《齿发》诗："嗣宗痛饮图南睡，万身输君此一筹。"《归老》诗："万事付一尊，师友阮与嵇。"

3. 陶潜。《小舟》诗："高咏渊明句，吾将起九原。"《村饮》诗："自觉胜渊明，但醉不赋诗。"《新作火阁》诗："旋设篝炉下纸帘，乐哉容膝似陶潜。"《书南堂壁》诗："闲惟接僧话，老始爱陶诗。"《小雨初霁》诗："归来偶似老渊明，消渴谁怜病长卿？"《家酿颇劲戏作》诗："竹林嵇阮虽名胜，要是渊明最可人。"备极仰慕之忱，余可参考放翁晚年幽居的诗一节。

4. 杜甫。《秋晚》诗："竹竿坡面老别驾，饭颗山头瘦拾遗。自古诗人例如此，放翁穷死未须悲。"《感旧》诗："我思杜陵叟，处处有遗踪。锦里瞻祠柏，绵州吊海棕。蹉跎悲枥骥，感会失云龙。生世后斯士，吾将安所从？"《读杜诗》云："千载诗亡不复删，少陵谈笑即追还。"

5. 张志和。《书感》诗："斜风细雨苕溪路，我是后身张志和。"

（二）哲人。放翁最崇拜的哲人，除了他所服膺的正统的儒家先圣外，即是清净无为的道家，安贫乐道的高士和高蹈远隐的哲人。

1. 老子与庄子。《新凉》诗："妙理玩蒙庄。"余参看放翁晚年幽居的诗一节。

2. 颜渊与伯夷。《信笔》诗："为善得祸吁可悲，颜回短命伯夷饥。何人长号血续泪？天自无心君自痴。"《独夜》诗："平生师颜原，本自蔑晋楚。"《戏咏乡里食物示邻曲》诗："从今置之勿复道，一瓢陋巷师颜回。"《杂感十首》诗："吾曹亦圣徒，可不学颜孟？"

（三）政治家。放翁最崇拜的是力挽危局的政治家，或是替国家建百世之功的名相，尤其是仰慕管葛，颇有以管葛自比之概。

1. 管仲。《泛舟湖山间有感》诗："野人只欲安耕钓，江左夷吾可见不？"《宿鱼梁驿五鼓起行有感》诗："少时谈舌坐生风，管葛奇才自许同。"《自警》诗："少年不自量，妄意慕管葛。"

2. 诸葛亮。《游诸葛武侯书台》诗："松风想象梁甫吟，尚忆幡然答三顾。出师一表千载无，远比管乐盖有余。世上俗锦宁办此，高台当日读何书？"这是如何地把自己看作是孔明的同调与知己？充分地表露了比拟与自负的神气？《感旧》诗："凛凛隆中相，临戎遂不还。尘埃出师表，草棘定军山。壮气河潼外，雄名管乐间。登堂拜遗像，千载愧吾颜。"夷吾是尊王攘夷的功臣，孔明是忠心体国、鞠躬尽瘁的名相，这可以看出放翁的心志了。

二、翁喜欢常读的是哪类的书？他喜欢常读的书有二类，即文学与哲学。

（一）文学可以美化他的生活，扩大他的情感领域，使得他的精神的寂寞、空虚……得到归宿。他是诗人，他最喜欢读的当然是诗：

1. 楚辞。《读书》诗："病里犹须看周易，醉中亦复读离骚。"《新凉》诗："从今更何事，痛饮读离骚。"《初春书怀》诗："食观本草虽多事，醉读离骚自一奇。"《自诒》诗："病中看周易，醉后读离骚。"《感事六言》诗："一卷楚骚细读，数行晋帖闲临。"《遣怀》诗："穷每占周易，闲惟读楚骚。"《杂赋》："体不佳时看周易，酒痛饮后读离骚。"《新凉》诗："奇文窥楚屈。"《小疾谢客》诗："痴人未害看周易，名士真须读楚辞。"

2. 陶诗。《客有见过者既去喟然有作》诗："研朱点周易，饮酒和陶诗。"《初夏野兴》诗："数行褚帖临窗学，一卷陶诗傍枕开。"《二月一日作》诗："柴荆终日无来客，赖有陶诗伴日长。"

3. 杜诗。有《读杜诗》可证。

（二）哲学。哲学可以美化他的思想，提高他的思想的平面，使他建立一个完满的和谐的人生观和宇宙观，以追求人生的意义，宇宙的价值。他常读的书：

1. 周易。《遣怀》诗："不道浑无排遣处，病观周易闷梳头。"《家居自戒》诗："不如读周易，一卷常在手。"《读易》诗："净扫东窗读周易，笑人投老欲依僧。"又："老喜杜门常谢客，病惟读易不迎医。"《莫笑》诗："床头周易在，拾此复畴依？"《岁暮杂感》诗："尔来愈自励，日读易一过。"《元日读易》诗："伏羲三十余万岁，传者太山一毫芒。春秋虽自鲁麟绝，礼乐盖先秦火亡。孟轲财能道封建，孔子已不言鸿荒。于乎易学幸未泯，安得名山处处藏。"

2. 老子与庄子。《读老子》诗："道德五千言，巍巍众妙门。管窥那见豹？指染仅尝鼋。正尔分章句，谁欤达本源？蜀庄犹不死，过我得深论。"《读老子》诗："怳然亲见古伯阳，袂属关尹肩庚桑。"《筑舍》诗："素壁图嵩华，明窗读老庄。与人元淡淡，不是故相忘。"《读老子次前韵》诗:"平生好大忽琐细,焚香读书户常闭。少年曾预老聃役,晚岁欲挹浮丘袂。力探玄门穷众妙,肯学阴谋画奇计?言狂不独人共排,志大仍忧后难继。"《新凉》诗:"妙理玩蒙庄。"《雨欲作步至浦口》诗:"精心穷易老,余力及庄骚。"《舟中遣怀》诗:"但思下帷授老子,那复骑牛读汉书。"

以上对放翁平生所最崇拜的人物和最常读的书,提纲挈领地做了一个简陋的述叙。当然啊,除了以上所说的这些,他仍然爱好着许多的人物,博览着无际涯的群书,不过比较起来不甚重要,所以姑且从略了。这里还要特别提出来说的,是放翁治学的眼光,真是有了不起的伟大:他的《冬夜对书卷有感》诗:"万卷虽多当具眼,一言惟恕可铭膺。"《书志》诗:"读书虽复具只眼,贮酒其如无别肠。"这真可以做读书人的格言、放翁读书是"具只眼"的,有独特精到的见解,他接受了屈原、陶潜诸诗人的人生体验与思想,融会了周易、老庄的玄理,糅合了佛家的精神,把他的思想孕育在诗国里,长生在三玄的肥壤里,开出了他的智慧之花。

以上序曲完,今论其思想如后:

第一,放翁的民族思想。

在风雨飘摇的宋室南渡后的国运里,凡有血气之伦,没有不激起他的民族思想和爱国杀敌的观念的。放翁就是其中最强烈的一个。他毕生的精力,是用在驱除金人的复仇的事业上的;虽然他这一颗报国的赤心,终于获得了绝望与失败的痛苦。但是,他激起了民族的心湖之波纹;点燃着民族思想的火把,在他的诗里，永远地照彻和烧红了我们的心。

（一）放翁的抱负。我们在探寻放翁的民族思想之先，首先要了解放翁的抱负。因为抱负是行动的本源，思想的动力；它又好像一株花，它可以结出硕大的黄实的思想之果。

《喜谭德称归》诗："少鄙章句学，所慕在经世，诸公荐文章，颇恨非素志。"《夜思》诗："四方男子事，不敢恨飘零。"《书叹》诗："少年志欲扫胡尘，至老宁知不少伸。览镜已悲身潦倒，横戈空觉胆轮囷。"《排闷》诗："丈夫结发志功名，大事真当以死争。我昔驻车筹笔驿，孔明千载尚如生。"《鹅湖夜坐书怀》诗："士生始堕地，弧矢志四方。岂若彼妇女，龊龊藏闺房。"《纵笔》诗："壮岁志天下，崎岖无一施。高谈对邻父，朴学付痴儿。"《秋月曲》诗："丈夫志在垂不朽，漆胡骷髅持饮酒。"《感事》诗："渭上昼昏吹战尘，横戈慷慨欲忘身。东归却作渔村老，自误青春不怨人。"又："扪虱当时颇自奇，功名远付十年期。酒浇不下胸中恨，吐向青天未必知。"《蹭蹬》诗："少慕功名颇自奇，一生蹭蹬鬓成丝。"《太息》诗："早岁元于利欲轻，但余一念在功名。白头不试平戎策，虚向江湖过此生。"《秋霁遣怀》诗："陆生少日心胆壮，万里凭陵寄疏放。玉关曾誓马革裹，沧海岂忧鱼腹葬。"《初冬有感》诗："峨冠本愿致唐虞，白首那知堕腐儒。"《壬子除夕》诗："儿时祝身愿事主，谈笑可使中原清。"

可知放翁少年时代的抱负是经世的，志在四方的，扫除金人之胡尘的，有建立不朽的功名之志的，有从征以驱逐金虏的宏愿的……在他的圣洁的心灵之湖田里，本初地接受了遗传的和时代的所给予它的耕耘与肥料，培养成了为国复仇的稚苗。这种稚苗的成长，开放出绚烂的芬芳之花，香，那便是他所表现的崇高的民族思想。由此我们更可以知道早年时候的放翁，他是不愿意做一个诗人的；也或者是做一位诗人，不足以满足他的生命对现实之强烈的欲望吧？不过，放翁的平戎的抱负，是有计划的，有办法和步骤的，有方略的，有"平戎策"的。这我们当然不能以"秀才造反"式的眼光去看他，以为文人是喜欢夸大狂的。

（二）放翁的平戎策。放翁欲想收复中原，驱逐金人：第一，须培植武力，交结游侠；第二，须占据和经营有军事价值的要地，以为规复中原的基础；第三，须提倡尚武精神，转移文弱的风气，使人人都可以成为上马杀敌的战士。他的平戎策也就是着重在这里。

1. 放翁的游侠组织。放翁知道要完成他的平戎逐虏的宿志，不是靠他的光干的匹马单枪或宋朝的文恬武嬉的军队所能奏效的；所以他必须组织崭新的充满了朝气的新势力和团体，作为他平戎逐虏的干部，作为他建功立业的左右翼，这便是他的少年时代的游侠的组织。放翁为了完成他的伟大的抱负，不能不结交游侠，联络江湖的英雄，组织成以"侠"相尚的团体，作为他的实力的重心；并且把这各种实力潜入到下层社会里去，使他繁殖、生长……一旦到了放翁需要他们的时候，登高一呼，四海响应，如潮水似的涌来，作为杀敌的先锋、卫国的长城。他这种游侠的组织，在他的诗里，我们是时刻可以看到的呢！

《喜谭德称归》诗："一朝落江湖，烂熳得自恣，讨论极王霸，事业窥莘渭……谭侯信豪隽，可共不朽事。"《夏夜大醉醒后有感》

诗："少时酒隐东海滨，结交尽是英豪人。龙泉三尺动牛斗，阴符一编役鬼神。"《冬夜听雨戏作》诗："少年交友尽豪英，妙理时时得细评。"《怀成都十韵》诗："酒徒诗社朝暮忙，日月匆匆迭宾送。"《步出万里桥门至江上》诗："短剑隐市尘，浩歌醉江楼。颇疑屠博中，可与共奇谋。丈夫等一死，灭贼报国仇。"《衰病》诗："世无鲁国真男子，心忆高阳旧酒徒。"《忆昔》诗："忆昔西游变姓名，猎围屠肆狎豪英。淋漓纵酒沧溟窄，慷慨狂歌华岳倾。"《野饮》诗："青山千载老英雄，浊酒三杯失厄穷。访古颓垣荒堑里，觅交屠狗卖浆中。"《老叹》诗："八十未满七十余，山巅水涯一丈夫。……不须细数旧酒徒，当时儿童今亦无。"《戊辰立春日》诗："处处楼台多侠客，家家船舫待春游。"《醉书》诗："投老未除游侠气，平生不作俗人缘。"

可见放翁是如何"少时狂走西复东，银鞍骏马驰如风"地去从事他的游侠组织的活动。即在以上所引的他的诗句中，多半是壮年和晚年的追忆之作，使我们读了，不能不佩服他的眼光的远大，计谋的周到和为国的用心之苦；他的游侠的势力，伸入在屠肆与博局里，大概造成了一个广大的潜伏的社会活动。可惜的是，宋朝没有给放翁一个适当的机会，使他发挥出这种组织的伟大，辜负了这位诗人的一片好心。

2. 经略川陕。放翁知道欲收复中原，必须在地理上建立一个可以制金人军事于死命的根据地，作为收复中原的基础。川陕正合乎这个条件，以它为规复中原的根据地，实有战略上的与军事地理上的理由和价值。我们知道关中是据天下的上游，是与西蜀互为唇齿与屏障的，以关中的险要，据河渭的形势，是很可以东制金虏，收复中原的。例如成周以西岐制商纣，汉高以西蜀有中原，这不都是历史上很好的前例吗？放翁面对着历史的教训与事实，看着国家的命运与危机，所以他有川陕的一行。希望来这里在军事上打下一个坚固的根基，以实现他的"经略中原必自长安始；取长安必自陇右始"的计划。这，我在放翁入蜀后的诗的一节里，已经讲过了，他这种计划与企图，是徒然的、失败的，不过，他经略川陕的心愿，始终是没有忘怀的。在他的诗集里，随时可以看见他这种以希望吹成的五色的泡沫，和这种一现的昙花。

《山南行》诗："国家四纪失中原，师出江淮未易吞。会看金鼓从天下，却用关中作本根。"《南池》诗："二月莺花满阆中，城南搔首立衰翁。数茎白发愁无那，万顷苍池事已空。陂复岂惟民食足，渠成终助霸图雄。眼前碌碌谁知此，漫走丛祠乞岁丰。（原注：地上有汉高帝庙。）"《先主庙次唐贞元中张俨诗韵》诗："猾贼挟至尊，天命矜在己。岂知高帝业，煌煌汉中起。"又："吴蜀本唇齿，悲哉乃连兵。尽锐下三峡，谁使复两京？"《观大散关图有感》诗："大散陈仓间，山川郁盘纡。劲气钟义士，可与共壮图。坡陀咸阳城，秦汉之故都。王气浮夕霭，宫室生春芜。安得从王师，汛扫迎皇舆？黄河与函谷，四海通舟车。士马发燕赵，布帛来青徐。先当营七庙，次第画九衢。偏师缚可汗，倾都观受俘。"《送范舍人还朝》诗："公归上前勉书策，先取关中次河北。尧舜尚不有百蛮，此贼何能穴中国？"《夏夜大醉醒后有感》诗："客游山南夜望气，颇谓王师当入秦。欲倾天上河汉水，净洗关中胡虏尘。"《感事》诗："鸡犬相闻三万里，迁都岂不有关中？

广陵南幸雄图尽，泪眼山河夕照红。"

由上所引的诗句看来，放翁是如何地重视川陕，重视"千里江山控上流"的形势。他的经略川陕的计划，虽然碰到了"事虽未就"的命运，但是不能不引起我们的"志足悲矣"之感了。

3. 学剑与尚武。放翁除了以上所说的游侠组织与希望经略川陕的两个对外的步骤外，在他自己的本身，也要充实与坚强起来，使他变成为"上马击狂胡，下马草军书"的战士。所以他早年学剑，并且提倡尚武，把这种勇武的精神，传遍国度的每个角落，使这个古老的民族的心灵，重新得到一点活力，新的刺激。他为了转移风气，便是"首先行之"的一人。试看他的诗吧：

《甲午十一月十三夜梦右臂踊出一小剑长八九寸有光既觉犹微痛也》诗："少年学剑白猿翁，曾破浮生十岁功。玉具挂颐谁复许，蒯缑弹铗老犹穷。"《宝剑吟》诗："幽人枕宝剑，殷殷夜有声。人言剑化龙，直恐兴风霆。不然愤狂虏，慨然思遐征。取酒起酹剑，至宝当潜形。岂无知君者，时来自施行。一匣有余地，胡为鸣不平？"《融州寄松纹剑》诗："十年学剑勇成癖，腾身一上三千尺。术成欲试酒半酣，直蹑丹梯削青壁。青壁一削平无踪，浩歌却过莲花峰。世人仰视那得测，但怪雪刃飞秋空。"《野外剧饮示坐中》诗："悲歌流涕遣谁听？酒隐人间已半生。但恨见疑非节侠，岂忘小忍就功名。江湖舟楫行安往，燕赵风尘久未平。饮罢别君携剑起，试横云海剪长鲸。"《剑客行》诗："我友剑侠非常人，袖中青蛇生细鳞。腾空顷刻已千里，手决风云惊鬼神。"《剑池》诗："我壮喜学剑，十年客峨岷。毫发恐未尽，屠钓求隐沦。"

可见放翁是"学剑十年功"了。他又结剑侠，不仅可以学到"祖褐暴虎"的本领，并且可以加强和充实了他的游侠组织。此外，他还学骑射，《万里桥江上习射》诗："风和渐减雕弓力，野迥遥闻羽箭声。天上欃枪端可落，草间狐兔不须惊。丈夫未死谁能料，一笴他年下百城。"《城东马上作》诗："手柔弓燥猎徒喜，耳热酒酣诗兴生。"又："寄语长安众年少，妓围不似猎围豪。"……这一切，他是在锻炼自己，磨炼自己和充实自己，作为未来平戎时，在冰天雪地中，驰骋大漠的准备。

（三）主战。"非我族类，其心必异。"放翁是很了解这个道理的。所以他对入寇的金虏的掠我布帛，奴我妻子，据我土地，膻腥我山河的暴行，坚决地主张予以迎头痛击。他反对讲和，强调抗战到底，他认为在华夷中间，是没有开着妥协之门的。这位诗人虽然爱好和平，但是对妨害和危及我民族生存的金胡的暴力与野心，主张必须英勇地予以无情的惩创；这位诗人虽然博爱着人类一直到鸟兽虫鱼，但是对于一味侵略，只知基于"自私自利"的出发点的夷族的毒焰，尤必须予以扑灭和打击。这个伟大的民族思想与意识，支配了他一生的整个的生命：给了他无限的愉快的活力；同时也给了他无穷的伤心与酸楚。他为它而歌唱；他为它而哭泣；他为它而鼓舞；他也为它而抑郁……这个思想与意识，即是在他遗留给我们的诗集的字行里，仍然闪耀着他的晶莹的泪水，和他的为祝祖国的健康而歌唱出来的鲜红的血滴。

1. 痛斥主和派。放翁的一生，浸润在君辱国仇的海水里，耻辱、侮蔑、复仇的溶液，凝成了他一颗坚强抗战的心。他对金人一向是抱了有我无敌的态度。"宁为玉碎，不为瓦全"的精神，是他的生命最恰当的写照了。所以他痛斥主和派，用了若隐若显的诗句，一方面服膺温柔敦厚的诗教，一方面也表明了他的"尊王攘夷"的志趣。

《感愤》诗："今皇神武是周宣，谁赋南征北伐篇？四海一家天历数，两河百郡宋山川。诸公尚守和亲策，志士虚捐少壮年！京洛雪消春又动，永昌陵上草芊芊。"《老将效唐人体》诗："已矣黑山戍，怅然青史名。和亲不用武，教子作儒生。"《书愤》诗："清汴逶迤贯旧京，宫墙春草几番生。剖心莫写孤臣愤，抉眼终看此虏平。天地固将容小丑，犬羊自惯渎齐盟。蓬窗老抱横行路，未敢随人说弭兵。"《估客有自蔡州来者感怅弥日》诗："百战元和取蔡州，如今胡马饮淮流。和亲自古非长策，谁与朝家共此忧？"《明妃曲》诗："双驼驾车夷乐悲，公卿谁悟和戎非。"《陇头水》诗："我语壮士勉自强，男儿堕地志四方，裹尸马革固其常，岂若妇女不下堂？生逢和亲最可伤，岁辇金絮输胡羌。夜视太白收光芒，报国欲死无战场！"《书志》诗："肝心独不化，凝结变金铁。铸为上方剑，衅以佞臣血。"《追感往事》诗："诸公可叹善谋身，误国当时岂一秦。不望夷吾出江左，新亭对泣亦无人！"《雨晴》诗："淮浦戎初遁，兴州盗甫平。为邦要持重，恐复议消兵。"《书悲》诗："和戎壮士废，忧国清泪滴。"

这表明了放翁是如何地去痛斥主和派，谴责主和的非计；甚至于愿意把自己的心肝变为上方剑，"衅以佞臣血"，以清朝廷妖孽。他是多么痛恨只知谋身保妻子的主和派啊！"诸公尚守和亲策，志士虚捐少壮年。""为邦要持重，恐复议消兵。"更是何等的伤心的话呢！

2. 自己的主张。放翁的平戎策，虽然是因为朝廷没有重用他和当时握有实力的军人的愚妄，不听他的话，而化成泡影。但是他的主战的精神，是永远不变的，永远不消极的。他大声疾呼，唤起全民族的警觉；他歌颂保卫祖国的战争，群策其力地去扫清胡尘，和扑灭金人在我们神圣的国土上所燃点起来的膻腥的毒焰。诗人毕竟是全民族的号角，放翁更是全民族的喉舌，他吹出了民族的倔强的灵魂，他唱歌着民族的永恒的美的生命，那便是不妥协的英勇的"为生存而战"！

《因王给事回使奉寄》诗："臂弓腰箭身今老，航海梯山运已开。汉虏不应常自守，期公决策画云台。"《塞上曲》诗："穷荒万里无斥堠，天地自古分夷华。青毡红锦双奚车，上有胡姬抱琵琶。犯边杀汝不遗种，千年万年朝汉家。"《感兴》诗："群胡本无政，剽夺常自如。民穷诉苍天，日夜思来苏。连年况枯旱，关辅尤空虚。安得节制帅，弓刀肃驰驱。父老上牛酒，善意不可孤。诸将能办此，机会无时无。"《雪中独酌》诗："莫惊醉眼炯如电，假钺犹堪行督战。指麾突骑取辽阳，雪洒辕门夜传箭。"《雪夜有感》诗："狂胆轮囷欲满躯，面痕谁悯滞江湖？青衫曾奏三千牍，白首犹思丈二殳。龙虎翔空瞻王气，犬羊度漠避天诛。何时冒雪趋行殿，香案前头进阵图。"《初冬风雨骤寒作短歌》诗："所嗟此身老益穷，蹭蹬无功上麟阁。久从渔艇寄江湖，坐看胡尘暗幽朔。万鞭枯鬐愤未平，蠹下老茧何足缚。要及今年堕指寒，夜拥雕戈度穷漠。"《塞上曲》诗："老矣犹思万里行，翩然上马始身轻。玉关去路心如铁，把酒何妨听渭城。"《大雨中作》诗："当年入朝甫三十，十丈胡尘叩江急。属闻蜡弹遣檄书，亟坏布裳缝裤褶。"

可见放翁主战的决心：他反对与金人划界固守，而主张改守为攻；他反对与金人言和，而主张予侵略者以攻击。看他的摩拳擦掌、跃踊欲试的杀敌豪气，便可以知道他的只有在"战神的掌握中，才可以找到全民族的生存"的心情。《宋史·本传》里所说的"力说张浚用兵"的事，恰可做本节的注脚和说明了。

（四）驱除金虏的思想。

1.现实的驱虏思想。在放翁的诗集里，多半涂满了驱除金虏的色彩；驱虏这一件事，几乎成了放翁生活的唯一意义，仿佛只有它能使放翁的生命变得更有价值。这一朵思想之花的开放，不仅显示了放翁的崇高的灵魂，并且象征了我们"歌于斯，哭于斯，生长于斯"的中国，是能永远地、严肃地、生气蓬勃地生存于人间。他的诗，竟成了贯串我们全民族的心灵的绳索，凝聚和团结我们全民族的镕炉了。虽然有些时候我们的民族也如一位老人似的，犯了营养不良和贫血的病症；但是，他的诗，恰如百灵机似的做了起死回生的良药，并且保证了老人的返老还童，和"有力如虎"的新生哩！试看他的诗吧：

《投梁参政》诗："颇闻匈奴乱，天意殄蛇豕。何时嫖姚帅，大刷渭桥耻？士各奋所长，儒生未宜鄙。覆毡草军书，不畏寒堕指。"《冬夜不寐至四鼓起作此诗》诗："八十将军能灭虏，白头吾欲事功名。"《十月二十六日夜梦行南郑道中既觉恍然揽笔作此诗时且五鼓矣》诗："国家未发度辽师，落魄人间傍行路。对花把酒学酝藉，空辱诸公诵诗句。即今衰病卧在床，振臂犹思备征戍。南人孰谓不知兵，昔者亡秦楚三户。"《纵笔》诗："故国吾宗庙，群胡我寇仇。但应坚此念，宁假用它谋！望驾遗民老，忘兵志士忧。何时闻遣将，往护北平秋？"《感秋》诗："丈夫行年过六十，日月虽短志意长。匣中宝剑作雷吼，神物那得终摧藏。君不见昔时东都宗大尹，义感百万虎与狼，疾危尚念起击贼，大呼过河身已僵。"《北望》诗："北望中原泪满巾，黄旗空想渡河津。丈夫穷死由来事，要是江南有此人！"《纵笔》诗："东都宫阙郁嵯峨，忍听胡儿敕勒歌。云隔江淮翔翠凤，露沾荆棘没铜驼。丹心自笑依然在，白发将如老去何？安得铁衣三万骑，为君王取旧山河！"又："天道难知胡更炽，神州未复士堪羞。会须沥血书封事，请报天家九世仇。"《书愤》诗："山河自古有乖分，京洛腥膻实未闻。剧盗曾从宗父命，遗民犹望岳家军。上天悔祸终平虏，公道何人肯散群？白首自知疏报国，尚凭精意祝炉熏。"《闻虏政衰乱扫荡有期喜成口号》诗："遗虏游魂岂足忧，汉家方运帷中筹。天开地辟逢千载，雷动风行遍九州。刁斗令严青海夜，旌旗色照铁关秋。功名自是英豪事，不用君王万户侯。"《闻虏乱有感》诗："头颅自揣已可知，一死犹思报明主。近闻索虏自相残，秋风抚剑泪汍澜。洛阳八陵那忍说，玉座尘昏松柏寒。"《述怀》诗："羯胡未灭敢爱死？尊酒在前终鲜欢。"《忆昔》诗："裘叹苏秦弊，鞭忧祖逖先。何时闻诏下，遣将入幽燕？"《醉题》诗："代北胡儿富羊马，江南奇士出菰芦。何由亲奉平戎诏，蹴踏关中建帝都？"《悲歌行》诗："胡不为长星万丈扫幽州？胡不如昔入图复九世仇？封侯庙食丈夫事，龌龊生死真吾羞!"《长歌行》诗:"不羡骑鹤上青天,不羡峨冠明主前,但愿少赊死,得见平胡年。一朝胡运衰,送死桑乾川。……尽诛非无名,不足烦戈鋋,还汝以旧职,牧羊辽海边。"《暮春》诗:"自笑灭胡心尚在,凭高慷慨欲忘身。"《病中夜赋》诗:"荣河温洛几时复?志士仁人空自衰。但使胡尘一朝静,此身不恨死蒿莱。"《得建业倅郑觉民书言虏乱自淮以北民苦征调皆望王师之至》诗:"邦命中兴汉,天心大讨曹。风云助开泰,河渭荡腥臊。日避挥戈勇,山齐积甲高。煌煌祖宗业,只在驭群豪。"《赏山园牡丹有感》诗:"周汉故都亦岂远,安得尺箠驱群胡!"《偶得北虏金泉酒小酌》诗:"逆胡万里跨燕秦,志士悲歌泪满巾。未履胡肠涉胡血,一樽先醉范阳春。"《三月十七日夜醉中作》诗:"谁知得酒尚能狂,脱帽向人时大叫。逆胡未灭心未平,孤剑床头铿有声。"

像以上所举的充溢着驱除金虏的民族思想的诗,在放翁的诗集中,实在是很多的,大有琳琅满目、金光千条,使作者有不知应如何取舍之感。放翁的诗,差不多在许多篇的背后,都投出了民族思想的光芒,它象征着全民族的活跃的永不中断的生命。

2.幻想灭虏的思想。我们知道放翁是有强烈的驱除金虏的抱负的,是有扫清中原的胡尘之信念的。他的一生是为了实现这个抱负而奔波,他的诗篇,也是为了"抗金"而歌唱。但是我们也知道事实是粉碎了他这个理想,热忱是换来了失望、悲凉。然而诗人毕竟是火神的化身,更有无量数的热力,烧毁了现实上所给予他的冷酷和障碍;诗人也是智慧之神的骄子,他有一颗遗传的慧心，使他降伏现实上所给予他的诱惑与魔障。因此，放翁的抗金灭虏的宏愿和计划，虽然得不到朝廷的有力支持，但是他的更多的热情和生命力，使得他吞吃了现实的冷、丑、黑暗，他仍以如火如荼的心情去爱祖国，爱民族；仍然执着光明的火把，去追求和实现他的抗金灭虏的理想与希望；他这种计划虽然在现实界被宣判了"绝望"的命运，但是他高度的智慧的心，却命令他到空灵的理想界里去追求。所以对现实界来了一种超越、解脱；他带着他的热情的爱国的抗金灭虏的计划，离开了现实界的人间，到凌空的理想的幻想的世界里去了。我们知道在幻想的世界里，是一切美满的、没有缺陷的，在人间世得不到的东西，在那里也可以得到完满的补偿，在现实界受抑压的心情，在那里也可以得到彻底的解放……放翁的疏狂的个性，忤俗的性格，对现实的失望，一切都催迫他停止在现实上的追求，而去建立他的幻想的世界。在幻想的世界里他圆满地实行了他的抗金的计划，写下了灭虏的诗篇。不过，还要说的是他建立的幻想世界，约有三种：一种是精神的超越的世界；一种是醉乡的世界；一种是梦的世界。在这三种世界的幻境里，放翁是有无上权威的主人。他也有兵，有将，进行着常胜的杀敌灭虏的战争。

（1）在精神超越的世界里灭虏。在这个用精神和超越现实的幻想所构成的世界里，精神是自由的、胜利的，是"要如何，便如何"的。因之，放翁也在这个幻界中，培植成了他的幻中之幻的灭虏的胜利之花。例如：

《胡无人》诗："须如猬毛磔，面如紫石棱。丈夫出门无万里，风云之会立可乘。追奔露宿青海月，夺城夜蹋黄河冰。铁衣度碛雨飒飒，战鼓上陇雷凭凭。三更穷虏送降款，天明积甲如丘陵。中华初识汗血马，东夷再贡霜毛鹰。群阴伏，太阳升；胡无人，宋中兴。丈夫报主有如此，笑人白头蓬窗灯。"《剑客行》诗："国家未灭胡，臣子同此责。浪迹潜山海，岁晚得剑客。酒酣脱匕首，白刃明霜雪。夜半报仇归，斑斑腥带血。细仇何足问，大耻同愤切。臣位虽卑贱，臣身可屠裂。誓当函胡首，再拜奏北阙。逃去变姓名，山中餐玉屑。"《中夜闻大雷雨》诗："雷车驾雨龙尽起，电行半空如狂矢。中原腥膻五十年，上帝震怒初一洗。黄头女真褫魂魄，面缚军门争请死。已闻三箭定天山，何啻积甲齐熊耳。捷书驰骑奏行宫，近臣上寿天颜喜。合门明日催贺班，云集千官摩剑履。长安父老请移跸，愿见六龙临渭水。从今身是太平人，敢惮安西九千里！"《战城南》诗："王师出城南，尘头暗城北。五军战马如错绣，出入变化不可测。逆胡欺天负中国，虎狼虽猛那胜德。马前喁咿争乞降，满地纵横投剑戟。将军驻坡拥黄旗，遣骑传令勿自疑。诏书许汝以不死，股栗何为汗如洗？"《出塞曲》诗："千骑为一队，万骑为一军，朝践狼山雪，暮宿榆关云。将军羽箭不虚发，直到祁连无雁群。隆隆春雷收阵鼓，蜿蜿惊蛇射生弩。落蕃遗民立道边，白发如霜泪如雨。褫魄胡儿作穷鼠，竞裹胡头改胡语。阵前乞降马前舞，檄书夜入黄龙府。"《大将出师歌》诗："行营暮宿咸阳原，满朝太息倾都美。天声一震胡已亡，捷书奕奕如飞电。高秋不闭玉关城，中夜罢传青海箭。可汗垂泣小王号，不敢跳奔那敢战。山川图籍上有司，张掖酒泉开郡县。"《碧海行》诗："碧海如镜天无云，众真东谒青童君。九奏铿锵洞庭乐，八角森茫龙汉文。共传上帝新有诏，蚩尤下统旄头军。径持河洛还圣主,更度辽碣清妖氛。幽州螳埒一炬尽,安用咸阳三月焚。艺祖骑龙在帝左,世上但策云台勋。"《雪中忽起从戎之兴戏作》诗:"群胡束手仗天亡,弃甲纵横满战场。雪上急追奔马迹,官军夜半入辽阳。"《出塞四首借用秦少游韵》诗:"北伐下辽碣,西征取伊凉。壮士凯歌归,岂复赋国殇。连颈俘女真,贷死遗牧羊。犬豕何足仇,汝自承余殃。"又:"煌煌艺祖业,土宇尽九州,当时王会图,岂数汝黄头。"

(2)在醉乡的世界里灭虏。酒神可以给厌恶现实世界的人们一个更美丽的世界,更完满与和谐的天国;在这个世界里,没有意志的障碍,没有人间的摩擦,一切都是赤裸裸的美的。像这样的一个世界,是最适宜于放翁的居留和生存的。所以他平生大部分的时间,是逍遥在这里,伴着酒神,歌唱着他的生命的调子,吐露他的抗金的心曲。例如:

《醉歌》诗:"往时一醉论斗石,坐人饮水不能敌。横戈击剑未足豪,落笔纵横风雨疾。雪中会猎南山下,清晓嶙峋玉千尺。道边狐兔何曾问,驰过西村寻虎迹。貂裘半脱马如龙,举鞭指麾气吐虹。不须分弓守近塞,传檄可使腥膻空。小胡逋诛六十载,猘猘猘子势已穷。圣朝好生贷孥戮,还尔旧穴辽天东。"《楼上醉书》诗:"丈夫不虚生世间,本意灭虏收河山。岂知蹭蹬不称意,八年梁益凋朱颜。三更抚枕忽大叫,梦中夺得松亭关。中原机会嗟屡失,明日茵席留余潸。益州官楼酒如海,我来解旗论日买。酒酣博簺为欢娱,信手枭卢喝成采。牛背烂烂电目光,狂杀自谓元非狂。故都九庙臣敢忘?祖宗神灵在帝旁。"《江上对酒作》诗:"把酒不能饮,苦泪滴酒觞。醉酒蜀江中,和泪下荆扬。楼橹压溢口，山川蟠武昌。石头与钟阜，南望郁苍苍。戈船破浪飞，铁骑射日光。胡来即送死，讵能犯金汤。汴洛我旧都，燕赵我旧疆。请书一尺檄，为国平胡羌。"

试看放翁在酒神的面前，是何等地勇武？在醉乡的世界里，他可以扫清金虏。现在引他自己的诗，以做本段的结束。《题醉中所作草书卷后》诗："胸中磊落藏五兵，欲试无路空峥嵘。酒为旗鼓笔力椠，势从天落银河倾。端溪石池浓作墨，烛光相射飞纵横。须臾收卷复把酒，如见万里烟尘清。丈夫身在要有立，逆虏运尽行当平。何时夜出五原塞，不闻人语闻鞭声。"

（3）在梦的世界里灭虏。梦境是对现实世界的一种摆脱，一种遗弃，一种解放。在这个世界里，人人都可以打碎一切束缚的枷锁，而得到"意志自由"。梦境的幻象美，的确是对人世间的缺陷的一种补偿，对人的干枯的心灵的一滴甘露，也是超度人的苦痛的一只极乐之舟呢！放翁在这梦幻的极乐的世界里，也如愿地进行着他的抗金的工作，顺利完成了他的爱国的抱负。例如：

《五月十一日夜且半梦从大驾亲征尽复汉唐故地见城邑人物繁丽云西凉府也喜甚马上作长句未终篇而觉乃足成之》诗："天宝胡兵陷两京，北庭安西无汉营。五百年间置不问，圣主下诏初亲征。熊黑百万从銮驾，故地不劳传檄下。筑城绝塞进新图，排仗行宫宣大赦。冈峦极目汉山川，文书初用淳熙年。驾前六军错锦绣，秋风鼓角声满天。首蓿峰前尽停障，平安火在交河上。凉州女儿满高楼，梳头已学京都样。"《记梦》诗："梦不出心境，旷然成远游。花残杜城醉,木落华山秋。战血磨长剑,尘痕洗故裘。那知觉来处,身卧五湖舟。"《五月七日夜梦中作》诗:"征行过孤垒,寂寞已千年。马病霜菅瘦,狐鸣古冢穿。烟尘身欲老,金石志方坚。零落英雄尽,何人共着鞭?"又"霜露薄貂裘,连年塞上留。芦茄青冢月,铁马玉关秋。振臂忘身惫,凭天报国仇。诸公方衮衮,好运帷中筹。"《十二月二日夜梦与客并马行黄河上息于古驿》诗:"河滨古驿辟重门,雉兔纷纷黍酒浑。吾辈岂应徒醉饱,会倾东海洗中原。"

　　放翁的民族思想,大体上是说完了,看他是多么崇高和热情的一位爱国诗人。他的抱负,是以天下为己任;他的平戎策,是如是地周详可行;他的驱金灭虏的意志,又如铁般地坚强:他在现实界里抗金运动的推行遭到挫败,他又到幻想界里去追求、完成。这种锲而不舍的精神和殉道的意识,把小我的生命与民族的大我的生命合而为一,达到永生的境界;化除了小我的执着,毁坏了自私自利的小我的欲障,而与民族的大我相融无间,没有人我对立的肯定。这,只有热、真、情、爱的诗人和聪慧的哲人,才容易臻此妙境呢。

二、放翁的社会思想

　　放翁的社会思想的本源,是从一个"爱"字出发,去实践"生"字的意义。爱与生,可以说是他的社会思想的两大基石,在这上面建筑起了他的理想绚烂的楼阁。因为人们相互的"爱",所以他理想的群体的社会,是一个大和谐;因为人人的求"生",所以他理想的社会,是一个圣洁的"生之意义"的象征和显露。他渴慕着"氓之蚩蚩"的淳朴的社会,他向往着无知无识的初民的唱着"生命的恋歌"的快乐的生活;他厌恶浇淳散朴的世俗,"尔虞我诈"的风气。官吏的剥削和搜刮,人民的饥饿与贫病,是被排挤在他的理想的社会的圈子以外的。所以他的社会思想:一个是对理想社会的描摹;一个是对当时社会的控诉,替农民叫苦。

(一)放翁的理想社会。放翁受了老子思想的影响,所以他憧憬着小国寡民,民至老死而不相往来的抱扑守一的社会;他接受了靖节先生的人生体验,所以他也爱慕着桃花源的世界的人们的生活;他继承了我们传统的爱好自然的农事的乐趣,所以他起了一种对"日出而作,日入而息"的典型的农业社会的向往。这三种思想的融合、合流,交奏出他的社会理想。在他的诗里,许多的地方是反映着他这个理想社会的轮廓的。

《村舍》诗:"无怀葛天古遗民,种畲归来束涧薪。亭长闻名不识面,岂知明府是何人!""鸡鸣犬吠相闻地,穴处巢居上古风。饱饭不为明日虑,酣歌便过百年中。"又:"露草干时儿牧羊,朝日出时女采桑。一床絮被千万足,不解城中有许忙。"《村居即事》诗:"西成东作常无事,妇饁夫耕万里同。但愿清平好官府,眼中历历见豳风。"《过村舍》诗:"碓舍临山路,牛栏隔草烟。问今何岁月,恐是结绳前。"

这是他对理想社会的一种美化的描摹,可见在这样一个社会中:是无为而治的;人人都是自食其力的,同时也是茫然无知的;他们的心灵是白玉无瑕的,不知道有什么明府;他们只知道种田、工作，也没有什么利害的计较心；也没有饥饿、贫病、倾轧；他们牧羊采桑，永远是快乐的……这不是典型的一个原始的农业社会的图绘吗？这不是桃花源的化身吗？但是，像这样美满的一个社会，在放翁当时的兵荒马乱里，国运不绝如缕里，到哪里去追求呢？还不是一个幻中之幻的理想吗？所以当放翁对他这个理想的社会感到刹那的幻灭时，他又发出了伤今思古的悠情了。例如：《读老子有感》诗："巢居结绳事益远，浇淳散朴论复论？安得深山老不死，坐待古俗还羲轩。"《杂兴》诗："秦汉区区目前，周家风化遂无传。君看八百年基业，尽在东山七月篇。"总之，放翁的理想社会是复古的，是向往着结绳羲轩之世以前的。

（二）智慧是罪恶的根源。放翁的理想社会，前面我已经说过了，继续在这里谈的是放翁对智慧估价的问题。因为他所理想的完美的社会，是无知的、抱朴守一的、纯真的；所以他对智慧的估价是作否定的答案的。他反对知识，他更反对智慧，他认为智慧是人类苦痛和一切罪恶的根源，它能破坏人的洁贞的心灵之美和社会的淳质之美，而入于浇漓之俗的。例如他的诗：

《太古》诗："太古安知虑与尧，茹毛饮血自消摇。不须追咎为书契，初结绳时俗已浇。"《杂感》诗："劝君莫识一丁字，此事从来误几人！输与茅檐负暄叟，时时睡觉一频伸。"《闲行至西山民家》诗："秋林半丹叶，秋草多碧花。隔山五六里，临水两三家。罾鱼与伐荻，各自有生涯。平池散雁鹜，绕舍栽桑麻。客至但举手，土釜煎秋茶。城中不如汝，切莫慕浮夸。"《湖边小聚》诗："小聚远尘嚣，淳风独未浇。"《读易》诗："揖逊干戈两不知，巢居穴处各熙熙。无端凿破乾坤秘，祸始羲皇一画时。"

足证放翁是诅咒智慧，否认知识的价值的。他以为不但书契是罪恶的结晶品，即是在初结绳而智慧刚萌芽的刹那，已使淳俗变为浇漓，毁坏了浑朴美的社会，撕碎了高贵的人生了。所以他大声疾呼地劝人不要识字，他就是不要去运用智慧的阴谋诈术，人人去做无聊的无意义的庸人自扰的神经战的表演，把社会变成一个罪恶的渊薮。所以他歌颂朴质无瑕的农民村老，他讥讽卖弄小聪明的虞而诈的市侩气的市民。他这个思想的立论，或者是承受我们祖宗遗传下来的"仓颉造字，鬼神夜哭"的说法吧？这里我又记起了希伯来人的思想和他们对知识的估价，把它介绍到这里来，是帮助着我们去了解放翁的否认智慧的理由的。

希伯来人以为现实世界是一个罪恶的世界，这个罪恶的来源，就是智慧。因为人类太聪明了，所以制造出无数的罪恶来。《旧约·创世记》里记载着亚当偷食智果的一段神话，可做他们这个思想的说明："耶和华神在东方的伊甸立了一所园子，把所造的人亚当（Adam）安置在那里，耶和华神使各样的树从地里长出来，可以悦人的眼目，其上的果子好做食物，园子中又有生命树和分别善恶的树。耶和华将那人安置在伊甸园，使他修理看守，吩咐他说：'园中各样树上的果子你可以随意吃，只是分别善恶树上的果子却不可吃，因为你吃的日子必定死。'"以后耶和华神又替亚当造了一个良偶夏娃（Eva）来帮助他，当时夫妻两人赤身露体，天真烂漫，幸福无穷，不幸来了一条蛇引诱女子，叫她把分别善恶的树上的果——智慧的果吃了，又分给丈夫一同吃了。他俩立时眼就明亮起来，才知道自己是赤身露体，不免遮遮盖盖地掩饰起来，终于给神查出。于是神先把蛇罚了，叫它用肚子行走，终身吃土，还罚它世代和女子为仇，女子的后裔要伤它的头，它的后裔要咬她的脚。其次罚夏娃怀胎生产，多受苦楚，恋慕丈夫而受丈夫的管辖不得自由。最后罚亚当道："地，必为你的缘故受咒诅！你必终身劳苦，才能从地里得吃。地必给你长出荆棘和蒺藜来！你必流汗满面，才能糊口，直到你归了土，因为你是从土而出的。你本是尘土，仍要归于尘土！"神处罚完毕后，又念人已有智慧，恐又再伸手摘去生命树的果子吃，那就永远活着；于是神便把人赶出伊甸园，在园的东边，安放基路伯和四面转动发火焰的剑，把守生命树的道路。（见《旧约·创世记》第二、第三章）

由这些记载看来，可见人类有了智慧，有了知识，苦痛与罪恶却因之而增加；远离了生命树的果子，远离了伊甸乐园，坠入了罪恶的实现世界。放翁的《夏中杂兴》诗云："*愚为度世术，闲是养生方。*"否认智慧，否认知识的价值，便是使人类重新去接近生命树的果子和重回伊甸乐园。

（三）替人民叫苦。放翁不满意当时的流行着贫、病、灾害、黑暗的社会，但是孤零零的一人也没有力量去改造它。所以他只有以他诗人的歌喉，挥着同情和博爱的眼泪，叫出人民的痛苦、灾难，以安慰他自己的良心。

1. 诉民瘼。《送曾学士赴行在》诗："*敬输千一虑，或取二*

三策。公归对延英，清问方侧席。民瘼公所知，愿言写肝膈。向来酷吏横，至今有遗螫。织罗士破胆，白著民碎魄。诏书已屡下，宿蠹或未革。期公作医和，汤剂穷络脉。"《书叹》诗："齐民困衣食，如疲马思秣。我欲达其情，疏远畏强聒。有司或苛取，兼并亦豪夺。正如横江纲，一举孰能脱！政本在养民，此论岂迂阔？"

2. 责酷吏。《邻曲有未饭被追入郭者悯然有作》诗："春得香粳摘绿葵，县符急急不容炊。君王日御金华殿，谁诵周家七月诗。"《初冬有感》诗："无僧解辍斋厨米，有吏频征瘦地租。"《秋获歌》诗："数年斯民厄凶荒，转徙沟壑殣相望。县吏亭长如饿狼，妇女怖死儿童僵。"

3. 伤灾。《雨中遣怀》诗："秋稼连云饱不疑，宁期一败莫支持。雨如梅子初黄日，水似桃花欲动时。正昼蚊虫驱不去，终宵鼃黾怒何为？凶年气象堪流涕，禾把纷纷满竹篱。"《秋思》诗："傍县人来涕泗翻，蝗灾暴虎不堪言。"

（四）爱元元。放翁不仅替人民叫苦，并且是尽其绵薄，爱着广大的人民，给予人民一种珍贵的热情和爱的礼物。

《舟中作》诗："奉祠累岁惭家食，谢事终身负国恩。惟有愚忠穷未替，尚余一念在元元。"《山村经行因施药》诗："驴背每带药囊行，村巷欢欣夹道迎。共说向来曾活我，生儿多以陆为名。"《冬夜思里中多不济者怆然有赋》诗："虽无叹老嗟卑语，犹有哀穷悼屈心。力薄不能推一饭，义深常愿散千金。"《春日杂兴》诗："身为野老已无责，路有流民终动心。（原注：闻有流移人到城中）"《夜寒》诗："米贵仅供糜粥用，自伤无力济元元。"

三、放翁的政治思想

放翁生于以诗书传家的家庭，早年就接受了儒家思想的洗礼，中年又营营仕禄，宦海浮沉，故其政治思想不脱儒家的范围，而忠君爱国的意识，洋溢在他的诗集里，大有"**一饭未尝忘君**"之概。因之他的理想政治是复古的、正统的；对现实的政治思想，是采取了对症下药的方式的。

（一）放翁的政治理想。首先，他的政治理想，仍为儒家所祖述的尧舜之世，崇尚俭德，选贤与能，以礼乐为治的王道政治。他的《岁暮感怀以余年谅无几休日怆已迫为韵》诗："**士生始志学，固为圣人徒，人人可稷契，世世皆唐虞。仰事与俯育，治道无绝殊。**"其次，他的理想政治，是建筑在经济平等的原则的基础上的，所以他留恋着周代的井田制度，在《岁暮感怀》诗里又云："**井地以养民，整整若棋画。初无甚贫富，家有五亩宅。哀哉古益远，祸始开阡陌。富豪役千奴，贫老无寸帛。因穷礼义废，盗贼起螫迫。谁能讲古制，寿我太平脉？**"可见放翁的主行王道、黜霸功的精神了。他以为社会上的乱源，是始于刻薄的法家的废井田，开阡陌，讲功利，尚霸道；结果弄得豪强兼并，贫富悬殊。孟轲云："**无恒产而有恒心者，惟士为能；若民，则无恒产，因无恒心。苟无恒心，放辟邪侈，无不为已。**"是以贫无立锥的人们，自然谈不到揖让礼乐，盗贼蜂起，社会的秩序，因之也就不可收拾。放翁生在乱离的宋朝，抚今追昔，对唐虞盛世，周制井田，人民的安居乐业，不禁油然顿起思古之悠情与向往之心绪，那么自然也容易以此当作他的政治理想了。

但是，尧舜之世，岂可重见于今日？周制井田，王道乐土，又到哪里去找呢？所以放翁不能不如孔子周游列国之后似的，发出了"吾道不行"之叹！《杂感十首》诗："洙泗日已远，儒术日已衰。学者称孔墨，为国杂伯王。书生幸有闻，力薄不能倡。默默世俗间，汝职勿乃旷。"《叹老》诗："委命已悲吾道丧，垂名真负此心初。"《投老》诗："薄才元易尽，古道竟难行。"《秋怀十首以竹药闭深院琴樽开小轩为韵》诗："吾道久寂寞，不绝如一绵。"又云："丈夫素所学，致主齐羲轩。恨无同志人，徒欲起九原。痛哭惊世俗，著书成空言。"《杂兴十首以贫坚志士节病长高人情为韵》诗："孟子辟杨墨，吾道方粲然。韩愈排佛老，不失圣所传。伐木当伐根，攻敌当攻坚。坐视日月食，孰探天地全？一木信难恃，要忧大厦颠。安得孟韩辈，出为吾党先？"《示儿》诗："得道如良贾，深藏要若无。冶金宁辄跃？韫玉忌轻沽。儒术方今裂，吾家学本孤。汝曹能念此，努力共枝梧。"《读书有感》诗："洙泗诸生尊所闻，岂容兀者亦中分！焚经竟欲愚黔首，亡史谁能及阙文？吾道固应千古在，几人虚用一生勤？"《秋夜感遇十首以孤村一犬吠残月几人行为韵》诗："唐虞治巍巍，洙泗道益明。岂知秦汉后，佛老起纵横。诗书虽仅存，韶濩无遗声。书生幸有闻，未死犹力行。"《荡荡》诗："荡荡唐虞去日道，孔林千载亦荒丘。六经残缺幸可考，百氏纵横谁复忧。释书恐非易论语，王迹其在诗春秋！"《示子遹》："本来尧舜身亲见，孰谓丘轲道不传？妙理岂求逢掖外，淳风宁在结绳前。"《唐虞》诗："唐虞虽远愈巍巍, 孔氏如天孰得违? 大道岂容私学裂, 专门常怪世儒非。"《书意》诗: "养生慕黄老, 为治法唐虞。"放翁既伤尧舜王道的沦丧, 又惜诗书礼教与孔氏精义的幽晦, 而他自己又以为是尧舜以来的王道的不绝如缕的继承者, 礼乐政教的代表者; 因之对于自汉以来, 历代王霸并用的杀伐政治和宋时政治紊乱的情形, 表示了无穷的伤感与惋惜; 同时也恰如群芳枯萎后, 历经百霜而益馨香的一朵秋菊, 更显出了百折不挠的卫道的精神和意志。

(二) 主息党争。唐虞之世的理想政治, 是不能复活于宋世的; 而现实的政治, 又是党同伐异, 表现着紊乱与彷徨。新旧党的斗争, 造成了宋室的疲敝, 国运的衰微, 这些不能不促醒放翁对现实政治的考虑。所以他针对着现实的症结, 提出了息党争的主张和政治上只有团结, 才能御侮苏民的铁律。

《岁暮感怀以余年谅无几休日怅已迫为韵》诗: "在昔祖宗时, 风俗极粹美, 人材兼南北, 议论忘彼此。谁令各植党, 更仆而迭起; 中更夷狄祸, 此风犹未已。臣不难负君, 生者固卖死。傥筑太平基, 请自厚俗始。"《北望感怀》诗: "荣河温洛帝王州, 七十年来禾黍秋。大事竟为朋党误, 遗民空叹岁时遒。"

(三) 贤人政治。放翁是主张贤人政治的。他以为政治的好坏, 是在于为政治的是否贤良, 假若是以有聪慧的、有正义感的、有贤才的、有忠于职守的心肠的人去执政, 那么政治一定是好的、清明的、有条理的、治的; 否则就是一塌糊涂, 不堪问闻。这颇与柏拉图的理想国, 以哲学家去做皇帝的理论相同。

《雨夜读书》诗: "历观忠邪见肝肺, 直与治乱穷根原。傅岩之野感帝梦,此事难以今人论。危冠长剑一见用,万里耕桑吾道尊。"
《春日杂兴》诗:"但得官清吏不横,即是村中歌舞时。"《杂感十首》诗:"吕钓渭水滨,说筑傅岩野。虽曰古盛时,得士盖亦寡。天将启治乱,人才有用舍。向非万牛力,孰能成大厦?"《龟堂杂兴》诗:"唐虞不是终难致,自欠皋夔一辈人。"

(四)通言路。政治上常犯的毛病是蒙蔽与欺骗,下情不能上达。大臣的操纵,近侍的翻云覆雨,交织成重重的峦嶂,遮住了君主的视线,使他看不到一切;又如充耳的瑱玉,使他什么也听不见。所以遮掩与蒙蔽,造成了君主与人民间不可缩短的距离。人民的痛苦,永远是无诉的;所谓帝王的仁政,也永远地与民瘼是背道而驰的。放翁对通言路的看法,以为是可以沟通朝野的感情,使上下交融,达到健康政治的目的,而立太平之基的。

《新夏感事》诗:"近传下诏通言路,已卜余年见太平。圣主不忘初政美,小儒惟有涕纵横。"《岁暮感怀》诗:"高皇昔中兴,风雨躬沐栉。一士未尝遗,万里皆驰驲。廉听辟言路,虚怀询得失。"

总之,放翁是以己饥己溺为任,在政治上抱负非凡,自以为是有致君尧舜之术的。他的《溪上杂言》诗说:"古人谁谓不可见,黄卷犹能睹生面。百谷蘪蘪知稷功,九州茫茫开禹甸。巍巍成功亦何有,治乱但如翻覆手。,逢时皆可致唐虞,比身管乐宁非苟。"由此可知,放翁对政治是未有具体的方案,然亦足以见其博大的自负了。不过最后要补充说的是,放翁平生以管乐诸葛自比,实则管葛是法家,崇尚刑律,与放翁以礼乐为治的王道,是大相径庭的,这不是一个不解的思想上的矛盾吗?

四、放翁的教育思想

放翁虽然是在形而上学的理论上反对智慧,否认知识的价值;但是在物质的世界里,他仍然相对地承认知识的存在和有用。不过这一种存在与有用,只是大幻中的一幻,不是绝对的实在和有永恒的价值的。所以在这个知识的相对的实在里,便做了放翁教育思想的根据;放翁把握住了时光之流中的某一个时点,肯定它真实,肯定它实在,在上面规复了杏坛的旧风,射出了他的教育思想的光芒:

(一)文武合一的教育。放翁见到宋朝重文轻武的流弊,与文人的萎靡之风,他为了拯衰起敝,所以主张教育要文武合一。文与武,是一物的两面,而不是相反而单独存在的个体。譬如说一朵蔷薇花吧,它有淡颜浓芳的,无力似的卧晓枝的文弱之美;同时也有苞蕊怒放,随春风而摇曳,显出勇武的战斗的姿态和表情;其次如先圣尼父,在夹谷之会里,折冲尊俎,也表示了一手是战争,一手是和平的人格之伟大;回教主穆罕默德的传教,也是显露着一手是宝剑,一手是《可兰经》的风姿。这一切都是文武统一的说明。放翁早岁读书,幼年好侠,他一方面讲诵诗书礼乐,一方面也学骑驰御射,这更可作为他服膺文武合一的教育的论证。他的《读书》诗:"面骨峥嵘鬓欲疏,退藏只合卧蜗庐。自嫌尚有人间意,射雉归来夜读书。"《感昔》诗:"八阵原头纵猎归,割鲜藉草酒淋漓。谁知此夕西窗里,一盏青灯独咏诗。"

（二）义务教育。诗人是有极大的热诚去爱人类的。所以在放翁罢官归里后，把无限的热爱凝聚与寄托到乡里父老们的身上；并且以大部分的时间，去教育他们。他像一位哲人似的义务地播下了教育的种子，宣传着智慧之神的福音；以阙里的高风，做了义务教育的先导。

《幽居》诗："时时开说前贤事，聊遣乡闾识典刑。"《记东村父老言》诗："行行适东村，父老可共语。披衣出迎客，芋栗旋烹煮。自言家近郊，生不识官府。甚爱问孝书，请学公勿拒。我亦为欣然，开卷发端绪。讲说虽浅近，于子或有补。耕荒两黄犊，庇身一茅宇。勉读庶人章，淳风可还古。"《自咏绝句》诗："明时恩大无由报，欲为乡邻讲孝经。"《论邻人》诗："邻曲有米当共舂，何至一旦不相容？为善何尝分士农，尧民皆当变时雍。"《示邻里》诗："古学陵夷失本原，读书万卷误元元。从今相勉躬行处，士庶人章数十言。"《放翁自赞》说："虽不能草泥金之检以纪治功，其亦可挟兔园之册以教乡闾者乎。"

（三）治学方法。放翁治学的方法，在其《万卷楼记》里说："学必本于书，一卷之书，初视之若甚约也；后先相参，彼此相稽，本末精粗，相为发明，其所关涉，已不胜其众矣。一编一简，有脱遗失次者，非考之于他书，则所承误而不知。同字而异诂，同辞而异义，书有隶古，音有楚夏，非博极群书，则一卷之书，殆不可遽通，此学者所以贵夫博也。……自先秦两汉，迄于唐五代以来，更历大乱，书之存者既寡，学者于其仅存之中，又鲁莽焉以自便，其怠惰因循，曰：'吾惧博之溺心也。'岂不陋哉！故善学者通一经而足。"由是可知放翁治学，是主张以一书做中心，而后博学其余的，然此博学的目的，在帮助了解此一书，故云"善学者通一经而足"。例如读《诗经》吧，欲训诂名物，通古今异音，则不能不读《尔雅》；欲明了礼制服饰，则不能不读《礼记》；欲详知诗中所说的历史故事，则又不能不读《春秋三传》……唯读《尔雅》《礼记》诸书的目的，要在精通《诗经》，但是到了《诗经》精通的地步，不是《尔雅》《礼记》诸经早已精通了吗？所以说"善学者通一经而足"，实际上正是一通百通呢！这里放翁的所谓博学，不是泛览之谓，而是精中之博，博中有精的。他的《六艺示子聿》诗说："六艺江河万古流，吾徒钻仰死方休。沛然要似禹行水，卓尔孰如丁解牛？"可见他的专精与严谨了。他对知识的态度，尤主守道躬行。《示元敏》诗："学贵身行道，儒当世守经。心心慕绳检，字字讲声形。"《冬夜读书示子聿》诗："古人学问无遗力，少壮工夫老始成。纸上得来终觉浅，绝知此事要躬行。"他对治学的步骤，主张通经先从训诂名物开始考据典章制度，讲解字形，最后归于推求其义理，冥会其精微。把汉人章句、宋人义理的治学方法，熔为一炉，以章句之学做基础，扩大义理的境界。《读经示儿子》诗："通经本训诂，讲字极形声。未尽寸心苦，已销双鬓青。惧如临战阵，敬若在朝廷。此是吾家事，儿曹要细听。"《示元敏》诗："学问参千古，工夫始一经。"《示子遹》诗："我衰殿诸老，汝能通一经。学先严诂训，书要讲声形。"由此更可知放翁治学的功力和甘苦，他与宋人的只讲义理的治学方法，大不相同了。

五、放翁的宇宙思想

诗人妙性知化，以智慧的心灵，窥破了宇宙的秘密。他对宇宙的观察，好比在春光明媚时节的海上远眺，处处真切；自波面至天空，无任何的烟雾纤尘，一眼可看到宇宙的透顶，透视到宇宙的最后层。了解宇宙仿佛是一个理情的大清净境界，油然生出了宇宙思想。

（一）宇宙的本体。放翁对宇宙本体的看法，在他的《秋怀十首》诗："此心实通天，一念天所临。"《书意》诗："人皆可尧舜，身自有乾坤。"《病中作》诗："此事明明在默存，一身元有一乾坤。"《病少间作》诗："身如水有沤，病如云无根，方其未散间，妄谓有我存。"此处所指的天，即是宇宙的本体（在宇宙论中，赅万有而言其本原，则云本体）。可知心与天通，亦即说明心与宇宙的本体是一件东西。不然，便成了彼此的对立，有什么方法可使它们相通呢？至于"一身元有一乾坤"，"身如水有沤"，这更可做了心是宇宙本体的说明。心既是宇宙的本体，那么，本体自然地非是离心而外在者。因为大全（大全即谓本体，此中大字，不与小对）不碍显现为一切分；而每一分，又各各都是大全的。如张三，本来具有大全，故张三不可离自心而向外去求索大全的；又如李四，亦具有大全，故李四亦不可离自心而向外去求索大全的。各人的宇宙（即"一身元有一乾坤"）都是大全的整体的直接的显现，不可说大全是超脱于各人的宇宙之上而独在的。譬如大海水（喻本体）显现为众沤（喻众人或各种物），即每一沤，都是大海水的全整的直接的显现。试就甲沤来说吧，它（甲沤）是以大海水为体，即具有大海水的全量的；又就乙沤来说吧，它（乙沤）也是以大海水为体，亦即具有大海水的全量的；丙沤、丁沤，乃至无量的沤，均可类推。据此说来，我们若站在大海水的观点上，大海水，是全整的现为一个一个的沤，不是超脱于无量的沤之上而独在的。又若站在沤的观察上，即每一沤，都是揽大海水为体，我们不要当它（每一沤）是各个微细的沤，实际上，每一沤，都是大海水的全整的直接的显现着。因此，人在宇宙中，自然是"身如水有沤"了。由这个譬喻，可以知道大全不碍显现为一切分，而每一分，又各各都是大全的。这样看来，个人的生命与宇宙原来不二；小我的生命，即包于宇宙的大生命流行之中，如是，每人都可以在大宇宙中显现为小宇宙，大乾坤中显现为小乾坤，自然地是"一身元有一乾坤"，心也就与天（本体）通了。这是放翁对宇宙本体的认识。

心既与宇宙的本体为一，本体不是离心而外在的东西。但是，如何才知道"体"呢？放翁的《独处》诗："但余一点真正念，照了万象犹精明。"《杂题》诗："宁使终身迂比景，莫令一物污灵台。"《十一月廿七日夜分披衣起坐神光自两眦出若初日室中皆明作诗志之》诗："灵府无思踵息微，神光出眦射窗扉。"《冬夜》诗："隔溪闻鹤鸣，灵府为澄澈。"《秋兴》诗："道心已熟机心尽，寄语鸥鹭莫苦猜。"《秋思》诗："虚极静笃道乃见。"《静室》诗："静室横床一素琴，尔来殊觉道根深。唤回倦枕功名梦，洗尽浮生幻妄心。"《示客》诗："久泛烟波不问津，腾腾且复养吾真。"《试笔》诗："灵府湛然如止水，拟将何地着闲愁？"由此可知放翁所说的真正念、灵府、灵台、道心，即是指的本心，亦即是"体"。本心是虚寂的，所以是"虚极静笃道乃见"；本心是明觉的，它能自知自明自觉，所以是"灵府无思踵息微，神光出眦射窗扉"，"灵府为澄澈"，"照了万象犹精明"；它是浑然无有小己利害的计较，而常与天地万物通为一体的，所以是"寄语鹍鹕，莫苦猜"；它是炯然独立的，不因他有，不依他起的，所以是"莫令一物污灵台"；它是廓然无有空间时间等相的，所以是"拟将何地着闲愁"。据此看来，这颗自明自觉的本心，便是人的真自己，也即是一切物的本体；在作用上来说，它就是人的固有的性智。性智即是真的自己的觉悟（真的自己，即本体），它也必须待人的内部的生活净化和发展时，这个智才显发的；到了性智显发的时候，自然内外浑融，冥冥自证，无对待相，宇宙与个人的生命为一了。若以此智的作用，去察别事物，也觉得现前的一切物，莫非至真至善；而不滞于物，处处都是真理的显现；现前相对的宇宙，也是绝对的真实。由放翁的《夜窗》的诗句"性中汝本具光明，蔽障除时道自成"看来，他确是悟到了这个境界。至于他所说的机心、幻妄心，即是指的习心。习心是常常起来障碍本心的。习心虽然也是依本心的作用而有，但它是从一切经验里发展出来的，它是异于本心，而自成为一种力量的。譬如下流染污的水，却是离异源头的水，而自成为一种浊流的。习心不同于本心者，因为它是念念攀援，和追求种种的名物的。它是因实用而染污的，它是物化的，是虚妄的，是计有外物而去追逐的，它时常地乘权去障碍本心的。习心若就其辨物析理的诸作用而言，则曰量智或理智，此智亦依性智的作用而有的。它是凭借一切日常的经验而发展，也就是由惯习和练习于事物方面而生长的；它是向外看一切物，能解析和综合一切物的关系；它是纯客观的，能了解物和利用物，而自有其长的。但是因为它是从日常经验里发展出来的，以及纯客观的缘故，便与真的自己分离，并常障蔽了真的自己，虽说它是依性智的作用而有，但它毕竟不是性智。所以这个物化的、虚妄的习心，当然不是本体了。因之放翁说"道心已熟机心尽""洗尽浮生幻妄心"，便是悟到了本体的说明。

　　其次，我们更进一步谈到放翁对"心与境"的关系的意见。在他的《秋日遣怀》诗里说："四壁无人声，心境两虚寂。吾方游物初，超然谢形役。一毫傥未尽，何往非劲敌。"这简直是心境交融，达到二者浑融不可分的境界。《杂题》诗："对客欲谈浑忘却，笑呼童子替烧香。"更是心境无间，显现了二者契合的愉悦的神趣。《秋兴》诗："江路伶俜形吊影，草庵寂默我忘吾。"这更是心境融化为一，到了二者寂默的兼忘的境界的顶峰了。放翁对这种心境的看法：以为二者是一物的两面的显现，是浑融不可分的。他这也是承继了我国先哲们的传统的衣钵，例如《中庸》里说："合内外之道也，故时措之宜也。"这就是说，明白合内外的道理，随时应物，无有不宜的。盖以在常识平面里的人，往往以为心是在内的；一切的物，是外界独存的。因此将自己整个的生命，无端地划分内外，并且将心力全向外倾，追求种种的境，愈追求愈无餍足，卒至完全物化，而无所谓"心"。这样便消失了本来的生命和人生的意义，这是多么可悲呢！如果悟到心和境是浑然不可分的整体，那就把世间所计为内外分离的，合而为一了。由此，物我无间，一多相融，因应随时，自非无主，用物而不滞于物，所以说无不宜。试看《中庸》里这句话的意思，又是多么深远呢！

孟子说："万物皆备于我矣。"他也以为万物都不是离我心而独在的。因此所谓我者，并不是微小的、孤立的，和万物对峙着，而确是赅备万物，成为一体的。这种自我观念的扩大，至于无对，才是人生最高理想的实现。如果把万物看作是自心以外独存的境，那就有了外的万物和内的小我相对峙，却将整个的生命，无端地加以割裂，这样，不是完全毁灭了人生的价值的高贵吗？

放翁接受了这个传统，充分地悟到心境是不可分的一个整体的两面，把这种妙悟反映到诗里，那便是空灵的玄虚的心感通万物，心涵摄万有，心境合一的浑融的艺术生命的制作了。这种心境交融，人格与宇宙为一的境界，可说是我国独特的在哲学上的造诣。程明道说："仁者浑然与万物同体。"陆象山说："宇宙（即万物的总称）不在我的心之外的。"后来王阳明做学问的路向，也是和陆象山相近，他也是主张心外无物的。他的弟子记录他的谈话一则云："先生游南镇，一友指岩中花树问曰：'先生说天下无心外之物，现在就这个花树来说：他（花树）在深山中，自开自落，于我的心，有何相关呢？'先生曰：'汝于此花，不曾起了别的时候，汝的心是寂寂地，没有动相的，此花也随着汝心，同是寂寂地，没有色相显现的。（此时的花，非无色相，只是不显现。）汝于此花，起了别的时候，汝心，便有蠢动相。此花的色相，也随着汝心，同时显现起来。可见此花，是与汝心相随属的，决不在汝心之外。'"由此看来，可知境和心，是一个不可分的整体的两方面，只有这样，心境才可以浑融。不然，心和境是对立的，那又将从何处浑融起呢? 那还能有放翁的"心境两虚寂"的境界吗?

（二）两个宇宙。因为放翁对宇宙本体肯定的认识，所以他又发生了两个宇宙的思想: 一个是本心所契合的宇宙; 一个是习心所追逐的宇宙。在价值的判断上，高贵的一个，是属于前面的本体的道理的宇宙; 低贱的一个，是属于后面的现实的事物的宇宙。在他的《对云堂记》里说:"所谓朝夕百变者，奚独云山哉。一日，进此道，幻翳消，情尘灭，真实相见。虽巍乎天地，浩乎古今，变换不停，与浮云游尘，空华青晕，初无少异也。"可知放翁一方面了解到有一个朝夕百变的、变换不停的事物宇宙，一方面也有一个幻翳消，情尘灭的，以真实相见的本体的道理的不变的宇宙。在事物的世界里，是表现了生灭的幻境，情欲的昏念和妄动，形成了痛苦与烦恼的渊薮; 在本体的道理的世界里，是一个永恒的最真实的生命永生的领域，没有情欲的昏念妄动，是任性适己的，一切都是有绝对价值的乐土。放翁晚年的彻悟，乃是跳出了事物世界的烦恼网，而皈依到本体的世界里，去把握永恒的生命; 到道理世界里，去做悦性的契合本体的期求。例如他的《闲居自述》诗:"自许山翁懒是真，纷纷外物岂关身。花如解笑还多事，石不能言最可人。"这不是显然地遗弃了笼罩着烦恼网的幻相的物界，而去契合无形迹的本体吗?

（三）宇宙是一个生生不已的过程。放翁的《宴坐》诗说："周流惟一气，天地与人同。天道故不息，人为斯有穷。"可知他是肯定宇宙是一个生生不已的过程，天道是永远没有止息的。这个无止息的天道，便是"生"的本身；只有人为的一切，才是一种有穷的、有数量的、有生灭的东西。所以他又说："蛟龙上云雨，鱼鸟困池笼。宴坐观兹理，吾其若发蒙。"他可以说是完全了解到这个大化的运行，和宇宙的生生不已的道理了。《病中示儿辈》诗："去去生方远，冥冥死即休。"更说破了宇宙是一个生命流行不息的程序；小己的生死，乃是在大生命之流中的，一个飞溅起来的旋生旋灭的浪花的幻相，它不是绝对的真实的"生"的本身，但是它可以说明"生"的意义。《秋思》诗："世间生灭无穷境，尽付山房一炷香。"这更可以说出了世间生灭的无穷境的幻象，在它的背后构成了宇宙的"生"的绝对真实的本体。这种化幻归真，实在是相反而相成的道理。由此我们可以知道放翁所体会到的宇宙的目的，便是"生"字的本身；也可以说宇宙中最真实的东西，是绝对的生命流行的程序。其次，我们问宇宙有没有意志。据放翁的意思，假设有的话，也是"生"的意志，而显现的却是"皇天无私阿兮"的态度；它在"生"的程序上，是大公无私的。例如《寓叹》诗："造物无心岂汝私。"《幽居》诗："流年不贷人皆老，造物无私我自穷。"这种"生"的意志，大化的运行，小我是没有方法去把握和控制它的。只有将小我的"生"的意志，纳入在宇宙的大我的"生"的意志里；将小我的生命，纳入在大化的生命流行中，不自主地随着自然的程序进行。所以在放翁的诗里，也指出了这个不可把握的过程。《岁穷》诗："困厄身如寄，推迁岁忽穷。百年均昨梦，万古一飞鸿。"《晚秋出门戏咏》诗："闲愁那到野人边，万事元知合付天。"（此处所说的天，应是指宇宙的绝对的"生"的本体，也就是宇宙的本体的另一面的显现。）《感物》诗："物情岂愿岁时迈，一气潜移不自由。"《杂感十首》诗："人众何足恃，妄谓能胜天。"《东篱杂书》诗："老人观物化，隐几独多时。"又："老厌人间事，闲知造物功。"《短歌行》诗："灵药安能扶死病？千钧强弩无自射虚空，六出奇计终难逃定命。"《题庵壁》诗："人众何尝能胜天？"《日出入行》诗："但见旦旦升天东，但见暮暮入地中，使我倏忽成老翁。"这些都说明了大化的不可控制和把握。"物情岂愿岁时迈，一气潜移不自由"，更是道出了生生过程的真实。放翁这种视宇宙为变动不居的、生生不已的、不执着的看法，完全是接受周易和道家的思想，经过了他自己的融会，消化而成的。周易思想，首标乾元坤元。乾元为"大生之德"，坤元为"广生之德"，所以是"天地之大德曰生""生生之谓易"。换言之，即生命在演化过程中，为创造的程序，而永无止境。周易即为创造永无止境的程序，它以为宇宙生生不灭的现象，是一个时间的现象，在时间的变化上，无论是"运有入无"，或者是"运无入有"，均为假象，但由时间变化的假象里，可得到它的"丧故取新"的程序；即由消极方面的"丧故"之幻，变为积极的"取新"之真，完成了它的创造永无止境的程序。道家思想，老子以"道"为宇宙本体，以为"道"是一方超绝于万物之上，同时灌注于万物之中；"道"又不在时空系统里，是"迎之不见其手，随之不见其后"的，无大无小的。放翁继承了这两种思想，一变而为：一方面肯定宇宙是一个生生不已的创造过程，一方面把这个绝对的"生"又放在时空的系统之外。绝对的"生"也是一方面超绝于万物之上，同时灌注于万物之中的东西。这是放翁对宇宙生生不已的看法，写出了他的"天道故不息，人为斯有穷"的诗句。

（四）宇宙是一个有规律、秩序的和谐系统。放翁的《晚秋出门戏咏》诗："鸣鸠雨后却呼妇，飞雀霜前先著绵。"《东篱杂书》诗："雨来鸠逐妇，日出雉求雌。"《幽居岁暮》诗："偶闻林鸟语，太息又春回。"……我们读了这些诗句，很自然地要追问："鸣鸠呼妇"与"雨后"有什么关系？"飞雀著绵"与"霜前"有什么关系？"鸠逐妇"与"雨来"有无关系？"林鸟语"与"春回"又有什么关系呢？但是我们马上就可以得到答案：这是放翁对宇宙视为一个有规律、秩序的，和谐系统的看法的说明。因为地球绕日，而生昼夜；四季推移，而生寒暑；阴阳交感，而生风雨。这种大自然的条理、规律，影响到地面上的生物界，便决定了它们的动向、动作、意志；使它们的一切，都纳入于这个大自然的条理与规律里，构成了宇宙是一个有秩序的和谐的系统。他这种对宇宙是一个有秩序、和谐的系统的看法，即是引用到现在的科学的领域里，也极符合。譬如说：地球绕轴运行时，可以节制地面上的一切生物，把它们纳入规范之中；但是，同时它自身又听万有引力的支配。即如单以地球与日论，它们的关系还不是同样地构成一个和谐的、有秩序的系统吗？所以说无论各种现象的千变万化，归根到底皆要符合于宇宙的秩序、和谐、规律的。那么，"飞雀霜前先著绵"等的诗句，恰做宇宙是一个有规律、秩序的，和谐的系统的说明了。

六、放翁的人生思想

放翁的一生，是桴浮在入世与出世两种相反的矛盾的苦海里。他热恋着现实，禁不起现实的一切对他强力的诱惑，所以他露出了入世的姿态；他在现实中失意，不被人了解，他伤心于世人的愚蠢、庸俗，所以他又映射出远离人间，不吃烟火食的出世的趣味。两种情趣的激荡、冲突、交融，构成了他的人生思想的体系；映射到诗里，却刻绘出他的脚踏在红尘里，而以两手攀援着天国之门的矛盾的生活情调。因此，他的人生思想，显然地划分成清楚的两橛：一边是闪耀着染尘的现实生活的苦痛的人生体验，一边是辉照出超俗的空灵的愉悦的出世趣味。这，仿佛是一双丰富的、充实的、矛盾冲突的生命巨流，互相颤动着要求和谐与统一，互相交辉着这两种典型的人生的美丽，显现了他的奇趣的心情和充实之谓美的生命。

（一）入世的人生体验。尘世是苦痛的渊薮，事物世界是烦恼障的领域。但是，就在这苦痛与烦恼的土壤里，却孕育出了一棵"似真非真""似幻非幻"的花树。它一面开着娇艳的鲜花，显现出奇异的美丽；一面结着苦痛与烦恼的果实，透出可口的香味。芸芸众生里的人，受了少女似的花色的吸引，激动了情感，对它发生了执着，不由得吃了它的苦痛与烦恼之果。诗人放翁，就是其中的一个。

1. 伤时与忧国。《寓叹》诗："学古心犹壮，忧时语自悲。公卿阙自重，社稷欲谁期？"《夜归偶怀故人独孤景略》诗："刘琨死后无奇士，独听荒鸡泪满衣。"《初寒病中有感》诗："治道本来存简册，神州谁与静烟尘？新亭对泣犹稀见，况觅夷吾一辈人！"《三月二十五夜达旦不能寐》诗："捶楚民方急，烟尘虏未平。一身那敢计，雪涕为时倾！"《初春遣兴》诗："白发凄凉故史官，十年身不到长安。即今天末吊形影，何日上前倾肺肝。孤愤书成词激烈，五噫歌罢意辛酸。此怀欲说无人共，安得相携素所欢。"《两京》诗："薄命遭回犹许国，孤忠恩款欲忘身。"《闭门》诗："近报犬羊逃漠北，岂无貔虎定关中。君王犹记孤忠在，安得英豪共此功？"《书悲》诗："和戎壮士废，忧国清泪滴。"《夜闻秋风感怀》诗："数篇零落从军作，一寸凄凉报国心。"《夜泊水村》诗："老子犹堪绝大漠，诸君何至泣新亭。一身报国有万死，双鬓向人无再青。"《悲秋》诗："逢秋未免悲，直以忧国故。三军老不战，比屋困征赋。"《秋兴》诗："百战铁衣空许国，五更画角只生愁。"《前有樽酒行》诗："诸人但欲口击贼，茫茫九原谁可作！"《涉白马渡慨然有怀》诗："太行之下吹房尘，燕南赵北空无人。袁曹百战相持处，犬羊堂堂自来去。"《关山月》诗："和戎诏下十五年，将军不战空临边。朱门沉沉按歌舞，厩马肥死弓断弦。戍楼刁斗催落月，三十从军今白发。笛里谁知壮士心，沙头空照征人骨。中原干戈古亦闻，岂有逆胡传子孙！遗民忍死望恢复，几处今宵垂泪痕。"《九月三日同吕周辅教授游大邑诸山》

诗："节旄落尽羁臣老，髀肉生来壮士悲。"《长歌行》诗："国仇未报壮士老，匣中宝剑夜有声。"《猎罢夜饮示独孤生》诗："关河可使成南北，豪杰谁堪笑死生。欲疏万言投魏阙，灯前揽笔涕先倾。"《次韵季长见示》诗："中原阻绝王师老，那敢山林一枕安。"《登赏心亭》诗："孤臣老抱忧时意，欲请迁都涕已流。"《春夜读书感怀》诗："一身不自恤，忧国涕纵横。永怀天宝末，李郭出治兵。河北虽未下，要是复两京。三千同德士，百万羽林营。岁周一甲子，不见胡尘清。贼酋实孱王，贼将非人英。如何失此时，坐待奸雄生？我死骨即朽，青史亦无名。此诗倘不作，丹心尚谁明？"《秋夜闻雨》诗："惊回万里关河梦，滴碎孤臣犬马心。"《雨夜排闷》诗："沉忧羁客梦，孤愤远臣心。"《夜读范至能揽辔录言中原父老见使者多挥涕感其事作绝句》诗："公卿有党排宗泽，帷幄无人用岳飞。遗老不应知此恨，亦逢汉节解沾衣。"《过广安吊张才叔谏议》诗："许国肺肝知激烈，照人眉宇尚峥嵘。中原成败宁非数，后世忠邪自有评。"《登慧照寺小阁》诗："杀身有地初非惜，报国无时未免愁。"《王给事饷玉友》诗："江河不洗古今恨，天地能知忠义心。"《忧国》诗："养心虽若冰将释，忧国犹虞火未然。议论孰能忘忌讳？人材正要越拘挛。群公亦采刍荛否？贞观开元在目前。"《书叹》诗："诸公谁效回天力？散吏空怀恤纬忧。"《秋雨叹》诗："志士仁人万行泪，孤臣孽子无穷忧。""疽囊虽惨固可医，谁为圣代施针石。"《题阳关图》诗："山河未复胡尘暗，一寸孤愁只自知。"《春望》诗："沾洒忧时泪，飞腾灭虏心。"《夜观子虡所得淮上地图》："胡尘漫漫连淮颍，泪尽灯前看地图。"《秋晚寓叹》诗："孱虏犹遗育，神州未削平。登高西北望，衰涕对谁倾？"《读史》诗："恤纬不遑嫠妇叹，美芹欲献野人心。孤忠要有天知我，万事当思后视今。"《枕上》诗："吴楚民犹困，燕齐虏未平。功名天所命，吾志固难成。"《闻虏乱次前辈韵》诗："中原昔丧乱，豺虎厌人肉。辇金输虏庭，耳目久习熟。不知贪残性，搏噬何日足。至今磊落人，泪尽以血续。后生志抚薄，谁办新亭哭？艺祖有圣谟，呜呼宁忍读！"《夜赋》诗："支离自笑心犹壮，忧国忧家虑万端。"《题北窗》诗："更事愈怀忧国切，苦心始觉著书难。"《客从城中来》诗："客从城中来，相视惨不悦。引杯抚长剑，慨叹胡未灭。我亦为悲愤，共论到明发。向来酣斗时，人情愿少歇。及今数十秋，复谓须岁月。诸将尔何心，安坐望旌节。"《舟中夜赋》诗："买酒不浇胸磊魂，忧时空觉胆轮囷。"《感事六言》："麦熟与人同喜，虏骄为国私忧。"《雨后殊有秋意》诗："爱君忧国孤臣泪，临水登山节士心。"《秋日遣怀》诗："念虽迫霜露，忧国犹区区。"

2. 追求与幻灭。《村饮》诗："浩歌撼空云，壮志排帝阍。回首今几时，去日如车奔。朱颜辞晓镜，白发老孤村。"《舟中感怀三绝句呈太傅和公兼简岳大用郎中》诗："梦笔亭边拥鼻吟，壮图蹭蹬老侵寻。不眠数尽鸡三唱，自笑当年起舞心。"《云门溪上独步》诗："归来寂寞钟初动，羞向孤灯说壮心。"《感愤秋夜作》诗："太阿匣藏不见用，孤愤书成空自哀。"《夜坐偶书》诗："向来误有功名念，欲挽天河洗此心。"《重九后风雨不止遂作小寒》诗："射虎南山无复梦，雨蓑烟艇伴渔翁。"《著书》诗："河洛未清非我责，山林高卧复何求！"《咏史》诗："风云未展康时略，天地能知许国心。"《山中夜归戏作短歌》诗："少年意薄万户侯，白首乃作穷山囚。"《灌园》诗："少携一剑行天下,晚落空村学灌园。"《饮村店夜归》诗："致主初心陋汉唐,暮年身世落农桑。"《书感》诗："壮岁功名妄自期,晚途流落鬓成丝。"《东园小饮》诗："少年万里走尘埃,归卧柴荆昼不开。十事真成九败意,一春知复几衔杯?"《马上口占》诗："关河隔绝初心负,忧患侵寻旧学衰。"《夏日杂题》诗:"憔悴衡门一秃翁,回头无事不成空。可怜万里平戎志,尽付萧萧暮雨中。"《予出蜀日尝遣僧则华乞签于射洪陆使君祠使君以老杜诗为签予得遣兴诗五首中第二首其言教戒甚至退休暇日因用韵赋五首》诗："少壮不自料,慷慨志四方。谢病还故山,始觉白日长。命薄类蝉翼,功名安可望?""报国未能忘,承诏遂东还。蹭蹬意何成,看云徒汗颜!"《春阴》诗："数间茅屋傍枫林,常负平生万里心。"《遣怀》诗："旧交只有青山在,壮志皆因白发休。"《中夜苦寒》诗："报国永无日,饭蔬那自伤。"《病卧》诗："跨马难酬四方志,耽书空尽百年身。"《初秋书感》诗："马革裹尸违壮志,鹿门采药卜幽期。"《远游》诗："少年游宦日,肮脏耻沉浮。见虎犹攘臂,逢狐肯叩头?力行虽自许,早退岂人谋?小艇烟波上,飘然得远游。"《夏夜》诗："学问无新得,功名负壮图。"《记梦》诗："少日飞扬翰墨场,忆曾上疏动高皇。宁知老作功名梦,十万全装入晋阳。"《忆昔》诗："忆昔梁州夜枕戈,东归如此壮心何!蹉跎已失邯郸步,悲壮空传敕勒歌。"《感事》诗："济时已负终身愧,谋己常从一笑休。"《读书》诗："少从师友讲唐虞,白首襟怀不少舒。"《小疾治药偶书》诗："御戎虚上策,治疾阙全功。"《感旧》诗："自蜀还吴会,先凭剑换牛。扫除狂习气,谢绝醉朋俦。"《南堂杂兴》诗："奔走当年一念差，归休别觉是生涯。茅檐唤客家常饭，竹院随僧自在茶。"《独坐闲咏》诗："书生亦有功名愿，与世无缘每背驰。一寸丹心空许国，满头白发却缘诗。"《山村独酌》诗："毁誉要须千载定，功名已向隔生求。"《闻新雁有感》诗："才本无多老更疏，功名已负此心初。"《初夏杂咏》诗："北首心空壮，东归愤不摅。岂知牙齿落，送老一茅庐。"《太息》诗："早岁元于利欲轻，但余一念在功名。白头不试平戎策，虚向江湖过此生。"《初寒在告有感》诗："未灭匈奴身已老，此生虚负幄中筹。"《夜登千峰榭》诗："薄酿不浇胸垒块，壮图空负胆轮囷。"《秋夕虹桥舟中偶赋》诗："书生老负功名志，醉里长歌强一欣。"《排闷》诗："曾携一剑远从戎，秦赵关河顾盼中。老去功名无复梦，凌烟分付黑头公。"《观华严阁僧斋》诗："拂剑当年气吐虹，喑呜坐觉朔庭空。早知壮志成痴绝，悔不藏名万衲中。"《泊公安县》诗："少年许国忽衰老，心折柂楼长笛哀。"《初见庐山》诗："计谋落落知谁许？功业悠悠定已疏。"《作雪未成自湖中归寒甚饮酒作短歌》诗："少年志功名，目视无坚敌。惨淡古战场，往往身所历。宁知事大谬，白首犹寂寂。凄凉武侯表，零落陈琳檄。报主知何时，誓死空愤激。天高白日远，有泪无处滴。"可见放翁对现实功名的追求，结果是空无所得，只换来了好梦幻灭之悲哀而已。

3. 游宦的忏悔。《夙兴》诗："一生宦游膏火煎，归来杜门气麤全。"《读何斯举黄州秋居杂咏次其韵》诗："释耒入市朝，徒失邯郸步。"《悲歌行》诗："腰间累累六相印，不如高卧鼻息轰春雷。"《寒夜吟》诗："可怜误信纸上语，至死功名心未阑。肮脏得倚门，矍铄犹据鞍，何如百年中，尽付一鱼竿。"《山家暮春》诗："深知游宦恶，穷死勿离乡。"《题幽居壁》诗："声利场中偶解围，悠然高枕谢招挥。……缨冠束带前身事，散发今惟勃落衣。"《雨夜排闷》诗："金印儿嬉事，青编身后名。何如破窗下，袖手送余生！"《北窗》诗："白首微官只自囚，青灯明灭北窗幽。五更风雨梦千里，半世江湖身百忧。"《秋夜舟中作》诗："读书端自痴，游宦亦何乐？"《世事》诗："世事说来犹可厌，宦情梦里亦应无。山林已结三生愿，朝市谁非九折途？"《醉书山亭壁》诗："飞升未抵簪花乐，游宦何如听雨眠？"《携一尊寻春湖上》诗："一世极知均腐骨，万钟元自付浮云。"《芳草曲》诗："人生误计觅封侯，芳草愁人春复秋。"《与高安刘丞游大愚观壁间两苏先生诗》云："野性纵蠡鱼，官身坠阱虎。"《东园晚步》诗："微官空羡布衣尊。"《高枕》诗："危机正在黄金印，笑杀初心缪激昂。"

4. 悲春秋代序。《暮春叹》诗："城门猎猎双青旗，羲和促辔西南驰。中原未有澄清日，志士虚捐少壮时。"《悲秋》诗："才破繁海棠梦，又惊摇落井梧秋。"《风顺舟行甚疾戏书》诗："壮士春芜卧白骨，老夫晨镜悲华颠。"《南轩》诗："推枕起太息，四序忽已迁。"《秋兴夜饮》诗："堂上书生读书罢，欲眠未眠偏断肠。起行百匝几叹息，一夕绿发成秋霜。"《秋兴夜饮》诗："中年倍觉光阴速，行矣西郊又见梅。"《暮秋》诗："时序中年速，风霜客路长。"《华发》诗："华发萧萧老蜀关，倦飞可笑不知还。人生只似驹过隙，世事莫惊雷破山。"《冬夜闻角声》诗："山城老去功名忤，卧对寒灯泪满襟。"《新晴马上》诗："绝塞勒回勋业梦，流年换尽朝市人。"《秋日泛镜中憩千秋观》诗："冉冉年光行老矣，茫茫世路欲何之？"

《书斋壁》诗："流年冉冉功名误，新冢累累故旧稀。"《悲秋》诗："已惊白发冯唐老，又起清秋宋玉悲。"《看镜》诗："凋尽朱颜白尽头，神仙富贵两悠悠。"《新秋感事》诗："北渚秋风凋白苹，流年冉冉默伤神。"《蓬莱馆午憩》诗："关河历历功名晚，岁月悠悠老病侵。"《次韵范参政书怀》诗："宇内寓形财几时，西山俄已迫斜晖。百年过隙古所叹，众口铄金胡不归。"《秋夕露坐作》诗："冉冉方悲老将至，纤纤又叹月初生。"《晚兴》诗："许国虽坚身遽老，读书未倦眼先衰。"《雨后过近村》诗："老人剩有凋年感，寄语城笳莫苦催。"《难感十首以野旷沙岸净天高秋月明为韵》诗："斗杓运四序，寒暑忽已换。人生知几何，去日难把玩。"《车轩花时将过感怀》诗："江山良是人谁在？天地无私春又归。"在这个"日月忽其不淹兮"的时光之流中，不仅使人有"一夕绿发成秋霜"的感慨，并且有"新冢累累故旧稀"的伤情；不仅有"流年冉冉功名误"的毁灭了人的壮志，并且给了人一种"神仙富贵两悠悠"的空虚。放翁面对着这个时光大化的无情的"一去不复返"的变动不居的伟力，自然地兴起了"修名不立"，和"老冉冉其将至"的悲哀，感伤春秋代序的不可把握了。

5. 愤世与嫉俗。《叹俗》诗："风俗陵夷日可怜，乞墦钳市亦欣然。看渠皮底元无血，那识虞卿鲁仲连。"《醉中信笔作四绝句既成惧观者不知野人本心也复作一绝》诗："老觉人间足畏涂，怕人浑似怕于菟。晴明颇动青鞋兴，先探门前有客无。"《暮春》诗："世情君莫说，头痛欲涔涔。"《寓叹》诗："虚名但可欺横目，薄俗何时复结绳？"《初春书怀》诗："愚公不解计安危，行尽人间恶路岐。

难似车登蛇退岭，险如舟过马当祠。"《读何斯举黄州秋居杂咏次其韵》诗："知止讵敢希，要且避嘲诟。谁将有限身，遗臭古今宙？"《寓言》诗："深居全素志，大路息危机。世变生呼吸，人情忽细微。"《杂兴十首以贫坚志士节病长高人情为韵》诗："少年喜结交，患难谓可倚。宁知事大谬，亲友化虎兕。"《春晚雨中作》诗："畏途回首涛澜恶，赖有云山著此身。"《杂感五首以不爱入州府为韵》诗："我年甫三十，出身事明主。狂愚斥不用，晚辟征西府。"《有所感》诗："世事真成风马牛，细思愈觉此生浮。旧交散后知心少，行路难来出户愁。气节陵夷谁独立，文章衰坏正横流。鲁中狂士今安有？泪尽朱云草满丘。"《识喜》诗："偶逃鼍作鲸吞地，幸保诗狂酒病身。"《小轩》诗："人间走遍心如石，分付寒螀替说愁。"《夜坐戏作短歌》诗："畏事如畏虎，避人如避寇。"《初夏喜事》诗："敛版早知游宦恶，署门晚悟世情常。"《东窗》诗："九折危途寸步艰，至今回首尚心寒。"《遣兴》诗："纷纷倾夺知何得，老觉人间但可哀。"《远游》诗："交游虽广知心少。"《感寓》诗："哀哉末俗去古远，斫丧太朴浇全淳。豆羹箪食辄动色，攘窃乃至忘君亲。锱铢必先计利害，讵肯冒死求成仁？"《夜坐》诗："流落知无憾，危机实饱经。"

6. 羁旅与飘零。《试院春晚》诗："病思萧条掩绿，闲坊寂历锁朱门。故人久别难寻梦，远客愁多易断魂。漫漫晚花吹瀼岸，离离春草上宫垣。此生飘泊何时已，家在山阴水际村。"《黄州》诗："万里羁旅添白发，一帆寒日过黄州。"《晚泊松滋渡口》诗："生涯落魄惟耽酒，客路苍茫自咏诗。"《拆号前一日作》诗："飘零随处是生涯，断梗飞蓬但可嗟。稚子欢迎先入梦，从兵结束待还家。"《阆中作》诗:"残年作客遍天涯,下马长亭便似家。三叠凄凉渭城曲,数枝闲澹阆中花。"《秋色》诗:"客路半生常泪眼,乡关万里更危台。蓼汀荻蒲江南岸,自入秋来梦几回?"《宿江原县东十里张氏亭子未明而起》诗:"剑南十月霜犹薄,江上五更鸡乱号。孤枕拥衾寻短梦,青灯照影著征袍。"《赖牟镇早行》诗:"孤灯照影听初鸡,揽辔情怀倍惨凄。雪作未成云意闹,茅荒无际客魂迷。"《五鼓送客出城马上作》诗:"落魄悲孤宦,龙钟怯远游。此生那可料,六岁剑南州。"《幽居院》诗:"老矣犹孤客,归哉念耦耕。"《白帝泊舟》诗:"老矣孤身里,依然十载初。倦游思税驾,更觉爱吾庐。"《感秋》诗:"西风繁杵捣征衣,客子关情正此时。……一枕凄凉眠不得,呼灯起作感秋诗。"《武担东台晚望》诗:"憔悴西窗已一翁,登高意气尚豪雄。关河霸国兴亡后,风月诗人醉醒中。病起顿惊双鬓改,春归一扫万花空。栏边徙倚君知否,直到吴天目未穷。"《开元暮归》诗:"白发书生不自珍,天涯又作宦游身。"《寓舍偶题》诗:"转徙身飘梗,淹留等系匏。"《雨中遣怀》诗:"心向宦途元淡薄,梦寻乡国苦参差。"《晨起》诗:"一官又寄汝江头,落魄文园故倦游。"《中夜起登堂北小亭》诗:"叹息明年又安往,此身何啻似浮萍。"《衢州早行》诗:"飘然如脱叶,蹭蹬垂七闰。风埃暗征袍,岁月集衰鬓。"《杭头晚兴严州》诗:"不须更把浇愁酒,行尽天涯惯断魂。"《初春感怀》诗:"羁旅饶愁思,谁怜季子裘?"

7. 离情与思归。《九月三十日登城门东望凄然有感》诗:"减尽腰围白尽头,经年作客向夔州。流离去国归无日,瘴疠侵人病过秋。菊蕊残时初把酒,雁行横处更登楼。蜀江朝暮东南注,我独胡为淹此留？"《小市》诗："客心尚壮身先老，江水方东我独西。"《四月五夜见萤》诗："流年迫人不相贷，客子倦游何日归？"《秋夜怀吴中》诗："巴酒不能消客恨，蜀巫空解报归期。"《郫县道中思故里》诗："客魂迷剑外，归思满天南。"《春晴暄甚游西市施家园》诗："老去自惊诗酒减，客中偏觉岁时遒。东风好为吹归梦，著我松江弄钓舟。"《醉归》诗："强随官簿真成懒，乞我吴松旧钓矶。"《百岁》诗："壮心空似骥伏枥，病骨敢怀狐首丘。"《客思》诗："两鬓星星久倦游，凄凉况复寓南州。……空堂饱作东归梦，梦泊严滩月满舟。"（原注：舟行远山阴，道出七里滩。）《建安遣兴》诗："建安酒薄客愁浓，除却哦诗事事慵。不许今年头不白，城楼残角寺楼钟。"《双清堂夜赋》诗："嗟我独何事，迟暮客异乡。太息搔短发，起视夜未央。"《采莲》诗："回首家山又千里，不堪醉里听吴歌！"《丰城高安之间憩民家景趣幽邃为之慨然怀归》诗："嗟予独何事，早插红尘脚？故山未成归，怅然有余怍。"《题绣川驿》诗："绣川池阁记曾游，落日栏边特地愁。白首即今行万里，淡烟依旧送孤舟。归心久负鲈鱼鲙，春色初回杜若洲。会买一蓑来钓雨，凭谁先为谢沙鸥？"《书怀》诗："功名富贵两茫茫，惟有躬耕策最长。吏牍沈迷妨养疾，囊衣结束待还乡。洲中未种千头橘，宅畔先栽百本桑。"《思归》诗："白发满青镜，怅然山水身。那因五斗米，常作半涂人。涉世风波恶，思归怀抱真。会当求剡斧，送老镜湖滨。"《自局中归马上口占》诗："安得公朝闵枯朽，早教归卧旧茅庵。"《秋雨》诗："久占烟波弄钓舟，业风吹作凤城游。不知苑外芙蕖老，但见墙阴苜蓿秋。"《秋夜》诗："旅怀生怕还乡梦，留取残灯伴雨声。"《雨夜作》诗："钟残抚枕叹，归梦几时成？"《思归示子聿》诗："思归入梦寐，历历数过店。"
《怀故山》诗："老怯京尘化素衣，无端抛掷钓鱼矶。碧云又见日将
暮，芳草不知人念归。万事莫论羁枕梦，一身方堕乱书围。岷山学士无
消息，空想灯前语入微。"

8. 感伤与怀古。《松滋小酌》诗："西游六千里，此地最凄凉。
骚客久埋骨，巴歌犹断肠。风声撼云梦，雪意接潇湘。万古茫茫恨，悠
然付一觞。"《夜登白帝城楼怀少陵先生》诗："拾遗白发有谁怜？
零落歌诗遍两川。人立飞楼今已矣，浪翻孤月尚依然。升沉自古无穷
事，愚智同归有限年。此意凄凉谁共语？夜阑鸥鹭起沙边。"《屈平
庙》诗："委命仇雠事可知，章华荆棘国人悲。恨公无寿如金石，不见
秦婴系颈时。"《楚城》诗："江上荒城猿鸟悲，隔江便是屈原祠。一
千五百年间事，只有滩声似旧时。"《剑门城北回望剑关诸峰青入云
汉感蜀亡事慨然有赋》诗："自昔英雄有屈信，危机变化亦逡巡。阴
平穷寇非难御，如此江山坐付人。"《园中杂书》诗："北窗看镜意凄
然，梦断梁州已七年。猎猎彩旗春日晚，不堪花外见秋千。"《兰亭》
诗："兰亭绝境擅吾州，病起身闲得纵游。曲水流觞千古胜，小山丛桂
一年秋。酒酣起舞风前袖，兴尽回桡月下舟。江左诸贤嗟未远，感今
怀昔使人愁。"《溪上作》诗："末俗陵迟稀独立，斯文崩坏欲横流。
绍兴人物嗟谁在？空记当年接俊游。"《病足昼卧梦中谵谆乃诵尚
书也既觉口占绝句》诗："唐虞已远三千岁，每诵遗书涕泗潸。济济
九官十二牧，我独不得居其间！"《怀旧》诗："扇子峡中有隐士，清
江一曲照柴荆。当时船急失一见，至今空忆暮猿声。"《出涌金门》
诗："出涌金门一黯然，初来犹是绍兴前。都人百万今谁在，惟有西

湖似昔年。"《感昔》诗:"老来感旧多凄怆,孤梦时时到灞西。"《又又》诗:"躐雨敲门觅季夷,裹笺同和仲高诗。回思五十年前事,恰似今宵梦里时。"《感旧》诗:"莫笑山翁老欲僵,壮年曾及事高皇。雕戈北出戍穷塞,华表东归悲故乡。万事固难轻忖度,百年犹有未更尝。纷纷谤誉何劳问,但觉邯郸一梦长。"

9. 寂寞与空虚。《早秋》诗:"落魄巴江号放翁,斯名岁晚亦成空。酒醒遥夜孤舟雨,睡美清秋一榻风。骇浪千重无死地,神丹九转有新功。云端不遇飞仙过,谁顾幽人寂寞中。"《晚秋风雨》诗:"狂舞欲谁属?清吟空自知。茫茫宇宙内,吾道竟何之!"《新秋》诗:"短鬃萧萧失旧青,此身已看作邮亭。新秋无限凄凉意,尽付风蝉与露萤。"《羲农》诗:"羲农去不反,释老似而非。太息众皆醉,逝将谁与归?经时忘肉味,尽日掩柴扉。安得同心者,灯前语造微?"《枕上》诗:"迢递孤村夜,凄凉半篆香。怀人悲梦短,听雨怯更长。有术乾盘汞,无方扫鬓霜。高吟拟排闷,吟罢更怅怅。"《夜雨有感》诗:"空阶点滴何由止,倦枕凄凉只自知。平日故人零落尽,寄书谁与叙暌离?"《予未冠即交诸名胜今无复在者感叹有作》诗:"早岁乡闾接胜流,老来零落叹山丘。欲寻共语人难得,却是封侯印易求。数酌不能成兀兀,一枰且复寄悠悠。世间只有身差重,惆怅今年白尽头。"《夜泊》诗:"冉冉岁时速,茫茫天地宽。推篷一搔首,无处著悲欢。"《杂兴》诗:"故交零落形吊影,陈迹凄凉口语心。辛苦一生成底事,祈招空解诵愔愔。"《春晴》诗:"桃花不管诗人老,菖叶空催野叟耕。"《春日对花有感》诗:"天天枝头花,郁郁地上草。方春万物遂,我乃独衰槁。少时喜方药,晚亦学黄老。又非爱名宦,壮岁迹已扫。如何过八十？尚复未闻道。"《雨夜》诗："末路萧条客子心，不堪徂岁更沉阴。低檐雨滴睡眠少，败壁灯残感慨深。不办典衣谋尽醉，尚能拥鼻作微吟。交朋一散如天远，试向今宵梦里寻。"由上所引的诗句，可知放翁的寂寞的情调，空虚的感觉，在他的心扉上，涂抹着人生荒凉的颜色，照射出人生虚无的光彩，并且暗示了人生如汪洋中无目的的行舟和四顾苍茫的舟子的灵魂上的无凭借的空幻的悲哀。但是，他有时也是爱寂寞的，有时也喜欢独自去欣赏空虚的过程，他抚摸着他的寂寞与空虚的心灵上的伤痕，更引起他的酸楚的骄傲。例如：《寂寂》诗："接客厌纷纷，客去喜寂寂。今朝下帘坐，疏雨时一滴。地炉拥破褐，自笑懒无敌。新春傥得归，更面九年壁。"《今日史课偶少暇戏作五字》诗："今辰偶少静，扫地欲焚香。市声塞我门，骈呼过我墙。鄙性不耐喧，悯怅意欲狂。天生两穷耳，只堪听啼螿。"

10. 怨谤与被逸。《丁未除夕前二日休假感怀》诗："挂冠神武莫踌躇，家具何妨载鹿车。怨谤相乘真市虎，技能已尽似黔驴。"《醉中浩歌罢戏书》诗："造物小儿如我何，还家依旧一渔蓑。穿云逸响苏门啸，卷地悲风易水歌。老眼阅人真烂熟，壮心得酒旋消磨。"《杂感》诗："早仕谗销骨，迟归悔噬脐。"《有感》诗："书生事业绝堪悲，横得虚名毁亦随。怖惧几成床下伏，艰难何啻剑头炊！贷监河粟元知误，乞尉迟钱更觉痴。已卜一庵鹅鼻谷，可无芝术疗朝饥？"《寓叹》诗："久矣门无客，高斋独掩扉。敢言消壮志，要是息危机。"《艾如张》诗："翩然一下骇机发，汝虽知悔安能免！汉家天子南山下，万骑合围穷日夜。犬牙鹰爪死不辞，触机折颈吁可悲！"《杂兴十首以贫坚志士节病长高人情为韵》诗:"出仕五十年, 危不以谏死。"《村翁》诗:"屡经骇浪身终免, 遍阅浮沤寿未穷。"

11. 衰老的感叹。《夜坐》诗:"老眼清无寐, 孤怀默自伤。思人交旧尽, 抚事岁时长。"《自述》诗:"老怀常自笑, 无事忽悲伤。"《五鼓起坐待旦》诗:"残躯已向闲中老, 痴梦犹寻熟处行。南北迢迢悲往事, 古今莽莽叹浮生。"《残梦》诗:"少时铁马蹴河冰, 老去摧藏百不能。风雨满山窗未晓, 只将残梦伴残灯。"《述感》诗:"断简承孤学, 穷阎负壮心。方忧一齿落, 何止二毛侵。买地开幽圃, 招僧理废琴。浮生只如此, 感慨不须深。"《自闵》诗:"垂老贫如昔, 经春醉未曾。襄衣身伛偻, 顾影发鬅鬙。"《世事》诗:"世事如今尽伏输, 面能干唾况其余。诗才退后愁强韵, 眼力衰来怯细书。敛迹已思焚笔砚, 作劳敢避把犁锄。"《秋怀》诗:"少年万里度关河, 老遇秋风感慨多。草圣诗情元未减, 若无明镜奈君何!"《东窗偶书》诗:"东窗终日静愔愔, 消尽平生幻妄心。秋气未催群木脱, 老怀先感百虫吟。屏风叠邃思庐阜, 冠子峰高忆少林。""山川置掌犹能取, 日月无胶可得黏? ……清晨临镜还三叹, 雪颔今年无处添!"《秋感》诗:"畏涂历尽百年中, 老卧穷阎一秃翁。衣杵凄凉常带月, 井桐零落不禁风。空文久悔雕虫技, 大学方施习射功。"(原注:"佛书云: 如人习射, 久久方中。")《乾道之初卜居三山今四十年八十有一感事抒怀》诗:"年光抛掷虽加倍, 生计萧条愈不如。目暗欲盲停夜课, 发残无几怯晨梳。"《老态》诗:"破榻愁春近, 空围畏日长。头风便菊枕, 足痹倚藜床。冉冉残年逼, 悠悠万事忘。"《秋兴》诗:"病叶辞枝应有恨, 候虫吟壁故知时。残年我亦悲摇落, 薄暮空囊又有诗。"

《老叹》诗："食为齿摇艰咀嚼，冠因发少易倾欹。乌乌歌罢人谁问？呐呐书成自不知。堪笑残生似蒲柳，秋风未到已先衰。"《枕上》诗："孤愁不与梦俱断，羸老岂知身尚存？世事万端归蠹简，秋风百感集清樽。"《书志》诗："衰残虽已叹垂白，忧患未容侵渥丹。"《渔扉》诗："偶因束带悲腰减，常为梳头感发稀。"

入世的人生体验里，既然只是纠缠着衣食与名利的绳索，交织成苦恼与失意的纲罟，所以《烟艇记》说："自计不能效尺寸之用于斯世，盖尝慨然有江湖之思，而饥寒妻子之累，劫而留之，则寄其趣于烟波洲岛苍茫杳霭之间，未尝一日忘也。"他终于去开饥寒妻子而不顾，投身到适合性分的江湖上去，过他的苍茫杳霭的烟波里的生活。

（二）出世的理想趣味。出世的理想趣味所追求的世界是道理世界，所栖迟的领域是大自然的荒蒙的山水田园，追求的手段是静观与神遇和玄虚的哲理的冥想，获得的境界是空灵灵里的超脱，是超越里的独往冥搜，是清空里的邈远，造成的后果是崇高的愉悦，是孤独的心神之狂欢。

1. 大自然的静照的奇趣。印度人分世界为五层叠，最低的平面的一层为器世界，即形而下的物质界；其次为有情界，即生命界；最高的一层叠为调伏方便界，即涅槃境界。印度人视器世界和有情界为幻，为世间，以物质界为幻境，以有情界为昏念妄动，都是"要不得"的东西，所以他们的超脱与苦修，都是想远离器世界，超越有情界，至法界，进而达到调伏方便界的出世间的理想境界，以涅槃境界为人生最高价值的归宿。欧人的耶教，也视人间世为罪恶，以"Kingdom Of God"为归宿，这种宗教陶冶与熏染人的结果，使人仰望天国，抛弃罪恶的器世界与有情界，以天国为出世的超脱的乐园。但是，中国人的出世观，就不同于上述的两种人了，我们是既没有虚构的涅槃，又没有理想的天国，我们既不视器世界与有情界为幻，更不视它们是世间"要不得"的罪恶的东西。我们传统的看法，都是肯定器世界与有情界是真实的、有价值的，所以我们历史上的出世的道人，逃避现实的隐者和高人、名士，都是托身于岩壑，从人世重回到大自然的怀抱里去，大自然是我们"心为形役"的人们的精神解放的领域，不啻是我们的天国和涅槃，这是我们中国人的出世观最奇特的地方。如放翁的《村居闲甚戏作》诗："人厌尘嚣欲学仙，上天官府更纷然。不如啸傲东篱下，且作人间过数年。"正是这种出世观的说明。国人不仅肯定器世界为真实与有价值的，并且是化器世界为有情界，换言之，即将器世界予以贯注吾人之生命，以物质世界为生命流行的境界，物质世界之所以宝贵，也是因为有"万物灵长"的人们生于其间。因之，我们既然肯定器世界非恶，有情界为善，由于二者的融合，不仅有情界为善为美，即器世界亦同样地为善为美，大自然实在是俱有理想的完满的真、善、美的地方，为我们超脱和解放一切束缚的出世的领域。若唐尧时的巢许，魏晋的竹林七贤，晋宋的陶谢的避世的情调，均可做我们传统的出世观的有力证明。放翁的出世，当然顺沿了我们这种传统的旧辙，所以在他出世的理想趣味里，首先显示了对自由、超脱、远离人世的大自然的纯朴的欣赏和静照的态度，以及自然奇趣的领会和任性旷放的生命情调之向大自然的一种照射和寄托。

(1) 山水的静照的奇趣。《过杜浦桥》诗:"桥外波如鸭头绿,杯中酒洒作鹅儿黄。山茶花下醉初醒,却过西村看夕阳。"《登拟岘山》诗:"放尽樽前千里目,洗空衣上十年尘。萦回水抱中和气,平远山如蕴藉人。更喜机心无复在,沙边鸥鹭亦相亲。"《醉中作》诗:"宦游三十载,举步亦看人。爱酒官长骂,近花丞相嗔。湖山今入手,风月始关身。少吐胸中气,从教白发新。"(这首诗说明了两种人生的典型,前者是多么庸俗;后者是何等孤高的生命顶峰。)《泛舟观桃花》诗:"桃源只在镜湖中,影落清波十里红。自别西川海棠后,初将烂醉答春风。"《访山家》诗:"舍舟步上若耶溪,寿栎修藤路欲迷。僧院倚山驯栗鼠,野塘涨水下菱鸡。草侵古路迢迢远,云傍行人故故低。薄暮但寻遗氓去,山家正在鹤巢西。"《舟中》诗:"江天云断漏斜晖,靡迤群山翠作围。帆影似经吴赤壁,橹声如下蜀青衣。卧闻裂水长鱼出,起看凌风健鹘飞。禹会桥边最清绝,忆曾深夜叩渔扉。"《题道傍壁》诗:"湖废财存十二三,拍堤涨水尚如蓝,吾庐隐翳初非意,颇欲临流结草庵。"《湖山》诗:"湖上多甘井,砲泉尤得名。何时枕白石?静听辘轳声。""茶烟映山起,酒旆傍堤斜。""傍水多投钓,穿云有负樵。"《湖山杂赋》诗:"门前天镜倒千峰,舍后菰蒲与海通。乘兴出游无远近,烟波何处觅孤篷。"《湖上秋夜》诗:"湖上山衔落月明,钓筒收罢叶舟横。不知身世在何许,一夜萧萧芦荻声。"

(2) 风物的静照的奇趣。《登台遇雨避于山亭晚霁乃归》

诗:"壮观深知化工妙,幽寻却蹋夕阳回。悠然有喜君知否?屐齿留痕遍绿苔。"《初春》诗:"谁把鹅黄染柳丝,似催邻曲踏青期。已忘万里封侯志,但忆千回上树时。朝雨池塘光潋滟,暮烟楼观碧参差。紫姑欲问还休去,身世从来心自知。"《夏日》诗:"绿树露香莺独语,画廊风恶燕双归。""燕雏掠地飞无力,梅子临池坠有声。"《夏夜》诗:"栖鹊自惊移别树,流萤相逐过横塘。"《秋晚》诗:"霜前草树已无色,雨到菰蒲先有声。""清秋乐处君知否?庭下幽花渐可移。"《春日》诗:"开尽梅花柳渐青,东风又满会稽城。放翁晨起有佳思,娅姹林莺初度声。""桃花轻薄柳花狂,蛱蝶翩翩燕子忙。惟有龟堂无一事,闭门白日不胜长。""雪山万叠看不厌,雪尽山青又一奇。"《春日杂题》诗:"春阴不成雨,正作卵色天。花开路无尘,杨柳摇轻烟。""涛江西限吴,云岫南入剡。寒驴过小市,高柳拥孤店。去去望前村,鸦归烟欲敛。""蒲柳深复淡,桃李白间红。东皇一税驾,万物醉春风。烟村在何许?小屏团扇中。一笑唤稚子,相扶上短篷。"《春晚》诗:"萍叶青浮水,蛙声闹彻明。川云时聚散,天气半阴晴。杏子争梅结,鸠巢后鹊成。吾侪亦有役,过社更深耕。"《夏初湖村杂题》诗:"日落溪南生暮烟,幅巾萧散立桥边。听残赛庙冬冬鼓,数尽归村只只船。""幽禽两两已成巢,新竹森森渐放梢。稻垄作陂先蓄水,野堂防漏却添茅。"《春日绝句》诗:"忽见家家插杨柳,始知今日是清明。"《暮秋》诗:"射的山前云几片,一秋不散伴渔翁。""喜事一双黄蛱蝶,随人来往弄秋光。"《风月》诗:"老来苦无伴,风月独见知。未尝费招呼,到处相娱嬉。披襟万里快,弄影三更奇。"《病目废书终日危坐》诗:"白云可与友,晴空闲卷舒。"

《泛舟观桃花》诗："花泾二月桃花发，霞照波心锦裹山。说与东风直须惜，莫吹一片落人间。"《盟云》诗："谓云本无心，企望乃尔奇。谓云果有心，百变端为谁？岂怜此翁愁，一出怡悦之？横截千嶂平，高擎一峰危。银城突嵯峨，玉海浩渺弥。或为群龙矫，或作孤鹤飞。卷舒闲有态，去来倏无时。溶溶覆松顶，霭霭映水湄。带雨过僧窗，和月傍钓矶。岂惟困画工，吾诗固难追。惟当与之盟，毕世相娱嬉。忍饥固易耳，此友不可欺。"《枯菊》诗："积雪严霜转眼空，春回无处不春风。欲知造物无穷妙，但看萱根与菊丛。"《灯下读玄真子渔歌因怀山阴故隐追拟》诗："石帆山下雨空蒙，三扇香新翠箬篷。苹叶绿，蓼花红，回首功名一梦中。"《若耶溪上》诗："今日溪头慰心处，自寻白石养菖蒲。""九月霜风吹客衣，溪头红叶傍人飞。村场酒薄何妨醉，菰正堪烹蟹正肥。"

(3) 有情物的静照的奇趣。《壬寅新春》诗："门外烟波三百里，此心惟与白鸥亲。"《暮秋》诗："海内故人书断绝，汀洲鸥鹭却心亲。"《月夕幽居有感》诗："出岫每招云结伴，巢松仍与鹤为邻。"《鸥》诗："海上轻鸥何处寻？烟波万里信浮沉。今朝忽向船头见，消尽平生得丧心。"《鹭》诗："雪霁春回亦乐哉！棋轩正对小滩开。翩翩飞鹭真吾友，肯为幽人一再来。"《酒药》诗："幽情寄鱼鸟，小艇杂菰蒲。"《一雨二十日》诗："鸬鹚与鸂鶒，自是平生欢。"《步月》诗："鸥鹭论交有旧盟，越山胜处著柴荆。"《记闲》诗："白云堆里看青山，猿鸟为邻日往还。"《初冬杂咏》诗："鹊从熟后频分食，鹿渐驯来不避人。"《湖上》诗："莫恨幽情无与共，一双白鹭导吾前。"《白鸥》诗："惟有白鸥真我客，尔来底事向人疏？"《过湖上僧庵》诗:"便恐从今往还熟,入门猿鸟不惊猜。"

2. 追慕神仙与想象长生。神仙是超越尘世、绝缘俗人的最圣洁的一个观念,也是腾云驾雾的不食人间烟火的一种意志最自由人的代表,这自然是放翁最喜欢追求的对象了。《安期篇》诗:"我昔游岷峨,扪萝千仞峰。丈人倚赤藤,恐是安期翁。赠我一丸药,五云出瓢中。服之未转刻,莹然冰雪容。素手掬山霤,绿发吹天风。丈人顾我喜,共骑一苍龙。蓬莱亦何求,爱此万里空。却来过齐州,蚂垤看青嵩。"这便是他此种观念的希望的说明,影投到诗里去,便标指出了几个方向。

(1)慕仙与长生。《江月歌》诗:"孤鹤掠水来翩翩,似欲驾我从此仙。我寓红尘今几年?俛首缧锁常自怜。"《游仙》诗:"飘飘鸾鹤杳难攀,万里东游海上山。应有世人遥稽首,紫箫余调落云间。"《书怀》诗:"青城结云巢,拟住三千年。御风偶南游,万里栖紫烟。翠裘绿玉杖,白日凌青天。招呼方瞳翁,邂逅鸟爪仙。朝咏阴阳歌,暮诵道德篇。玉童持碧简,笙鹤来翩翩。海边武夷山,小留赏宿缘。火食非所乐,巾褐常翛然。清时未免出,颇息世俗传。行矣秋风高,去采玉井莲。"《梦仙》诗:"中宵游帝所,广殿缀仙官。……赋诗题碧简,侍宴跨青鸾。"《夜登山亭》诗:"三山渺渺鸾鹤远,七泽茫茫蓑笠寒。"《自咏》诗:"吹笙跨鹤何时去。"《昆仑行》诗:"阴云解驳朝暾红,黄河直与昆仑通。不驾鸾凤骖虬龙,径蹑香烟上空中。吾行忽过日月宫,下视积气青蒙蒙,寒暑不分昼夜同。嵯峨九关常烈风,凛然萧森变冲融,不悸不眩身如空。尘沙浩劫环无穷,讵须更觅安期翁!"《秋日登仙游阁》诗:"我来想鸾鹤,稽首祈一顾。飞仙不可见,惟与白云遇。"《寄邛州宋道人》诗:"坐门惝怳见老仙,剧谈气欲凌天宇。……老仙约我游太华,是夕当醉莲峰下。语终冉冉已云霄,万里秋风吹鹤驾。"《姚将军靖康初以战败亡命建炎中下诏求之不可得后五十年乃从吕洞宾刘高尚往来名山有见之者予感其事作诗寄题青城山上清宫壁间将军傥见之乎》诗:"我亦志方外,白头未逢师。"《待青城道人不至》诗:"慵追万里骑鲸客,且伴千年化鹤仙。"《寓怀》诗:"不如学餐霞,驻此双颊丹。行披终南云,飞渡黄河湍。"《自勉》诗:"曩岁读隐书,妄意慕陶葛。芝房及乳石,日夜躬采撷。飞举固未能,死籍或可脱。"《读仙书作》诗:"人间事事皆须命,惟有神仙可自求。"《对镜》诗:"今吾虽愈颇神王,飞仙正可折简呼。"《十日夜月中马上作》诗:"横空孤鹤曾相识,散发飞仙定可呼。老向人间无复意,逝将从此谒清都。"

(2)交游方外。《有为予言乌龙高崄不可到处有僧岩居不知其年予每登千峰榭望之慨然为作二诗·其一》诗:"樵子向予说,有僧巢翠微。岩扉云共宿,锡杖鹤同飞。日暮松明火,天寒檞叶衣。弃官从此逝,非子尚谁归?"《寺居睡觉·其一》诗:"虚窗寂寂夜三更,灯敛残光避月明。老懒只贪春睡美,愧闻童子诵经声。"《小憩长生观饭已遂行》诗:"道士青精饭,先生乌角巾。回头增怅望,倦马扑征尘。"《自咏》诗:"敲门且复寻僧话,要结他生物外因。"《与青城道人饮酒作》诗:"不作王猛傲晚坐扪虱,不作甯戚悲歌起饭牛。五云覆鼎金丹熟,笙鹤飘然戏十洲。"《游学射山遇景道人》诗:"岂知逢此士,旷度超世俗。欣然同一笑,齿颊粲冰玉。探囊赠奇草,甘香胜芎菊。试临清镜照,衰发森已绿。"《赠道侣》诗:

"崎岖世路久知难，准拟丹成玉链颜。十载寻人遍岩穴，一樽随处对溪山。苏门昼寂闻舒啸，函谷秋清候度关。剩欲相招同此事，疑君未办一生闲。"《一老》诗："莫道幽栖交旧绝，月中亦有打门僧。"《赠道流》诗："他日相寻不知处，会从渔父问桃花。"《湖上遇道翁乃峡中旧所识也》诗："巴峡相逢如昨日，山阴重见亦前缘。细思合辱先生友，二十年来不负天。"《怀昔》诗："朝冠挂了方无事，却爱山僧百衲衣。"《赠过门道人》诗："朝行市尘中，奔马不可及。暮涉清溪流，芒屦了不湿。岩扉一丹灶，山路两书笈。白驴可置掌，童子亦绝粒。邂逅安期生，电逝不暇揖。太华独巍然，万仞道傍立。"《赠过门道人》诗："卖药人间两屦轻，飘然云水不论程。晓经浦口乱流渡，夜宿山家乘月行。"《赠道流》诗："羽人邂逅饮旗亭，自说经年醉不醒。曾伴翰林游赤壁，仍邀内史写黄庭。古琴蛇蚹评无价，宝剑鱼肠托有灵。太华何时寻此约？九霄风露宿青冥。"《出游至僧舍及逆旅戏赠绝句》诗："山僧邂逅即情亲，野叟留连语更真。淡淡论交端有味，一弹指顷百年身。"《醉题》诗："寻僧共理清宵话，扫壁闲寻往岁诗。"《予顷游青城数从上官道翁游暑中忽思其人》诗："逝从公游亦未迟，联杖跨海寻安期。"《晚闻庭树鸦鸣有感》诗："平生爱方外，虽老冀有遇。秋风送片帆，更上剡溪路。"《赠僧》诗："松间数语淡交成，不喜将身世上行。安得北窗风雪夜，地炉相对煮芜菁？"《病思》诗："西山雪外巢松客，南岳岩前洗钵僧。平日寄怀常在此，秋风剩欲办行縢。"

（3）苦修与苦练。《登上清小阁》诗："欲求灵药换凡骨，先挽天河洗俗情。"《斋居书事》诗："平生风露充蝉腹，到处云山寄鹤躯。"《晚起》诗："久从道士学踵息，谁管门生嘲腹便。"《道室夜意》诗："午夜诵仙经。"《道室晨起》诗："形槁寒岩木，心凝古涧泉。"《雨夜》诗："少年乐事消除尽，雨夜焚香诵道经。"《道院遣兴》诗："浮世不堪供把玩，安心随处是修行。尚嫌未到无为地，酷爱朝钟暮磬声。"《宴坐》诗："道人袖手心如水，一点纱窗夜悄然。"《晨坐道室有感》诗："一钵青精便有余，世间万事总成疏。手挥弦上乌栖曲，口诵岩间鸟迹书。丹气初升勤沐浴，芝房未熟饱耘锄。碧霄腾举人人事，莫恋污渠与臭帒。"《夏夜》诗："移坐徐看山月吐，脱巾聊受水风清。不知竟是真仙未？夜夜神游白玉京。"《致仕后述怀》诗："韦布还初服，蓬蒿卧故庐。所惭犹火食，更恨未巢居。"《龟堂杂兴》诗："蒲团安坐地炉温，无位真人出面门。世上不知何岁月，断钟残角送黄昏。"《初春书怀》诗："服气昔常憎火食，游山近已制荷衣。青城况有幽人约，会守丹炉隐翠微。"《道室杂咏》诗："采药不辞千里去，钓鱼曾破十年功。白头始悟颐生妙，尽在黄庭两卷中。"《道室述怀》诗："养心功用在还婴，肯使秋毫有妄情？二寸藤冠狂道士，一编蠹简老书生。狐妖从汝作人立，金价在吾如土轻。地肺终嫌近朝市，明年沂峡上青城。"《治心》诗："治心无他法，要使百念空。秋毫作其间，有若海飓风。飓风孰能止，三日力自穷。我徐蹑其后，杲杲日出东。，向来一噫者，毕竟谁为雄？万里静海氛，一望开天容。会从安期生，高会蓬莱宫。"《老学庵夜兴》诗："烟霞华岳逃名客，风雪庐山入定僧。槲叶蔽身胜衣帛，金丹照室不燃灯。"《道院述怀》诗："学道已非生死流，极知心外更何求。理穷性尽命亦至，气住神全形自留。大药一炉真度世，孤桐三尺可忘忧。"

《道室杂兴》诗:"龟堂有叟富神通,白发何妨两颊红。先取山川来掌上,却移天地入壶中。莺花不老非尘世,风月常新夺化工。"《秋兴》诗:"放翁老矣欲何之?采药名山更不疑。但入剡中行百里,姓名颜状有谁知?"《书意》诗:"至理之所在,太山等微尘。炼气以成真,岂复有它术。"《道室秋夜》诗:"丹灵驱竖子,神定出婴儿。梁熟犹余梦,柯摧未毕棋。神仙元可学,往矣不须疑。"《书道室壁》诗:"余生天地一飞蓬,学道年来似有功。习气扫除空劫外,精神澡雪隐书中。"《自咏》诗:"道本治吾身,绪余方及人。神清缘食少,事简为家贫。"

3. 寄托幽远与超尘遨游。

(1)神游。《赠宋道人》诗:"平生啬养气麤全,两脚驰走轻如烟。鸟道悬崖忽飞骞,戏掷短剑声铿然。转盼跳下千仞渊,已复取剑升层巅。腾猿俊鹘争后先,饥食松花掬飞泉。"《晓望海山》诗:"岂无一布帆,寄我浩荡意。会当驾长风,清肃啸世事。"《无题》诗:"半醉凌风过月旁,水精宫殿桂花香。素娥定赴瑶池宴,侍女皆骑白凤凰。"《十五夜月色皦然有顷云生遂不复见》诗:"翠眉真人不火食,小立环佩风珊珊。横空邀我海山去,缥缈万里骖青鸾。相携一笑在云表,徐看玉宇飞金盘。"《晨过天庆》诗:"诗成兴不尽,万里跨青鸾。"《感旧四首末章盖思有以自广》诗:"跨鹤横空吾欲去,九秋月露看青冥。"《中秋夜半后无云而月色微淡尤为绝景》诗:"此夕洞庭应更好,谁能从我跨青鸾?"《湖上赋》诗:"更思生羽翼,散发醉巴陵。"《纵笔》诗:"骑鹤翩翩过月傍,浩然风露九秋凉。忽闻卷地潮声起,始觉江山近故乡。"《夏日幽居》诗:"翛然欲弃人间去，天际联翩谁与俱？"

（2）梦游。《我梦》诗："我梦入烟海，初日如金熔。赤手骑怒鲸，横身当渴龙。"《醉卧松下短歌》诗："忽然梦上百尺颠，绿毛邂逅巢云仙。相携大笑咸阳市，俯仰尘世三千年。"《五月二十三夜记梦》诗："长眉老仙乘白云，握手授我绿玉杖。三生汝有世外缘，一念已断尘中障。虽云囊事不复忆，怜汝瞳子神犹王。何须更待熟金丹，从我归哉住崐阆。"《丁巳正月二日鸡初鸣梦至一山寺名凤山其尤胜处曰味轩予为赋诗既觉不遗一字》诗："已穷阿合胜，更作味轩游。不尽山河大，无根日月浮。吾身元是幻，何物疆名愁。久觅卓庵处，是间应可留。"《十月二十八日夜鸡初鸣时梦与数女仙遇其一作诗示予颇哀怨如人间语惟末句稍异予戏之曰若无此句不可为神仙矣其一从傍戒曰汝当勿忘此规作诗者甚有愧色予颇悔之既觉赋两绝以解嘲》诗："虹作飞桥蜃吐楼，群仙来赋海山秋。玉姝定自多才思，更与人间替说愁。"《记梦》诗："梦为估客扬州去，水调声中月满船。"《梦游》诗："太华峰头秋气新，醉临绝壁岸纶巾。世间万事惟堪笑，禹迹茫茫九片尘。"《秋夜感遇十首以孤村一犬吠残月几人行为韵》诗："我梦游异境，乌帽跨小蹇。桑麻夹阡陌，山川旷何远！俗有太古风，萧散到鸡犬。钟鸣忽惊觉，所造恨犹浅。"《记梦》诗："梦游异境不可识，翠壁苍崖立千尺。楼台缥缈出其上，挥手直登无羽翼。门楣扁牓作八分，奇劲非复人间迹。主人鹿弁紫绮裘，相见欢如有畴昔。探怀示我数纸书，妙句玄言皆造极。我即钞之杂行草，主人懊忾如甚惜。"

4. 老庄的自然主义。《放翁自赞》说："遗物以贵吾身，弃智以全吾真。剑外江南，飘然幅巾。野鹤驾九天之风，涧松傲万木之春。"这种老庄的自然主义的精神，充盈洋溢在放翁的诗里，凝聚为聪慧的崇高的思想的光芒。

（1）静虚的见素抱朴的思想。《感寓》诗："老氏有至言，所贵知我稀。鄙夫急自衒，岂复择所归！君看珠在渊，草木借光辉。所以古达人，怀玉被褐衣。"《悯俗》诗："老氏五千本清静，扬雄太玄惟寂寞。但能于此尊所闻，万卷丹经尽糟粕。"《家居自戒》诗："淡薄以养寿，亦非慕名高。"《杂言示子聿》诗："福莫大于不材之木，祸莫惨于自跃之金。鹤生于野兮何有于轩，桐爨则已兮岂慕为琴。古今共戒玉自献，卷舒要似云无心。庐室但取蔽风雨，衣食过足岂所钦。"《夏日杂咏》诗："省事心君静，忘情眼界平。"《春阴》诗："迹寄浮生内，心游旷劫初。"《戏题僧庵》诗："致虚守静气常全，家付儿孙命委天。"《坚顽》诗："坚顽君勿怪，岂失遂吾初。"《夏中杂兴》诗："愚为度世术，闲是养生方。"

（2）高贵的自由意志。《古风》诗："牺象荐清庙，余材弃沟中。二者虽甚远，残生其实同。人当贵其身，岂复论穷通。宁为原上草，一寸摇春风。"可见他肯定精神上最高自由的获得，是人生的绝对价值，"宁为原上草，一寸摇春风"是何等的意志自由的境界？

（3）无留滞的齐物思想。《盆池》诗："人生何处不儿嬉，一世元知孰是非。"《晚自北港泛舟还家》诗："醉倚乾坤大，闲知物我齐。"《书意》诗："已向人间齐物我，不教惊起白鸥群。"《杂书幽居事》诗："淡薄齐荣辱，恢疏略怨恩。"《纵笔》诗："冤亲同一妄，魔佛两皆平。"《甲寅元日予七十矣酒间作短歌示子侄辈》诗：

"穷达真两忘，生死付一贯。"

（4）旷怀的达生主义。《暇日弄笔戏书》诗："天地为我庐，江山为我客。北斗以酌酒，恨我饮量窄。人生但闭户，乌用分菽麦。赠君玉四方，愦愦无皂白。"《夜登江楼》诗："平生胸中无滞留，旷然独与造物游。"《七月十七夜五更起坐至旦》诗："书中固多味，身外尽浮名。倚壁方清啸，蓬窗已送明。"《山居》诗："直道本知天可恃，旷怀真与世相忘。"《寓叹》诗："达士共知生是赘，古人尝谓死为归。"《杂兴》诗："锄草春愈茂，养草秋亦衰。不如两置之，荣悴渠有时。""涤砚欲其洁，磨镜欲其明。愿君试思之，与己孰重轻？"《闲中乐事》诗："转老转迂疏，胸中一物无。放言夸酒圣，著论笑钱愚。"《赠燕》诗："达人付无心，欣厌两俱非。"《寓言》诗："气与秋天杳，胸吞梦泽宽。方知至危地，自有泰山安。"

虚静的见素抱朴与高贵的自由意志，是自我的肯定与获得；无滞留的齐物与旷怀的达生，是灵魂的超越与解放。自我的肯定与获得是生命最根本的意义，灵魂的超越与解放，是生命最真实的价值。见素抱朴是老聃的妙理，齐物达生是庄周的玄想，这里边蕴藏了超人的高趣与极乐。

5. 靖节先生的隐逸乐趣。老庄精神是隐逸趣味的本源，现实的失意是催迫人走向隐逸之路的鞭笞，靖节先生是隐逸诗人的先导，放翁却步着他的后尘，浸淫在隐逸趣味里。

（1）视名利如浮云。《功名》诗："少年妄意慕功名，老眼看来一发轻。金甲虽如朝邑尉，羊裘终愧富春生。连娟落月依山尽，寂寞寒潮蘸岸平。要识放翁新得意，蓼花多处钓舟横。"《题斋壁》诗："看尽人间利与名，归来始觉此身轻。"《杂兴》诗："得意鸥波外，忘归雁浦边。平生笑严子，犹有姓名传。"《不如茅屋底》诗："铸印大如斗，佩剑长挂颐。不如茅屋底，睡到日高时。"《村舍杂兴》诗："绝意功名会，收身翰墨场。"《感遇》诗："我生有至愿，世世谢寸禄，有子复有孙，无荣亦无辱。"《烟波即事》诗："但有浊醪吾事足，浮名不作一钱看。"《岁暮》诗："少慕浮名百种痴，老知世事尽儿嬉。"《自立秋前病过白露犹未平遣怀》诗："功名知幻境，忧患笑前身。"《有叟》诗："身外浮名小，胸中浩气全。"《遣兴》诗："名字元虚幻，从人谤是仙。"

（2）心为形役的解脱。人间苦厄的来源：《幽居遣怀》诗："大患元因有此身，正须楞腹对空园。"《幽居》诗："大患元因有此身，百年强半走踆踆。折残广武城边柳，染尽洛阳衣上尘。"《闲居书事》诗："隐居正欲求吾志，大患元因有此身。堪笑痴人营富贵，百年赢得冢前麟。"这种以"身"为大患的因缘的看法，恰与佛家的学说相同。佛家以为人间的苦厄，都从"我"和"我想"而来。例如经载释迦出世后与阿罗逻仙人辨论的一段话："非想非非想处，为有我也？为无我也？若言无我，不应言非想非非想。若言有我，我为有知？我为无知？我若无知，则同木石。我若有知，则有攀缘，既有攀缘，则有染着；以染着故，则非解脱。若能除我及我想，一切尽舍，是则名为真解脱也。"（见谢蒙：《佛学大纲》的"释迦本行记"。）所以佛家的解脱烦恼，首破"我"（我执）与"我见"（法执），也就是破除"无明"（Avidya）。无明即惑，由惑生业，由业生苦，所以是欲解众苦，须断无明，用"人空智"断"我执"的无明；用

"法空智"断"法执"的无明。二执俱破，叫作大解脱，梵名涅槃。我们中国人的传统的人生理想，对人们的苦厄与大患的因缘的看法，虽同于佛家的妄执有"我"，所以是放翁发出了"大患元因有此身"的嗟叹。但是我们的超脱，就与佛家殊途：只要心不为形役，就算是达到了我们的涅槃。《对酒》诗："烟水幸堪供眼界，世缘何得累心君。"《解嘲》诗："心如顽石忘荣辱，身似孤云任去留。"《书意》诗："爱酒陶元亮，还乡贺季真。扁舟吾事毕，遗世亦遗身。"《书意》诗："物我年来已两忘，萧然湖曲一茅堂。身闲自与俗子远，睡美不知秋夜长。"《短歌行》诗："人生斯世无别巧，要在遇物心不竞。忧忘寝食怒裂眦，孰若凭高寄孤咏。炎天一葛冬一裘，藜羹饭糗勿豫谋。耳边闲事有何极，正可付之风马牛。"这即是解脱。这即是获得了"洗耳高人耻见尧，看渠应不受弓招。精神徇物哪能久，刀砺君看日日销"（《秋晚杂兴》）这样的心不为形役的最高境界。

（3）忧道不忧贫的精神。《自规》诗："曲肱饮水彼何人，汝独何为厌贱贫？大节勿污千载史，少时便尽百年身。"《戏作贫诗》诗："妻病常停织，儿饥屡辍耕。痴顽惟此老，未废浩歌声。""君看首阳叟，穷死亦何伤？"《村舍杂书》诗："爵禄九鼎重，名义一羽轻，人见共如此，吾道何由行？湖山有一士，无人知姓名，时时风月夕，遥闻清啸声。"《冬初薄霜病躯益健欣然有赋》诗："一贫自是书生分，忍愧看人却似难。"《冬日读白集爱其贫坚志士节病长高人情之句作古风》诗："君子亦有慕，不慕要路津。君子亦有耻，不耻贱与贫。风俗未唐虞，诗书非一秦。展转不能瞑，卧听鸡唱晨。"《忍穷》诗："短褐财遮骭，孤烟仅续炊。久穷方有味，古语不吾欺。"

《书志》诗:"袁安卧空庐,亦度风雪夕。如何慕温饱,挽节不自惜!我突无炊烟,或至日中晟。小儿抱遗经,衣短两胫赤。吟诵何琅琅,声如出金石。掩卷语乃翁,圣有陈蔡厄。"《贫甚自励》诗:"忍病停朝药,捐书省夜灯。都门下第客,山寺退居僧。天每临幽隐,人何与废兴?能轻马千驷,肯慕稷三升!"《朝饥示子聿》诗:"水云深处小茅茨,雷动空肠惯忍饥。外物不移方是学,俗人犹爱未为诗。"《长饥》诗:"病卧穷闾负圣时,本来吾道合长饥。朝不及夕未妨乐,死何如生行自知。"《碌碌》诗:"安贫无鬼笑,守道有天知。"《感贫》诗:"翁将贫博健,儿以学忘忧。士固安天命,吾宁为食谋?"《炊米不继戏作》诗:"敢羡晨兴费万钱,口边纵理信前缘。高年虽获殿诸老,一饱常如登九天。架上有书吾己矣,甑中无饭亦陶然。蓬门一闭还旬日,实怕闲人搅昼眠。"《贫甚戏作绝句》诗:"籴米归迟午未炊,家人窃闵乃翁饥。不知弄笔东窗下,正和渊明乞食诗。"《开岁愈贫戏咏》诗:"谢事贫过筮仕初,归装仅有一柴车。筒衣尽典仍耽酒,困米无炊尚买书,洞底饱观苗郁郁,梦中聊喜蝶蘧蘧,商山几许功名事,老子如今却笑渠。"《秋兴》诗:"宁使衣百结,肯储钱一囊。杜门虽局促,负气尚轩昂。"

(4)隐逸的极乐。《幽居书事》诗:"莫叹人间苦不谐,清时有味是归来。已因积懒成高卧,更借阳狂护散才。正欲清言闻客至,偶思小饮报花开。纷纷争夺成何事,白骨生苔但可哀。"所以俗夫们争夺的执着是人生最可怜的事,超人的隐趣才是人生极乐的境界。《遣兴》诗:"清闲即是桃源境,常笑渊明欲问津。"《寄赠湖中隐者》诗:"高标绝世不容亲,识面无由况卜邻。万顷烟波鸥境界,九秋风露鹤精神。子推绵上终身隐，叔度颜回一辈人。无地得申床下拜，夜闻吹笛度烟津。"《山家》诗："风月宽闲地，溪山隐避身。云边安井臼，竹里过比邻。洗术分岩瀑，烹芝束涧薪。柴门敲不应，疑是避秦人。"《游西村赠隐者》诗："人似登仙惟火食，俗如太古欠巢居。熟闻高卧常扃户，剩欲频来共荷锄。"《初归杂咏》诗："雪满渔蓑雨垫巾，超然无处不清真。胸中那可有一事，天下故应无两人。""乞得身归且浩歌，萧然生世寄渔蓑。茶甘半日如新啜，墨妙移时不再磨。山寺蹋云频独往，邻家穿竹自相过。棋枰胜负能多少，堪笑傍人说烂柯。"《幽居述事》诗："舴艋东归喜遂初，频拈枯笔赋幽居。细烧柏子供清坐，明点松肪读道书。苍爪嫩芽开露茗，红根小把瀹烟蔬。年来自许机心尽，颇怪飞鸥自作疏。"《自咏》诗："素慕巢居穴处民，久为钓月卧云身。经行山市求灵药，物色旗亭访异人。高枕静听棋剥啄，幽窗闲对石嶙峋。吾庐已是桃源境，不为秦人更问津。"《泛舟至镜湖旁小市》诗："夕阳鸥鹭皆相识，更觉人间是畏涂。"《渔父》诗："一棹每随潮上下，数家相望埭东西。团团箬笠偏宜雨，策策芒鞋不怕泥。应笑漆园多事在，本来无物更谁齐？""数十年来一短蓑，死期未到且婆娑。敲门赊酒常酣醉，举纲无鱼亦浩歌。片月又生红蓼岸，孤舟常占白鸥波。"《即事》诗："草衣木食更何求，穴处巢居过即休。尚恨未能全省事，一竿风月钓沧洲。"《结茅》诗："结茅湖曲两三间，客少柴荆尽日关。插架图书娱晚暮，满滩鸥鹭伴清闲。"《隐趣》诗："归老家山一幅巾，俗间那可与知闻。举杯每属江头月，赠客时缄谷口云。行采菖蒲缘藓磴，卧浮舴艋入鸥群。力营隐趣君无怪，作得闲人要十分。"《山房》诗："柴门不掩俗人稀，成就山房一段奇。木叶最宜新雨后，鸟声更胜暮春时。家贫屡罄缘耽酒，宿习犹存为爱诗。别有一条差自慰，术苗芎苗正离离。"《小隐》诗："小隐在江干，茅庐亦易安。庖厨供白小，篱落蔓黄团。蹭蹬冯唐老，飘零范叔寒。世情从迫隘，醉眼觉天宽。"

6. 人生梦幻的肯定。佛家视宇宙为幻，庄周视人生如梦蝶，这两种思想的合流，通过了放翁的红尘里的体验，便有定了人生梦幻的看法，精神上得到超脱与解放，消除现实的执着与痛苦，净化一颗孤傲的圣洁的心灵，获得了空灵的愉悦。《省事》诗："兀尔游方外，超然到物初。此身犹是幻，况复爱吾庐。"《秋夜读书》诗："门前客三千，帐下兵十万。人生可意事，随手风雨散。"《冬夜对书卷有感》诗："人生如梦终当觉，世事非天孰可凭？"《感老》诗："但向青编观囊事，英雄何代不儿嬉？"《读史》诗："荣悴纷纷醉梦中，转头何事不成空？全家采药鹿门去，我忆襄阳庞德公。"《与野人散策门外》诗："世间真梦耳，何物可关心？"《杂咏》诗："梦境此身常是客，几时归卧华山云？"《对酒》诗："回首纷纷俱梦耳，人间何处有天魔！"《书叹》诗："兰亭宾主今何在？修竹依然似曩时。"《夜酌》诗："阅世花开落，观身劫坏空。北邙丘垄尽，太息几英雄！"《秋兴》诗："此世极知同逆旅，吾身亦自是悬疣。"《昼卧》诗："身外极知皆梦事，世间随处有危机。"《白发》诗："君看世事皆虚幻，屏酒长斋岂必非！"《述怀》诗："谤誉纷纷笑杀侬，此身本自等虚空。大鹏境界纤尘里，旷劫年光掣电中。"《生涯》诗："身世茫如梦，门庭冷似冰。"

7. 超越的精神。超越是生命的活力，超越是低贱的人生变为高贵的人生的桥梁。《不入城半年矣作短歌遣兴》诗："砥柱天下险，一苇乃可杭。"这是何等的超越的精神，肯定崇高的自我的境界？超越精神的引申，一转而为辩证思想：《病起杂言》诗："国不可以无蟊蝥，身不可以无疢疾。无蟊之国乱或更速，无疾之身死或无日。昆夷猃狁无害于周王，辟士富国无救于隋之亡。"更说明了人生的旅途上不怕有险阻与灾害，最重要的是有超越的精神，于矛盾对立中，求得更高级的和谐。所以险阻与灾害，在超越的精神下，使得人生更有意义；在克服它的过程中，使得人生有最大的价值。这种超越精神的扩大，便是对执着的现实的遗弃，和空灵的抽象的境界的获得。灵魂的快乐，臻入超人的无烦恼障的领域。《闻笛》诗："一曲忽闻高士笛，临窗和以读书声。"《六月一日晓赋》诗："草木无俗姿，鸡犬共幽趣。儿来问晨炊，一笑挥使去。"《杂感五首以不爱入州府为韵》诗："丈夫志古人，绝世而独立。"《作雪寒甚有赋》诗："老人别有超然处，一首清诗信笔成。"《野性》诗："野性从来与世疏，俗尘自不到吾庐。醉中往往得新句，梦里时时见异书。"《杂兴》诗："铿尔舍瑟作，曝然放杖笑。浩浩太古音，与俗不同调。"《秋怀》诗："独立离人境，幽居察物情。""人间岂不好，病眼自慵开。"《读史》诗："王侯到底是虚名，何物能为我重轻！"所以这种超越精神的妙用，明显造成了愉悦的"神高驰之邈邈"的后果。

8. 恬淡与闲适。《暮春》诗："忙里偷闲慰晚途，春来日日在东湖。凭栏投饭看鱼队，挟弹惊鸦护雀雏。俗态似看花烂漫，病身能斗竹清癯。一樽是处成幽赏，风月随人不用呼。"《闲意》诗："柴门虽设不曾开，为怕行人损绿苔。妍日渐催春意动，好风时卷市声来。学经妻问生疏字，尝酒儿斟潋滟杯。安得小园宽半亩，黄梅绿李一时栽。"《后园闲步》诗："今朝忽破簿书梦，此地暂还风月身。"《幽事》诗："老境俗缘减，闲居幽事多。去沙通断涧，插援护新荷。棋罢看山卧，钓归摇棹歌，余年端有几，风月且婆娑。"《小立》诗："旷怀尘事外，小立绿阴间。举世皆嫌拙，平生剩得闲。江郊云易暗，旱岁雨终悭。欲醉尊无酒，悠然对暮山。"《夙兴》诗："焚香倚蒲团，外静中已凝。荣辱两不到，淡如秋水澄。"《初冬杂题》诗："勋业文章意已阑，暮年不足是看山。江南寺寺楼堪倚，安得身如杜牧闲！"《自喜》诗："半生羁宦走人间，醉里心宽梦里闲。自喜如今无一事，读书才倦即游山。"《戏咏闲适》诗："桐叶雨边寻断梦，菊花香里散余酲。人间荣辱知难到，纸上兴亡看亦轻。"《十月晦日作》诗："观书方坐石，把钓又登舟。不是无羁束，闲人得自由。"《闲趣》诗："溪边唤客闲持钓，灯下留僧共覆棋。一日转头还过却，纷纷世事不须知。"《小舟过吉泽效王右丞》诗："泽园霜露晚，孤村烟火微。本去官道远，自然人迹稀。木落山尽出，钟鸣僧独归。渔家闲似我，未夕闭柴扉。"《书怀》诗："心乐箪瓢同鼎食，身安山泽谢弓招。数间茅屋谁知处，烟雨蒙蒙隔断桥。"《解嘲》诗："一壑栖迟久，多习气消。行藏无愧作，梦觉两逍遥。倩鹤传山信，疏泉洗药苗。晚来幽兴极，乘月过溪桥。"《闲中自咏》诗："但恨平生闲不足，再来真作卧云人。"《出门与邻人笑谈久之戏作》诗："且令闲说乡村事，莫问渠言是与非。""屋角时闻黄犊鸣，相逢但可说春耕。一言误及城中事，议罚应须便酌觥。"《书怀》诗："不饥不寒万事足，有山有水一生闲。朱门莫管渠痴绝，自爱茅茨三两间。"《溪上》诗："偶就澄溪照幅巾，兰亭遗韵想清真。功名不入山林梦，诗酒犹关老病身。"《自咏绝句》诗："不沦鬼录不登仙，游戏杯觞近百年。小市跨驴寒日里，任教人作画图传。"《山中》诗："山中足幽趣，不是傲公卿。"《迂拙》诗："老稀朝市梦，穷足道途诗。哗世无它技，忘怀自一奇。故溪幽绝处，惟许白鸥知。"《水亭》诗："水亭不受俗尘侵，葛帐筇床弄素琴。一片风光谁画得，红蜻蜓点绿荷心。"《书兴》诗："入门明月真堪友，满榻清风不用钱。"《东窗》诗："东窗且复焚香坐，闲看微云自卷舒。"《独立》诗："夕阳独立衡门外，闲看村童学钓鱼。"

9. 孤傲的自足。出世的人生的结果是精神上的孤傲，心灵生活的自足。他超越现实的愚蠢、庸俗，去把握抽象的道理世界，获得精神上的不依他起，不缘他生的自足的快乐，投射出孤傲的独往独来的影子。《雨夜》诗："幽人听尽芭蕉雨，独与青灯话此心。"这是何等孤傲的精神境界，何等自给自足的心灵？《新筑山亭戏作》诗："日月匆匆双转毂，古今杳杳一飞鸿。酒酣独卧林间石，未许尘寰识此翁。"《枕上》诗："夜长谁作幽人伴，惟是蛩声与月明。"《望云楼晚兴》诗："小阁东南独咏诗，此生终与世差池。……人与江山均是梦，心非风月尚谁知。"《晚步江上》诗："山林独往吾何恨，车马交流渠自忙。"《夜雨有感》诗："少时诸老争求识，晚岁殊方罕定交。闭户不妨新得趣，丹经盈箧手亲抄。"《独饮》诗："独斟还独醉，无月配长庚。"这写出了诗人的高洁而孤傲的自足的生命顶峰。

出世的理想趣味既然使他肯定到大自然的观照与陶醉，是能圣洁心灵与安适性分的清旷幽异异之域，所以《古风》诗："失脚堕世网，衰病忽侵寻。放逐适天幸，独恨山未深。"《书感》诗："幸得还故园，快若解束缚。"他摆脱了纠缠着是非祸机的名利之场，回到大自然的田园里去，去领悟靖节先生的隐逸的乐趣。

第五章　放翁诗的形式与境界

第一节　放翁诗的形式

　　放翁以一颗高洁的心灵去接近人世，以丰富的想象去默契玄理，人生的体验和自然的静照，通过壮阔豪情，运用艺术上的创造手腕与锤炼功夫，制作了他的崭新的完善的诗的形式。赵翼《瓯北诗话》说："放翁以律诗见长，名章俊句，层见叠出，令人应接不暇，使事必切，属对必工，无意不搜，而不落纤巧，无语不新，而不事涂泽。"实在是最切当的评论。今以律诗为主，古绝为副，论其形式。

一、章法与结构

　　（一）上景下情。出于"诗三百"的兴体。"兴者，先言他物以引起所咏之辞也。"人富有珍贵的情感，纯朴的灵魂，所以接触四周的环境，风雨寒暑，花开花谢，都给予人一种新的意象，一种新的感受和刺激。触景生情的诗人，就顺乎自然地布置着诗的"上景下情"的章法。那便是前半写景后半抒情。《秋景》诗："雨泣萆花老，风摇稗穗长。昏林喧宿鸟，秋院咽啼螿。旧学成迂阔，初心堕渺茫。颓龄尚余几，谁与问苍苍？"《秋夕书事》诗："秋夕初多露，渔家半掩扉。鹊飞山月出，犬吠市船归。影瘦悲形瘁，冠偏感发稀。眼中无宿士，老我欲畴依？"《晚晴》诗："雨余残日入疏篱，变化相乘及尔奇。千嶂暮云收尽后，一年秋暑洗空时。如山酒券不相贷，隔巷衣砧如许悲！剩欲出门纾滞思，交亲零落与谁期？"《三月二十一日作》诗："蹴鞠墙东一市哗，秋千楼外两旗斜。及时小雨放桐叶，无赖余寒开楝花。明月吹笙思蜀苑，软尘骑马梦京华。欢情灭尽朱颜改，节物催人只自嗟。"这一类的律诗都是前半写景，后半抒情。

《次韵鲁山新居绝句》诗："短墙缺处插疏篱，巷劣容车堂对陂。天下有公殊可贺，坐中著我不妨奇。"《渔歌》诗："斜阳收尽暮烟青，袅袅渔歌起远汀。商略野人何所恨，数声哀绝不堪听。"《题詹仲信所藏米元晖云山小幅》诗："一棹朝南暮北风，奇峰倒影绿波中。定知渐近三山路，认得渔翁是放翁。"《山中望篱东枫树有怀成都》诗："五门西角红楼下，一树丹枫马上看。回首旧游如梦里，西风吹泪倚阑干。"（原注：红楼蜀工所作，在五门西南隅。）这一类的绝句都是前两句写景，后两句抒情。

古诗不在上述的规范的形式之内，故不被论例。然亦有如：《夜泊合江县月中小舟谒西凉王祠》诗："悬瀑雪飞舞，奇峰玉嶙峋。摇碎一江月，来谒西凉神。我虽不识神，知是山水人。不敢持笏来，短褐整幅巾。出我囊中香，羞我南溪荦。怀湛玻璃春，盘横水精鳞。出门意恼怳，烟波浩无津。安得结茅地，与神永为邻。"前三句写景，后十三句抒情（中间有写景句。），虽合上景下情之律，唯非定格，不宜绳以规矩，以后论古诗者仿此。

（二）上情下景。出于"诗三百篇"的赋体。"赋者，敷也，敷陈其事而直言之者也。"但是这与"诗三百篇"微有不同的地方，即是除了敷陈其事而直言以外，最后把对"事"的情感，凝敛、照射到景物上去做了终结，那便是摄情归景，构成前半抒情后半写景。《山园》诗："山园寂寂闭春风，个里天教著放翁。万事已抛孤枕外，一尊常醉乱花中。闲随戏蝶忘形久，细听啼莺得意同。月桂可怜常在眼，小丛时放一枝红。"《园中晚兴》诗："世故谁能必？书生妄自期。年光卷中过，心事鬓边知。零落花随水，轮囷笋突篱。晚晴山尽出，徙倚独移时。"这一类律诗都是前半抒情，后半写景。

《次韵周辅道中》诗："山灵喜我马蹄声，正用此时秋雨晴。日淡风斜江上路，芦花也似柳花轻。"《秋日杂咏》诗："久雨初晴喜欲迷，青鞋踏遍舍东西。忽然来到柳桥下，露湿蓼花红一溪。"《谢君寄一犁春雨图求诗为作绝句》诗："老农虽瘠喜牛肥，回首红尘万事非。耕罢春芜天欲暮，小舟冲雨载犁归。"这一类的绝句都是前两句抒情，后两句写景。看以景作结吟诗，都是蕴藉含蓄、韵味绵绵。

《永日无一事作诗自诒》诗："目昏罢观书，足蹇停游山。三事差可乐，造物乃复悭。得非闵我老，作意镌其顽。扫除尽宿习，使得终日闲。闲亦何负汝，剡曲茅三间。奇石玩荦角，清流听淙潺。勿言村醪薄，数酌可解颜。倏然日已夕，卧看飞鸟还。"这一类的古诗也合上情下景，以景作结之形式。

（三）情景交融。触景生情与摄情归景的两种境界的融合，便构成情景交融的诗的体制。

1. 景起情结。《长汀道中》诗："晚过长汀驿，溪山乃尔奇！老夫惟坐啸，造物为陈诗。鸟送穿林语，松垂拂涧枝。凭鞍久忘发，不是马行迟。"《小集》诗："乌桕遮山路，红蕖满野塘。病苏身渐健，秋近夜微凉。杯酌随宜具，渔歌尽意长。儿曹娱老子，团坐说丰穰。"《夜四鼓睡觉起行檐间观新作南篱》诗："星斗阑干天宇清，起披短褐绕廊行。叶声飒飒飞霜重，篱影疏疏落月明。沙冷断鸿投别浦，风高残漏下孤城。衰迟自笑情犹在，一首新诗取次成。"这一类的律诗都是景起情结，中间荡漾着情景交融。

《落叶》诗："万瓦清霜伴月明，卧听残漏若为情。无端木叶萧萧下，更与愁人作雨声。"《季夏杂兴》诗："疏泉浇药垄，枕石听松风。此乐惭专享，无因与客同。"《烟波即事》诗："烟水苍茫绝四邻，幽栖无地著纤尘。萧条鸡犬枫林下，似是无怀太古民。"这一类的绝句都是景起情结。

2. 情起景结。《游张园》诗："冷局归差早，名园得缓行。穿林山骤出，度峡路微平。霜近柳无色，风生蒲有声。出门还懊恼，满路夕阳明。"《布金院》诗："万里西来了宿缘，凭鞍欹帽过年年。山寒院落开炉火，霜重郊原劚芋天。浅碧鳞鳞人度彴，长空杳杳鸟冲烟。夜投萧寺清无寐，楼角三更月满川。"这一类的律诗都是情起景结。

《门外独立》诗："朝看出市暮看归，数尽行人尚倚扉。要见先生无尽兴，少须高树挂残晖。"《过江萧山县驿东轩海棠已谢》诗：

"星星两鬓怯年华，幽馆无人江月斜。惆怅过江迟一夕，晓风吹尽海棠花。"这一类的绝句是情起景结。

3. 情起情结。《登山》诗："困厄身垂老，登临意未平。暮烟迷草色，宿雨壮溪声。往古飞鸿没，浮名脱发轻。平生五字律，自笑尚关情。"《湖塘晚眺》诗："病起闲无事，时来古渡头。烟中卖鱼市，月下采莲舟。帆鼓娥江晚，菱歌姥庙秋。长吟无杰句，聊以散吾愁。"《暑夜泛舟》诗："烈暑元知不可逃，天将清夜付吾曹。小舟行处浦风急，健鹘归时山月高。愚智极知均腐骨，名利何啻一秋毫。等闲分得吴松水，安用并州快翦刀！"

4. 景起景结。《柳桥晚眺》诗："小浦闻鱼跃，横林待鹤归。闲云不成雨，故傍碧山飞。"《游山遇雨》诗："千秋观前雨湿衣，石帆山下叩渔扉。鹧鸪苦道行不得，杜鹃更劝不如归。"《烟波即事》诗："烟波深处卧孤篷，宿酒醒时闻断鸿。最是平生会心事，芦花千顷月明中。"

《游万里桥南刘氏小园》诗："佳园寂无人，满地梅花香。闲来曳拄杖，腊月日已长。朱桥架江面，栏影摇波光。奇哉小垂虹，梦破鲈鱼乡。汀鹭一点白，烟柳千丝黄。便欲唤钓舟，散发歌沧浪。可怜隔岸人，车马日夜忙。我归门复掩，寂历挂斜阳。"这一类的古诗也合情景交融的律则。

心灵的照射和凝聚，反映出情景的激荡穿插和交融，陶铸成诗的极自然的型式，再加上他的艺术手腕的雕塑、变化，完成了他的美善的有机的具有完整生命的诗的章法与结构。

二、句法铸炼

（一）句法。匠心妙用和艺术上的铸冶，制作出定型而简要的句法，作为控制宇宙万象和泄露内心情感的表现工具。

第一，双句的互应。在语气上联系与互应的两字，分合、上下的一双句子中，构成那一双句子的上下的互应的公式。

1. "似—如"。

（1）"似—如"位句中的第一字。《春游》诗："似盖微云才障日，如丝细雨不成泥。"《夜寒与客烧干柴取暖戏作》诗："如倾潋潋葡萄酒，似拥重重貂鼠裘。"《独至遯庵避暑庵在大竹林中》诗："如听嵩雒风前笛，似看潇湘雨后云。"《与子聿读经因书小诗示之》诗："似获连城璧，如倾九酝觞。"

（2）"似—如"位句中的第二字。《曾原伯屡劝居城中而仆方欲自梅山入云门今日病酒偶得长句奉寄》诗："闲似白鸥虽自许，健如黄犊已无缘。"《吊李翰林墓》诗："饮似长鲸快吸川，思如渴骥勇奔泉。"《晚登望云》诗："衰如蠹叶秋先觉，愁似鳏鱼夜不眠。"《秋日怀东湖》诗："身如巢燕临归日，心似堂僧欲动时。"《春夜遣怀》诗："心如秋燕不安巢，迹似春萍本无柢。"《东关》诗："蚕如黑蚁桑生后，秧似青针水满时。"《早秋》诗："懒似老鸡频失旦，衰如蠹叶早知秋。"《祠禄满不敢复请作口号》诗："心如脱阱奔林鹿，迹似还山不雨云。"《五月七日拜致仕敕口号》诗："恩如长假容居里，官似分司不限年。"《自诒》诗："身如病鹤长停料，心似山僧已弃家。"《游西村赠隐者》诗:"人似登仙惟火食,俗如太古欠巢居。"《初春书怀》诗:"难似车登蛇退岭,险如舟过马当祠。"《雨夜感怀》诗:"身如病木惊秋早,心似鳏鱼怯夜长。"《游山》诗:"家似江淮归业户,身如湖岭罢参僧。"《抚州上元》诗:"人如虚市散,灯似晓星疏。"

(3)"似—如"位句中的第三字。《残春》诗:"妄身似梦行当觉,谈口如狂未易缄。"《秋思》诗:"日长似岁闲方觉,事大如山醉亦休。"

(4)"似—如"位句中的第四字。《次韵无咎别后见寄》诗:"归思恰如重酯酒,欢情略似欲残棋。"《对酒作》诗:"饮酒豪如卷白波,遣愁难似塞黄河。"《自笑》诗:"宦途昔似伏辕驹,退处今如纵壑鱼。"

(5)"似—如"位句中的第五字。《过东滩入马肝峡》诗:"船上急滩如退鹢,人缘绝壁似飞猱。"《夙兴》诗:"爱书不厌如平墅,戒酒新严似筑堤。"《雨后快晴步至湖塘》诗:"山扫黛痕如尚湿,湖开镜面似新磨。"

(6)"似—如"位句中的第六字。《秋夜》诗:"退士鬓毛纷似雪,老臣心事炳如丹。"

2.“正—又”。《初冬》诗:"正看溪碓舂粳滑,又见山坡下麦忙。"《南园观梅》诗:"正喜参差横夜月,又惊零落付春风。"《送全州赵都曹》诗:"正悲南浦秋,又送清湘客。"

3.“已—更”。《重九怀独孤景略》诗:"已悲吴蜀远,更叹死生分。"《小山之南作曲栏石磴缭绕如栈道戏作二篇·其一》诗:

"已幻小山宽客恨,更添危礙作儿嬉。"《书怀》诗:"已是中年频作恶,更堪秋日送将归。"《明日开霁益凉复得长句》诗:"已闻雨断空阶滴,更觉风从细葛生。"《寓叹》诗:"已分功名非力致,更悲文字与年衰。"《病中作》诗:"已悲身老大,更著病沈绵。"《幽居书事》诗:"已因积毁成高卧,更借阳狂护散才。"《甲辰中秋无月十七夜独皦然达旦》诗:"已凭白露洗明月,更遣清风收乱云。"

4. "只—不"。《秋雨》诗:"只供高枕卧,不放小窗明。"《夜雨》诗:"不缘醒作病,只合醉终年。"《月夕睡起独吟有怀建康参政》诗:"只怪梦寻千里道,不知愁作几重城?"

5. "但—不"。《假日书事》诗:"但嫌忧畏妨人乐,不恨疏慵与世违。"《夜意》诗:"但有一无愧,何妨百不能。"《闻虏乱代华山隐者作》诗:"但思秦铸铜人日,不记齐成柏寝年。"《溪上避暑》诗:"但怜鹊影翻残月,不恨蝉声送夕阳。"《官舍夙兴》诗:"不复扶头倾白堕,但知临目养黄宁。"

6. "不—正"。《再赋梅花》诗:"不怕幽香妨静观,正须疏影伴癯仙。"《新津小宴之明日欲游修觉寺以雨不果呈范舍人》诗:"不如意事十八九,正用此时风雨来。"《暇日行城上同行追不能及》诗:"正当闲似白鸥处,不减健如黄犊时。"

7. "无—有"。《初到蜀州寄成都诸友》诗:"无材藉作长闲地,有酝留为剧饮资。"《累日倦甚不能觞客睡起戏作》诗:"无心已破浮生梦,有力聊轻造化权。"《自咏》诗:"无人问字尤宜懒,有吏征租未是贫。"

8. "只—岂"。《十一月三日过升仙桥作》诗:"只言燕赵多奇士，岂必书生尽腐儒。"《两蜀故人寄余阆中左绵题名石刻来皆二十余年矣怅然有感》诗："只言身外皆余事，岂信人间有骇机。"《思蜀》诗："只道骅骝开道路，岂知鱼鸟困池笼。"

9."岂—更"。《居堂甚隘而藏书颇富率终日不出户》诗："岂知蝉腹龟肠后，更寄蜂房蚁穴中。"《北窗雨中作》诗："岂惟窗户清，更喜草木润。"

10."岂—却"。《梅花》诗："岂知今日寻香处，却是山阴雪夜船。"《恩赐龟紫》诗："岂知晚拜金龟赐，却是霜鬟雪鬓时。"

11."不—尚"。《对酒》诗："不能上树作巢饮，尚办满船供拍浮。"《闲中偶咏》诗："不识狐书那是博？尚分鹤料敢言高。"

12."但—何"。《试笔》诗："但能看破即超然，何代商山无四叟？"《荷锄》诗："何曾笑尔辈，但觉爱吾庐。"《南省宿直》诗："但遣奚奴持古锦，何须侍史护青绫。"

13."未—且"。《自九里平水至云门陶山历龙瑞禹祠而归凡四日》诗："未夸脚力如平昔，且喜眉头得暂开。"《抄书》诗："且作短檠伴，未暇名山藏。"《晓出湖边摘野蔬》诗："且胜堆盘供苜蓿，未言满斛进槟榔。"《喜雨》诗："未论秋稼绵千里，且喜滂沱洗残暑。"

14."正—未"。《闲咏》诗："正使老来无老伴，未妨闲处作闲人。"《有感》诗："正须啸咏风涛上，未至悲辛酒腼旁。"

15."不—且"。《晨起独行绿阴间》诗："不恨过时尝煮酒，且欣平旦著生衣。"《送陈吏部还朝》诗："不辞我老鸡豚社，且喜公归樱笋厨。"《初春》诗："且欣一雪压灾瘴，不怕连阴咽管弦。"

16. "不—已"。《病中作》诗："不忧竖子居肓上,已见真人出面门。"《排闷》诗："不须频起陈人叹,已是清朝六世民。"《夜坐偶书》诗："已甘身作沟中断,不愿人知彀下音。"

17. "正—那"。《因王给事回使奉寄》诗："正叹船如天上坐,那知人自日边来。"《曾仲躬见过适遇予出留小诗而去次韵二绝》诗："那知老子耶溪上,正泛朝南暮北风。"《明日自和》诗:"正令未死有几日,那得残年丛百忧。"

18. "但—那"。《雨夜读书》诗："但与古人对生面,那恨镜里凋朱颜。"《嘲布谷》诗："但令春促驾,那为国催耕。"

19 "已—但"。《初春》诗："已忘万里封侯志,但忆千回上树时。"《雪中作》诗："已忘作赋游梁苑,但忆衔枚入蔡州。"

20 "已—又"。《春日》诗："已过燕子穿帘后,又见鳜鱼上市时。"《独酌》诗："已于醉醒知狂圣,又向淳漓见古今。"《悲秋》诗:"已惊白发冯唐老,又起清秋宋玉悲。"

21 "未—已"。《倚楼》诗："未酬马上功名愿,已是人间老大身。"《客思》诗："未甘蟋蟀专清夜,已叹梧桐报素秋。"

22 "未—先"。《雨止顿寒遂有晴意》诗："未看霁色排阴曀,先觉清寒洗郁蒸。"《夜闻大风感怀赋吴体》诗："未须校尉戍西域,先要将军空朔庭。"《六峰项里看采杨梅连日留山中》诗："未爱满盘堆火齐,先惊探领得骊珠。"

23 "自—不"。《送钱仲耕修撰》诗："自应客路难为别,不是阳关作许愁。"《九月晦日作》诗："自是老来多感慨,不应萧瑟为秋风。"

24"此—向"。《射的山观梅》诗："此去幽寻应尽日,向来别恨动经年。"《上书乞祠》诗："此去敢辞依马磨,向来真惯拥牛衣。"

25"未—岂"。《倚筇》诗："未免解牛逢肯綮,岂能相马造精微。"《思子虞》诗："未能免俗予嗟老,岂不怀归汝念亲。"

此外尚有,《初春遣兴》诗："即今天末吊形影,何日上前倾肺肝。"《适闽》诗："未恨光阴疾驹隙,但惊世界等河沙。"《平生》诗："已用浮云看富贵,肯缘华屋叹山丘?"《雨夜》诗："即今空有梦为蝶,当日曾将命乞花。"《督下麦雨中夜归》诗："岂惟露沾衣,乃有泥没胯。"《久雨杜门遣怀》诗："也知解送丰年喜,无奈难消永日闲。"《寄题方伯谟远庵》诗："借令不用老山林,尚欲著书垂万世。"《岁暮》诗："已无叹老嗟卑意,却喜分冬守岁时。"《别梅》诗："正喜巡檐来索笑,已悲临水送将归。"《春兴》诗："虽非爱酒伴,犹是别花人。"《遣兴》诗："已饱三升稷,宁堆百屋钱!"《寄陈鲁山》诗："即今举手遮西日,应有流尘化素衣。"《送查元章赴夔漕》诗："亦知非久别,不奈自成悲。"《有感》诗："但令有月同幽梦,更用何人识苦心。"《闻猿》诗："也知客里偏多感,谁料天涯有许悲。"《嘉阳绝无木犀偶得一枝戏作》诗："只饶篱菊同时出,尚占江梅一著先。"《秋夜怀吴中》诗："更堪临水登山处,正是浮家泛宅时。"《独饮醉卧比觉已夜半矣戏作此诗》诗："也知世少苏司业,安得官如阮步兵。"《和范待制秋兴》诗："已忘海运鲲鹏化,那计风微燕雀高。"《西岩翠屏阁》诗："也知绝境终难赋,且喜闲身得纵游。"《戊午元日读书至夜分有感》诗："未收浮世风沤梦,尚了前生蠹简缘。"《书懒》诗:"那有新诗书触目,亦无闲话问安心。"《致仕后岁事有望欣然赋诗》诗:"已弃胡床无长物,尚携拄杖有同行。"《杂兴》诗:"只知秋菊有佳色,那问荒鸡非恶声。"《风雨》诗:"因思世事悲身事,更听风声杂雨声。"《哺猿》诗:"惟有默坐佳,又以睡为祟。"《出近村归偶作》诗:"似我犹为一好汉,问君曾见几闲人?"《示元敏》诗:"宁论绶若若,且喜佩青青。"《病齿》诗:"既无啮骨犯曲礼,亦免祝鲠烦成周。"《鸥鸦》诗:"非惟饱残余,亦可免弹射。"《雨》诗:"初惊野色昏昏至,已见波纹细细生。"《寄张季长》诗:"未尝三日不服药,虽满百年终阖棺。"《戒杀》诗:"既畜鸡鹜群,复利鱼蟹贱。"《秋阴出游》诗:"也知雨意逢秋作,未害山翁竟日游。"《初秋》诗:"那知双雪鬓,又度几秋风。"《南门晚眺》诗:"不历尘埃三伏热,孰知风露九秋凉?"《夜闻雨声》诗:"忽闻风雨掠窗外,便觉江湖在眼前。"《赠道流》诗:"曾伴翰林游赤壁,仍邀内史写黄庭。"《枕上作》诗:"虽无客共樽中酒,何至僧鸣饭后钟?"《醉题》诗:"试问食时观本草,何如酒后读离骚?"《新凉》诗:"亦知病得清秋健,无奈愁随独夜长。"《读老子有感》诗:"孰为武成二三策,宁取道德五千言。"《冬夜思里中多不济者怆然有赋》诗:"虽无叹老嗟卑语,犹有哀穷悼屈心。"《喜雨》诗:"方欣草木有生意,已报沟池无涸流。"《小儿入城》诗:"不耐青灯写孤影,聊呼薄酒慰长饥。"《幽居初夏》诗:"只言末俗人情恶,未废先生日晏眠。"《春近》诗:"已知不解多年住,且作都无一事人。"《望永阜陵》诗:"宁知齿豁头童后,更遇天崩地陷时。"《思归》诗:"定无术致长生药,那得愁供有限身。"《马上作》诗："正苦文移来陆续，何由笠钓入空蒙？"……这也是他喜欢常用的句法。

第二，单句的构造。放翁的造句，在规范上虽不免因袭前人，但也有独出心裁处。

1. 倒装句法的妙用。《睡起》诗："半吐山榴看著子，新来梁燕见将雏。"《初见庐山》诗："计谋落落知谁许？功业悠悠定已疏。"《蓬户》诗："人情静处看方见，诗句穷来得最多。"《三游洞前岩下小潭水甚奇取以煎茶》诗："岩空倒看峰峦影，洞远中含药草香。"《暑行憩新都驿》诗："长空鸟破苍烟去，落日人从绿野来。"《梅市书事》诗："一声客枕江头雁，数点商船雨外灯。"

2. 因果句法的巧铸。在一个单句中包含了两件事情，前一件事情做了后一件事情的因，而后一件事情做了前一件事情的果，二者以因果的关系相对待着。《书驿壁》诗："泥深三尺马蹄弱，霜厚一寸客衣薄。"这可以知道"泥深三尺"的因，产生了"马蹄弱"的果；"霜厚"是因，结果是感觉到"一寸客衣薄"。放翁是如何运用着一句简单的诗句，去控制因果的相依相待的缤纷的事象？《秋日怀东湖》诗："青苹叶动知鱼过。"《遣兴》诗："风来弱柳摇官绿，云破奇峰涌帝青。"《平水》诗："雨霁鹁鸠喜。"《初夏闲居即事》诗："轻风忽起杨花闹，清露初曦药草香。"《小垒》诗："贫妨挂冠快，病减读书功。"《九月十八日至山园是日颇有春意》诗："露浓松鬣长，土润术苗肥。"《山家暮春》诗："黟美群儿竞，蚕饥小妇忙。"《山中》诗："身闲诗旷逸，心静梦和平。"《初归偶到近村戏书》诗："醉觉乾坤大，闲知日月长。"《晚泊慈

姥矶下二首·其一》诗:"月碎知流急,风高觉笛清。"《池上》诗:
"树蟀忽明知月上,竹梢微动觉风生。"

(二)俪偶。沈德潜《说诗晬语》说:"放翁七言律,对仗工
整,使事熨贴,当时无与比埒。"放翁抒情写景,用典使事,皆尚俪
偶,很少例外。

1.景对。《村夜》诗:"月昏天有晕,风软水无痕。"是上下。
《秋阴》诗:"淡日披朝雾,轻云结暮阴。"是晴阴。《泛舟至东村》
诗:"野水如天远,渔舟似叶轻。"是远近。《小立》诗:"荒陂船
护鸭,断岸笛呼牛。"是低高。《秋景》诗:"雨泣苹花老,风摇稗穗
长。"是苹花稗穗。《小集》诗:"乌柏遮山路,红蕖满野塘。"是上
下。《舍北》诗:"支径秋原上,衡门夕照中。"是远近。《摩诃池》
诗:"春水生新涨,烟芜没旧痕。"是春水烟芜。《游东村》诗:"鸥
为忘机下,鱼缘得计浮。"是上下。《夜坐庭中达旦》诗:"庭花舞影
月当午,檐树有声风报秋。"是月风。《过东滩入马肝峡》诗:"船
上急滩如退鹢,人缘绝壁似飞猱。"是上下。《初夏新晴》诗:"翩
翩乳燕穿帘影,簌簌新篁解箨声。"是影声。《水乡泛舟》诗:"远火
微茫知夜绩,长歌断续认归樵。"是远近。《枕上》诗:"月色横分窗
一半,秋声正在树中间。"是色声。《出游》诗:"细径僧归云外寺,
疏灯人语酒家楼。"是行止。《山行》诗:"水浅游鱼浑可数,山深药
草半无名。"是山水。《近村》诗:"渔艇往来春浪碧,人家高下夕阳
红。"是动静。《晚眺》诗:"云归时带雨数点,木落又添山一峰。"
是暗明。《石帆夏日》诗:"风从苹末萧萧起,月过花阴故故迟。"
是表里。《荆门冬夜》诗:"有情窗蟀恰通月,耐冷橹枝多得霜。"

是内外。《假日书事》诗:"雕槛迎阳花并发,画梁避雨燕双归。"是晴阴。《秋思》诗:"云重古关传夜柝,月斜深巷捣秋衣。"是远近。

2. 情对。《步至东庄》诗:"身已风中叶,人方饭后钟。"《醉赋》诗:"我亦轻余子,君当恕醉人。"《暖阁》诗:"裘软胜狐白,炉温等鸽青。"《老叹》诗:"事与年俱往,心于世转疏。"《夏日独居》诗:"已罢客载酒,亦无僧说禅。"《小市》诗:"客心尚壮身先老,江水方东我独西。"《杂兴》诗:"只知秋菊有佳色,那闻荒鸡非恶声。"《晚兴》诗:"客散茶甘留舌本,睡余书味在胸中。"《送七兄赴扬州帅幕》诗:"急雪打窗心共碎,危楼望远涕俱流。"《舜庙怀古》诗:"山川不为兴亡改,风月应怜感慨非。"

3. 实对。《病中作》诗:"摩诘病说法,虞卿贫著书。"《立秋前一夕作》诗:"贺监称狂客,刘伶赠醉侯。"《秋晚散步门外》诗:"粟里归栽菊,青门隐卖瓜。"《玉笈斋书事》诗:"叔夜曾闻高士啸,孔宾岂待异人呼。"《刈获后书事》诗:"陶公老去但浊酒,管老归来惟白襦。"

4. 虚对。《遣兴》诗:"名姓已随身共隐,文辞终与道相妨。"《春晚杂兴》诗:"相法无侯骨,生年直酒星。"《与黎道士小饮偶言及曾文清公慨然有感》诗:"君诗始惬病僧意,吾道难为俗人言。"《书怀》诗:"皮肤脱尽见真理,粱肉扫空甘菜羹。"《书道室壁》诗:"习气扫除空劫外,精神澡雪隐书中。"《长门怨》诗:"早知获谴速,悔不承恩迟。"

5. 典对。《访隐者》诗:"人如钓渭叟,地似避秦村。"《读穷居五字慨然有感复作一首自解》诗:"食非依漂母,菜不仰园官。"

《夜酌》诗："腰下苏秦印，囊中赵壹钱。"《月下醉题》诗："生拟入山随李广，死当穿冢近要离。"《幽居春晚》诗："未寻内史流觞地，又近庞公上冢时。"《书喜》诗："不求客恕陶潜醉，肯受人怜范叔寒？"《九月三日同吕周辅教授游大邑诸山》诗："节旄落尽羁臣老，髀肉生来壮士悲。"《独饮醉卧比觉已夜半矣戏作此诗》诗："也知世少苏司业，安得官如阮步兵。"

6. 诗书对。《追怀曾文清公呈赵教授赵近尝示诗》诗："律令合时方帖妥，工夫深处却平夷。"是论诗。《送杜起莘殿院出守遂宁》诗："白简万言几恸哭，青编一传可前知。"是文书。《玉笈斋书事》诗："晨占上古连山易，夜对西真五岳图。"是书图。《独坐有怀杜伯高》诗："李侯有佳句，乐令善清言。"是诗文。《朝饥示子聿》诗："外物不移方是学，俗人犹爱未为诗。"是论学与诗。《曝书偶见旧稿有感》诗："凄凉王粲从军作，零落相如谏猎书。"是诗文。《感事六言》诗："一卷楚骚细读，数行晋帖闲临。"是诗书。《遣兴》诗："读书浪苦只取笑，识字虽多谁与论！"是书文。《野兴》诗："著草晨占大易爻，松肪夜借隐书抄。"是书。

7. 色彩对。《秋夜读书每以二鼓尽为节》诗："白发无情侵老境，青灯有味似儿时。"是白青。《春阴》诗："白塔昏昏才半露，青山淡淡欲平沉。"是白青。《塔子矶》诗："青山不减年年恨，白发无端日日生。"是青白。《过东滩入马肝峡》诗："口夸远岭青千叠，心忆平波绿一篙。"是青绿。《嘉川铺遇小雨景物尤奇》诗："危栈巧依青嶂出，飞花并下绿岩来。"是青绿。《霜天晚兴》诗："红颗带芒收晚稻，绿苞和叶摘新橙。"是红绿。《次林伯玉侍郎韵赋西湖春游》诗："山远往来双白鹭，波平俯仰两青天。"是白青。《题斋壁》诗："穿破绿钱多稚笋，惊飞红雨有幽禽。"是绿红。《上章纳禄恩畀外祠遂以五月初东归》诗："倚天青嶂迎船出，扑马红尘转眼空。"是青红。《春日》诗："湖光涨绿分烟浦，柳色摇金映市楼。"是绿黄。

8. 声音对。《反感愤》诗："膊膊庭树鸡初鸣，嗈嗈天衢雁南征。"《雨复作自近村归》诗："夜听萧萧未涨溪，朝行澎澎已成泥。"《夏夜泛舟书所见》诗："惊飞宿鸟时呼侣，腾起长鱼有脱罾。"《马上》诗："荒陂嗈嗈已度雁，小市喔喔初鸣鸡。"《野兴》诗："关关幽鸟将雏语，簌簌幽篁解箨声。"

9. 数对。《出都》诗："乾坤浩浩何由报，犬马区区正自愚。"是大小。《夏夜泛舟书所见》诗："两桨去摇东浦月，一龛回望上方灯。"是二一。《送吕彦升参谋》诗："万里寄声长不达，一尊相属岂前期。"是万一。《自咏示客》诗："羞将枉直分寻尺，宁走东西就斗升。"是度量。《烧香》诗："千里一身兔泛泛，十年万事海茫茫。"是千十。《寄别李德远》诗："出牧君当千里去，归耕我判一生闲。"是千一。《家园小酌》诗："百年更把几杯酒，一月元无三日晴。"是百一几三。《登江楼》诗："簿书未破三年梦，杖屦先寻百尺楼。"是三百。《晚晴闻角有感》诗："十年尘土青衫色，万里江山画角声。"是十万。《醉中到白崖而归》诗："行路八千常是客，丈夫五十未称翁。"是八千五十。《送范西叔赴召》诗："数声过雁催行色，一盏昏灯话别愁。"是数一。《南邻》诗："秋水才深四五尺，野航恰受二三人。"是四五二三。《游淳化寺》诗："蚁穿珠九曲，蜂酿蜜千房。"

是九千。《游近山僧庵》诗:"十里溪山最佳处,一年寒暖适中时。"是十一。《连日至梅仙坞及花泾观桃花抵暮乃归》诗:"舟行十里画屏上,身在西山红雨中。"是十四。《夜登白帝城楼怀少陵先生》诗:"升沉自古无穷事,愚智同归有限年。"是无有。

10. 时间对。《逍遥》诗:"午坐焚香常寂寂,晨兴署字亦寥寥。"是午晨。《秋夜读书每以二鼓尽为节》诗:"白发无情侵老境,青灯有味似儿时。"是老幼。《寄别李德远》诗:"自起挑灯贪夜话,疾呼索饭疗朝饥。"是夜朝。《一病四十日天气遂寒感怀有赋》诗:"暮角又催孤梦断,早霜初染一林丹。"是暮早。《题跨湖桥下酒家》诗:"春当三月半,狂胜十年前。"是月年。《小舟游西泾度西冈而归》诗:"小雨重三后,余寒百五前。"是节令。《岁穷》诗:"百年均昨梦,万古一飞鸿。"是百年万古。《送范西叔赴召》诗:"自昔文章关治道,即今台阁要名流。"是昔今。《病足累日不能出庵门折花自娱》诗:"拥衾又听五更雨,屈指元无三日晴。"是更日。

11. 空间对。《初冬野兴》诗:"关北关南霜露寒,瀼东瀼西山谷盘。"是方位。《湖上作》诗:"鹅儿泾口晓山横,蜻蜓港头春水生。兰亭之北是茶中,柯桥以西多橹声。"是地方与方位。《曝书偶见旧稿有感》诗:"歌吹恍思登北固,弓刀谁记渡南沮?"是地方。《逆旅书壁》诗:"下杜赁春酒,新丰闻晓莺。"是地方。《湖山杂赋》诗:"门前天镜倒千峰,舍后菰蒲与海通。"是方位。《步虚》诗:"瀛海日月渊,蓬壶仙圣宅。"是地方。

12. 动作对。《独坐》诗:"穷边草木春迟到,故国湖山梦自归。"是到归。《初冬野兴》诗:"衰发病来无复绿,寸心老去尚如丹。"是来去。《统分稻晚归》诗:"路远应加饭,天寒莫减衣。"是加减。《江亭晚思》诗:"山破霁烟千万叠,鸟横潮浦两三行。"是破横。《初夏》诗:"笋生遮狭径,溪涨入疏篱。"是生涨。《湖中暮归》诗:"风平别浦沈新月,日落前村锁夕霏。"是沈锁。

13. 玄理对。《独学》诗:"秋风弃扇知安命,小炷留灯悟养生。"《野兴》诗:"棋枰弃置机心息,肉食蠲除业境消。"《远游》诗:"但使澄心同止水,自知幻境等浮沤。"《溪上》诗:"看云舒卷了穷达,见月亏盈知死生。"《寓叹》诗:"达士共知生是赘,古人尝谓死为归。"《戏题僧庵》诗:"梦事只堪高卧看,危途谁校疾行先?"《对酒》诗:"烟水幸堪供眼界,世缘何得累心君。"

附: 俪偶的另格

1. 隔句对。《杂兴十首以贫坚志士节病长高人情为韵》诗:"孟子辟杨墨,吾道方粲然,韩愈排佛老,不失圣所传。"是史实。《入秋游山赋诗略无阙日戏作五字七首识之以野店山桥送马蹄为韵》诗:"束发初学诗,妄意薄风雅。中年困忧患,聊欲希屈贾。"是希望。《信手翻古人诗随所得次韵》诗:"孔门春服成,弟子从沂浴。老氏坐中庭,庄生记新沐。"是史实。

2. 当句对。《游山西村》诗:"山重水复疑无路,柳暗花明又一村。"是山水柳花。《湖山杂赋》诗:"东西相望两湖桥,来往无时一画桡。"是立位动作。《寄答绵州杨齐伯左司》诗:"磊落人为磊落州,滕王阁望越王楼。"是虚对景对。《病中杂咏》诗:"小市孤村鸡喔喔，断山幽谷雨萧萧。"是景对。《散怀》诗："东行西行一日过，深酌浅酌万事休。"是方位状态。

（三）此拟与寄托。《四库全书别集类提要·论放翁诗》说："其托兴深微，遣词雅隽。"《夏雨》诗："忽闻疏雨滴林梢，起看油云满四郊。行蚁君臣初徒穴，鸣鸠夫妇正争巢。"这是金虏入寇时，无抵抗与媚和的君臣的拟态。《治圃》诗："槁蔓残芜满幽圃，多具锄耰课僮竖。非惟吾圃要蓊除，亦恐尔辈成惰窳。"是朝廷不治，文恬武嬉的象征。"老桂盘鐏饱风霜""一松孤立信豪杰"，是自己不遇，与孤傲的表白。"山姜涧蒲乃微草，露叶参差看仰俯。"是趋炎附势的阿谀的小人的神态的写照。《和范待制月夜有感》诗："榆枋正复异鹏飞，等是垂头受靮羁。"是自己鸿志的吐露，和俗子的狭隘、执着、役于物的可怜的比拟。《幽居》诗："心似枯葵空向日，身如病栎孰知年？"是不忘君父的寄托。《杂感》诗："天际晴云舒复卷，庭中风絮去还来。"是人生的图绘。《古风》诗："宁为原上草，一寸摇春风。"是追慕意志自由的比兴。《西窗独酌》诗："水落枯萍黏破块，霜高丹叶照横林。"是自己的人格与为国的赤诚的说明。《题湖边旗亭》诗："渡口远山蹙翠黛，天边新月挂琼钩。回头笑向红尘说：也有闲愁到此不？"诗人又把这样的一幅自然如画的晚景来象征无闲愁的境地，衬点出自己心灵的超越，和胸怀的旷达与无执着。超越是心灵愉悦与无闲愁的法宝，旷怀弃世是精神驰骋与自足的秘诀。

三、艺术上的雕琢与色调

《四库全书别集类提要》说："游诗清新刻露，而出以圆润，实能自辟一宗。"又说："南宋诗集传于今者，惟杨万里及陆游最富，以诗品论，万里不及游之锻炼工细。"《入秋游山赋诗略无阙日戏作五字七首识之以野店山桥送马蹄为韵》诗："吾文如丑女，惟藉粉黛假。"放翁的诗里，一边是清鲜的色调，一边是意境与藻辞的雕琢，二者的闪耀与吸引，构成功圆润和谐，装点出独自的面目。

（一）雕琢的手腕

1. 夸饰法的妙运。《得建业倅郑觉民书言虏乱自淮以北民苦征调皆望王师之至》诗："日避挥戈勇，山齐积甲高。"《春寒》诗："滔天来浡水，震瓦战昆阳。此敌犹能御，春寒不可当。"《刘郎浦夜赋》诗："浪高星辰湿。"

2. 动字的锤炼。作诗最难用者是动字。例如"推敲"的故事，即是对动字的证明。《唐诗纪事》说："贾岛赴举至京，骑驴赋诗，得'僧推月下门'之句，欲改推作敲，引手作推敲之势，未决，不觉冲大尹韩愈，乃具言，愈曰：'敲字佳矣。'遂并辔论诗。"王荆公《泊船瓜洲》绝句说："春风又绿江南岸。"绿字用为动字，十分新鲜而有生趣。据洪迈《容斋续笔》说："吴中士人家藏其草，初云'又到江南岸'，圈去'到'字，注曰'不好'，改为'过'，后又圈去而改为'入'，旋改为'满'。凡如此十许字，始定为'绿'。"动字在诗句中如灵丹一粒，有点铁成金之效。放翁对动字的锤炼，也用了苦功。《邻水延福寺早行》诗："乱山徐吐日，积水远生烟。"《登城》诗："楼危压城起，硖迮束江来。"《涪州道中》诗："雨添山翠重，舟压浪花分。"《夜宿鹄鸣山》诗："老柏干霄如许寿，幽花泣露为谁妍？"《山园》诗："山经宿雨修容出，花倚和风作态飞。"《樊江》诗："朝雨染成新涨绿，春烟澹尽远山青。"《春晴》诗："客愁正得酒排去，草色直疑烟染成。"《晓寒》诗："落月衔山口，浓霜倒菊丛。"《书村店壁》诗："渔舟两两破溪烟。"

3. 意境的雕琢。《病中遣怀》诗："堪笑痴翁作點计，欲将绳子系浮云。"《节物》诗："檐间百舌还多事，探借园林十日春。"《早行》诗："云间出寸塔，迎我有余情。"《小园》诗："堪笑山童惭饱食，时时走报一花开。"《梅村野人家小憩》诗："万牛不挽新愁去，一鸟还惊午梦回。"《夜坐小饮》诗："冰轮有辙凌空上，银汉无声接地流。"《寓叹》诗："云闲忘出岫，叶落喜归根。"《黄山塔》诗："黄山孤塔迎人来。"《秋来益觉顽健时一出游意中甚适杂赋五字》诗："地偏花带恨，林暖鸟忘归。"是对意境的一种雕琢与巧构，格外显得诗意的清新。

4. 景物的镂刻。《春尽遣怀》诗："避日小鱼穿藻去，倚风轻燕拂帘飞。"《赏花至湖上》诗："蝶穿密叶常相失，蜂恋繁香不记归。"《露坐》诗："花枝栖露蝶，帘罅度风萤。"《残春》诗："远水涵清镜，晴云蘸细鳞。"《独立》诗："斜阳明雨叶，乳鹊袅风枝。"《寄题季长饰庵》诗："木落山容瘦，云齐雪意酣。"《连日治圃至山亭又作五字》诗："残芜衬落日，老木上寒藤。"《江亭》诗："江波蘸岸绿堪染，山色迎人秀可餐。"《晨起行园中》诗："草深移旧路，竹茂失颓垣。"《春晴》诗："新晴干蝶翅，微暖滑莺吭。"《秋不益觉顽健时一出游意中甚适杂赋五字》诗："横林生夕霭，孤蝶弄秋光。"《初夏闲步村落间》诗："绿叶忽低知鸟立，青萍微动觉鱼行。"《舍西夕望》诗："奇云去人近，澹月傍檐低。"都是以诗人敏感的心眼，去观照景物，冥会物情，以万钧的笔力和艺术的手腕去剪裁与刻绘景物刹那间的真相的。

5. 大自然秩序和谐的照摄。《春晴登小台》诗："幽花经雨自开落，啼鸟喜晴时去来。"《初夏杂兴》诗："随风花堕残棋上，引睡书抛倦枕傍。"《晚春》诗："寻巢燕熟频穿户，酿蜜蜂喧不避人。"《池亭夏昼》诗："群鱼聚散忽无迹，孤蝶去来如有情。"《园中作》诗："鸡犬往来空自得，禽鱼翔泳各相忘。"《戏题僧庵》诗："独辕短棹聊乘兴，野草幽花自斗妍。"《小酌》诗："野花经雨自开落，山鸟穿林时去来。"《感物》诗："绿叶自生黄自落，不应秋至始愁人。"《独至遯庵避暑庵在大竹林中》诗："园鹿知时新解角，池鱼得意自成群。"《雨后》诗："禽鱼皆遂性，草木自吹香。"《客舍对梅》诗："半霜半雪相仍白，无蝶无蜂自在香。"《早至园中》诗："幽花不恨草埋没，密树岂知禽去来。"这都是诗人透过物群表相的认识，对幽玄的大自然的永恒的把握，和经过匠心的刻画，反映为大自然秩序和谐的摄照。

（二）象征的色调——红绿对映。诗人对于人生与自然都怀有鲜艳的锐利的色彩感。在情感上既有火热与冰冷，照射到大自然里去，便是对某种色调的爱慕。自然的色调，无形中做了人生命运的象征。一生纠缠在冲突矛盾里的放翁，在被冷与热荡激着的心灵所写下的诗篇里，红绿对映，乃是他诗的色调的主峰。其余的色彩，都是偶然显现。《小园新晴》诗："地偏幽草为谁绿？雨霁新花如许红。"《春日小园杂赋》诗："风生鸭绿纹如织，露染猩红色未干。"《作竹篱成因把酒其间戏题四十字》诗："柳色动篱外，梅花来座隅。"《新晴出门闲步》诗："青山绕舍雪封尽，丹叶满街霜染成。"《入局》诗："微霜凋绿树，寒日满朱桥。"《访客至北门抵暮乃归》诗："清镜新磨临绿浦，长虹横绝度朱桥。"《家园赏花》诗："红云夹路蔷薇障，翠羽成层薜荔幢。"《上巳》诗："名花红满舫，美酝绿盈甔。"《幽事》诗："水生初涨一溪绿，花落已浮千点红。"《夜坐》诗："炉红得清坐，酒绿慰孤斟。"《小园花盛开》诗："鸭头绿涨池平岸，猩血红深杏出墙。"《东篱杂书》诗："草生三径绿，花发一窗红。"《自东冈缭出舍北》诗："泽枯波尚绿，霜薄叶初丹。"《舍傍晚步》诗："麦苗经雨绿，枫叶得霜赪。"《花下小酌》诗："柳色初深燕子回，猩红千点海棠开。"《思蜀》诗："故人丘垄秋芜碧，旧隐园林夕照红。"《初冬野兴》诗："衰发病来无复绿，寸心老去尚如丹。"《婺州州宅极目亭》诗："朱阁凌空云缥缈，青山绕郭玉嶙峋。"《幽居》诗："迎霜南阜枫林赤，饱雨西村菜甲青。"《霜天晚兴》诗："红颗带芒收晚稻，绿苞和叶摘新橙。"《雨后独登拟岘台》诗："燕子争泥朱槛外，人家晒网绿洲中。"《感秋》诗："秋惊蠹叶凋残绿，病著衰颜失旧红。"《江头十日雨》诗："残红如扫空，草木皆绿润。"《云门溪上独步》诗："残红犹有数枝在，涨绿真成一倍深。"《题跨湖桥下酒家》诗：

"湖水绿于染，野花红欲燃。"《秋兴》诗："水落才余半篙绿，霜高初染一林丹。"《落魄》诗："酒浪欲争湖水绿，花光却妒舞衫红。"《雨中遣怀》诗："楼前新涨绿三尺，墙外尚余红几枝。"《野饮》诗："平堤渐放春芜绿，细浪遥翻夕照红。"《春晴出游》诗："糁径落红犹可藉，涨溪分绿已堪耕。"这是多么鲜艳的两种红绿色彩的对映。他在人生里既有冷热色调的感受，在自然界里遂显露了红绿对照的锐利之色彩感。红绿的对映，正是他性格的象征，命运的比拟。红色是多么热烈、有情、勇敢、执着，是他入世的性格的显露；绿色是多么冷静、理智、和平、超脱，是他出世的性分的代表。红与绿的相衬，影射出他生命的充实与完整，和一生的归结。在历史的流迁里，放翁的生命像一朵火红的山花似的，绚烂、热烈、勇敢、孤傲地生长着，但是又像一片绿叶似的终于在秋风里枯萎与消灭。

第二节　放翁诗的境界

王国维《人间词话》说："诗人对宇宙人生，须入乎其内，又须出乎其外。入乎其内，故能写之。出乎其外，故能观之。入乎其内，故有生气。出乎其外，故有高致。"这恰可做放翁诗的诠释。放翁在对宇宙人生入出的历程里，在对宇宙人生的由执着到超越的阶段里，震荡与交辉着矛盾痛苦与愉悦的情绪，幻构起层叠的诗境。

一、我役于物的诗境。起于对物的执着，闪耀出一颗痛苦的心灵。《秋夕大风松声甚壮戏作短歌》诗："人生不自怜，坐受外物械。"《古兴二首各五韵》诗："草衰何预人，每起徂年悲。"即是这种境界的淡描。《开岁半月湖村梅开无余偶得五诗以烟湿落梅村为韵·其二》诗："明朝梅亦空，感旧百忧集。"《布金院》诗："夜投萧寺清无寐，楼角三更月满川。"《双清堂夜赋》诗："嗟我独何事，迟暮客异乡。太息搔短发，起视夜未央。"《对酒》诗："感叹径投枕，悲欢两茫茫。"《书叹》诗："欲谈旧事无人共，日落鸦归又倚楼。"《即事》诗："一片常愁见花落，三声最怕听猿鸣。"《短景》诗："弄笔欲遣愁，孤吟谁与和！"《过六和塔前江亭小憩》诗："年来亲友凋零尽，惟有江山是旧知。"在这一层诗境平面里的诗非常多，不一一列举。

二、物役于我的诗境。王国维《人间词话》说："诗人必有轻视外物之意，故能以奴仆命风月。"实在是道破了这种境界的秘密。《静镇堂记》说："以才胜物易，以静镇物难，以静镇物，惟有道者能之。"把役物的境界又分为两层。

1. 低层的物役于我的诗境。纯以"奴仆命风月"的态度去役使外物，对外物做精神上的征服。这是"以才胜物"的一层。《社日小饮》诗："杏梁燕子还堪恨，归去匆匆不报人。"《秋思》诗："简编不隔圣贤面，梦寐时为河岳游。"《城上》诗："沙水自鸣如有恨，野花无主为谁芳？"《昭德堂晚步》诗："高枝鹊语如相命，幽径梅开只自香。"《送韩梓秀才十八韵》诗："君听马蹄声，中有千里愁。"《秋夜斋中》诗:"雁如著意频惊枕,月似知愁故入门。"
《双蝶》诗:"草头两黄蝶,为我小伫立。"

2. 高层的物役于我的诗境。对低层的役使外物平面的超越,而到弃物而役物的超境。这是"以静镇物"的一层。但是从低层到高层的役物的历程里,有一个心灵上的矛盾苦痛的阶段,唯"有道者"才能够超越。《秋夕大风松声甚壮戏作短歌》诗:"荣华难把玩,俄顷皆变坏。"这是感觉到低层役物的幻灭与空虚的悲哀。"山栖亦何有,耳目差旷快。"这是对外物的超越,和精神驰骋的追求。所以终于获得了"孰能从吾游,洗汝胸次隘"的弃物而役物的空旷的高超境界。《秋日独酌》诗:"草木秋始繁,黄碧照篱落,虽云各有时,意绪终索莫。"这是对于低层役物的变动无常的怅惘。所以进一步:"吾当识其大,微物不足托。"超越了变动无常的微物境界,而对有常的本体之追求。最后:"何以豁旷怀,短章可时作。"这是借艺术的威力,肯定到忘我遗物而役物的层叠,以为归宿。

三、物我交流的诗境。王国维《人间词话》说:"诗人必有重视外物之意,故能与花鸟共忧乐。"正是这层诗境的注脚。诗人不但认为自己有生命的动力,同时也视宇宙万物都有生命。诗人把自己珍贵的生命灌注到宇宙万物之中,宇宙万物的生命同时亦灌注到自己的身上,起物我的生命的交流,同情其感。这便是物我交流的诗境的层次。在这一层诗境里,物我的生命谐和地交奏着,这里虽无心灵矛盾的颤动,但是物我仍留有各自保持领域的痕迹。《早行》诗:"云间出寸塔,迎我有余情。"《白云自西来过书巢南窗》诗："羁云冉冉吾旧识，安得挽之来坐隅。"《养生》诗："邀云作伴远忘返，与鹤分窠宽有余。"《秋思》诗："溪云一片闲舒卷，恋著渔矶不肯回。"《昼卧闻百舌》诗："闲眠不作华胥计，说与春鸟自在啼。"《秋兴》诗："白鹭立清滩，与我俱得意。"《小园》诗："清泉白石皆吾友。"《北斋》诗："岩壑知心赏。"完全是以诗人的生命之美灌注为物之美，引起物之美的生命情绪的交流，和谐的共鸣的境界。

四、物我两忘的诗境。以心灵去静照外物所获得的最高超完美的诗境，是从物我的观照到物我的超越，和二者的交融与各持领域的痕迹的丧失后所幻构的最高的两忘的境界。一切诗境，都是向望着这个崔巍的顶峰完成、汇归的。我役于物的诗境的超越是物役于我，物役于我的诗境的超越是物我交流，物我交流的诗境更向望着物我两忘的最后峰峦。《山家》诗："意行无定处，猿鸟共忘形。"《微雨午寝梦怱道傍驿舍若在秦蜀间慨然有赋》诗："赖有钓船堪送老，一汀鸥鹭共忘形。"《独坐》诗："欲作小诗还复懒，海鸥与我两忘机。"《曳杖》诗："庭树云收影，帘旌雨浥香。悠然有住处，物我两相忘。"这是多么空灵、圣洁、静穆、崇高的诗境。《夜读巩仲至闽中诗有怀其人》诗："能追无尽景，始见不凡人。"这正可以做他诗境层叠的超越的诠释了。

第六章　放翁论诗与论放翁诗

第一节　放翁论诗

把生命寄托到诗里的放翁，不仅诗在诗坛上成为永久的光焰万丈的火把，即是他的诗学经验的沉淀，也做了诗论上的灯塔。

一、放翁的文学观

谈到文学观，便想起在文学上有永远对立而得不到答案的两种不同理论的看法。这即是在西洋艺术论上争执不决的：为艺术而艺术（Art for art's sake），和为人生而艺术（Art for life's sake）的问题。在价值的判断上，前者主张艺术本身即有自足自存的价值，它是不依他起的。后者主张艺术本身是无所谓价值的，它的价值决定在是否有利于人生的上面，它是依他起的。这两种文学观根本上不同的看法，在中国则以曹氏兄弟做代表。

曹植《与杨德祖书》说："辞赋小道，固未足以揄扬大义，彰示来世也。昔杨子云先朝执戟之臣耳，犹称壮夫不为也。吾虽德薄，位为藩侯，犹庶几戮力上国，流惠下民，建永世之业，留金石之功，岂徒以翰墨为勋绩，辞赋为君子哉！"否认文学本身有高贵的价值，有似于西洋的为人生而艺术的理论。曹丕《典论·论方》说："盖文章经国之大业，不朽之盛事。年寿有时而尽，荣乐止乎其身，二者必至之常期，未若文章之无穷。"肯定文学自身有无穷的价值，相当于西洋的为艺术而艺术的理论。诗人放翁在早岁也是荡漾在这两种矛盾的理论的巨流里，但是他终于放弃了陈思王的意见，接受了魏文帝的主张，肯定文学的永久价值的实在。

（一）文学的永久价值观。《夜读吕化光文章抛尽爱功名之句戏作》诗："玉关西望气横秋，肯信功名不自由？却是文章差得力，至今知有吕衡州。"《记梦》诗："此身死去诗犹在，未必无人麤见知。"《读书》诗："古人已死书独存，吾曹赖书见古人。后之视今犹视古，吾书未泯要有取。贾生痛哭汉文时，至今读之有余悲。"这是文学超越了时代有永久价值的证明。这与司马迁《报任少卿书》中"古者富贵而名磨灭，不可胜记，唯倜傥非常之人称焉"的说法相同。是的，叱咤风云赫赫一世的秦皇汉武，又哪能比得上诗人的一首诗可以永远地支配着人们的心灵呢！文学有无用中之大用，这是放翁晚年的文学观。

【附】雕虫小技的文学观。这是放翁早年的意见。《龟堂》诗："薄技雕虫尔，虚名画饼如。"《记悔》诗："最下作巫祝，为国祈丰年。犹胜业文辞，志在斗升禄。……已矣何所悲？但悔始谋错。"

《初冬杂咏》诗："书生本欲辈莘渭,蹭蹬乃去为诗人。"完全契合了曹植的"岂徒以翰墨为勋绩,辞赋为君子哉"的主张。不过,他旋即超越了这种看法,而归宿到文学是自足自存的有永久价值的意见里去了。

既然肯定了文学的永久价值观,所以很自然地对文学提出了两点意见:

1. 文学是超功利的。《读史有感》诗:"昔人识不过十字,富贵封侯渠自如。龟堂闭门万卷读,一字不肯供时须。"这是就情理说。

2. 文学的威力等于造化。《过灵石三峰》诗:"拔地青苍五千仞,劳渠蟠屈小诗中。"《读陶诗》诗:"陶谢文章造化侔,篇成能使鬼神愁。君看夏木扶疏句,还许诗家更道不?"《幽居夏日》诗:"形骸已与流年老,诗句犹争造物功。"《雨霁春色粲然喜而有赋》诗:"从来造物陶甄手,却在闲人诗句中。"诗是能巧夺天工,刻画大自然的灵魂,构成诗境的自然美的宇宙,和自足的生命的。这是就它与大自然的关系来说。

(二)诗论。

1. 复古的主张。《宋都曹屡寄诗且督和答作此示之》诗:"古诗三千篇,删取财十一,每读先再拜,若听清庙瑟。诗降为楚骚,犹足中六律。天未丧斯文,杜老乃独出。陵迟至元白,固已可愤疾。乃观晚唐作,令人欲焚笔。此风近复炽,隙穴始难窒。淫哇解移人,往往丧妙质。苦言告学者,切勿为所怵。杭川必至海,为道当择术。"《入秋游山赋诗略无阙日戏作五字七首识之以野店山桥送马蹄为韵》诗:"束发初学诗,妄意薄风雅。中年困忧患,聊欲希屈贾。"《读旧稿有感》诗:"文辞顾浅懦,望古空太息。"《目昏颇废观书以诗记其始时年七十九矣》诗:"少时业诗书,慕古不自量。"《文章》诗:"后夔不复作,千载谁与期?"说明了对诗愈古愈佳的观点,标出复古的旗帜。

2. 求异的作风。《示友》诗:"道向虚中得,文从实处工。凌空一鹗上,赴海百川东。气骨真当勉,规模不必同。"这是他对文学一贯的看法:一方面接受古代诗人伟大宝贵的遗产,吸收其精华;一方面在创作上要摆脱古人的束缚,不求"同"而求"异"。只有"复古",才能够继往;唯有"求异",才能够开来。这两种精神之流的颤动与和谐,构成功诗的新面目新方向的无穷的可能,它是永远生动、有力、年轻的。

二、诗的创作原理

(一)压抑与补偿。《读唐人愁诗戏作》诗:"天恐文人未尽才,常教零落在蒿莱。不为千载离骚计,屈子何由泽畔来?"诗是人的现实欲望受抑压不得满足,乃转变为补偿的象征的满足的产物。外界的压抑愈大,而要求补偿的精神智慧之花,在诗园里开得更为灿烂、美丽。屈子的泽畔行吟与楚骚,正是这个创作原理的应用。

(二)天成。《文章》诗:"文章本天成,妙手偶得之。粹然无疵瑕,岂复须人为?"《古驿》诗:"新诗邂逅得天成。"《次韵和杨伯子主簿见赠》诗:"文章最忌百家衣,火龙黼黻世不知。谁能养气塞天地,吐出自足成虹蜺。"

(三)不平之鸣。《野兴》诗:"文章都待不平鸣。"《感兴》诗:"离堆太史公,青莲老先生。悲鸣伏枥骥,蹭蹬失水鲸。饱以五车读,劳以万里行。险艰外备尝,愤郁中不平。……感慨发奇节,涵养出正声。"

压抑与补偿,交奏着天成与不平,构成功完整的创作原理。因为:压抑与补偿,所以诗是格外圣洁高贵的,灵的化身;天成的创作,所以有完整不可分割的生命自足;因为不平之鸣,所以显现出诗的深刻,和交感着人的心灵了。

三、诗材的来源

(一)情。诗是生命的象征,灵魂的歌唱。生命的浆液散布在宇宙的各处,待人摄取;灵魂的圣美潜藏在内心,待人发掘。这是诗材的一方面的来源,所以诗是永远不会写穷了的。如果写穷了,无异于承认人类感情与活力的衰歇,宣判人类生命到了末日。放翁既然肯定生命是生生不已的东西,他的诗材也就伸入到人生之宝的"情"的领域里去了。

1. 灵感。《独立思故山》诗:"诗缘遇兴玲珑和。"《入秋游山赋诗略无阙日戏作五字七首识之以野店山桥送马蹄为韵·其一》诗:"束发初学诗,妄意薄风雅。……老来似少进,遇兴颇倾泻。"《初晴》诗:"诗凭写兴忘工拙。"

2. 清愁。《读唐人愁诗戏作》诗:"清愁自是诗中料,向使无愁可得诗？不属僧窗孤宿夜，即还山驿旅游时。""我辈情钟不自由，等闲白却九分头。此怀岂独骚人事，三百篇中半是愁。"《夜吟》诗："诗到此时当得句，羁愁病思恰相兼。"《初春杂兴》诗："何处无诗思，平生惯旅愁。"

3. 高情。《暇日坐山麓松石间作》诗："高情辞达自成诗。"

（二）大自然。庄子《知北游》说："天地有大美而不言。"这是对于大自然的和谐之美的一种发现。敏感的诗人生在洋溢着美的宇宙里，对大自然的歌颂与种种境界的追求，当然又构成功诗材的另一部分了。《舟中作》诗："村村皆画本，处处有诗材。"《春日》诗："雪山万叠看不厌，雪尽山青又一奇。今代江南无画手，矮笺移入放翁诗。"《枕上作》诗："诗在空阶雨滴中。"《梅市》诗："诗情又入早秋天。"《东村晚归》："青林红树入新诗。"《龟堂雨后作》诗："一点苫间火，数声烟外钟。诗材故不乏，处处起衰慵。"《雨中别同朝诸公》诗："江山入苦吟。"《夜读巩仲至闽中诗有怀其人》诗："诗思寻常有，偏于客路新。能追无尽景，始见不凡人。"《予使江西时以诗投政府丐湖湘一麾会召还不果偶读旧稿有感》诗："挥毫当得江山助，不到潇湘岂有诗？"《露坐》诗："诗材随处足，尽付苦吟中。"《舍北独步》诗："断云新月供诗句，苍桧丹枫列画图。"《乙丑夏秋之交小舟早夜往来湖中戏成绝句》诗："秋来湖阔渺无津，旋结渔舟作四邻。满眼是诗渠不领，可怜虚作水云身。"《纵游》诗："驿壁读诗摩病眼，僧窗看竹散幽怀。亦知诗料无穷尽，灯火萧疏过县街。"《初春》诗："漠漠春寒罢对棋，霏霏春雨却催诗。"《小雨》诗："川云叠叠密如鳞，山雨霏霏细似尘。未必便为耕陇喜,天公分付与诗人。"《日暮自湖上归》诗:"造物陈诗信奇绝,匆匆摹写不能工。"《还东》诗:"窗下兴阑初掩卷,花前技痒又成诗。"《即事》诗:"幽鸟飞鸣翠木阴,小鱼游泳绿波心。满前好句无人领,堪笑寒窗费苦吟。"《曾仲躬见过适遇予出留小诗而去次韵二绝》诗:"山横翠黛供诗本。"《又送李舍人赴阙》诗:"东吴山水入新诗。"《巢山》诗:"何曾畜笔砚,景物自成诗。"《野步》诗:"堤上淡黄柳,水中花白鹅。诗情随处有,此地得偏多。"《望江道中》诗:"红树青山合有诗。"《夏日北榭赋诗弈棋欣然有作》诗:"青林白鸟自成画,急雨好风当有诗。"《作梦》诗:"觅句灞桥风雪天。"《舍南杂兴》诗:"不因行药出,即为觅诗来。"

(三)音乐的宇宙。在自然的宇宙上面还有一个抽象的音乐宇宙,它是一方面超越在自然界之上,同时又贯入于自然界之中。敏觉的诗人可以发现自然界层叠的种种宇宙。那是以听觉去控制和把握的音乐世界,当然也成了宝贵的诗材之一。《雨声》诗:"雨声点滴朝复暮,中有诗人绝尘句。云门咸池渺千古,断谱遗音此其绪。"《枕上》诗:"怪底诗情清激骨,数声新雁枕边来。"《开东园路北至山脚因治路傍隙地杂植花草》诗:"清音可写吾诗拙,它日君来试抱琴。"《腊月十四日雨》诗:"雨声到枕助诗律,花气袭衣生客愁。"《雨中别同朝诸公》诗:"新秋才一月,留句待清砧。"

(四)年光。《平水》诗:"年华入诗卷,心事付筇枝。"《雨后殊有秋意》诗:"天地新秋入苦吟。"《纵游归泊湖桥有作》诗:

"短篷载月娥江夜,小寒寻诗禹寺秋。"《初夏北窗》诗:"年光又入放翁诗。"《初冬》诗:"平生诗句领流光,绝爱初冬万瓦霜。"《秋思》诗:"诗情也似并刀快,剪得秋光入卷来。"《系船》诗:"岁月诗编里,江湖旅色中。"

情与大自然的颤动,交奏着虚玄幽冥的时空,按拍着诗人的心灵,那便是诗材处处有的显现了。

四、诗的创作

(一)学诗的阶段。《示子遹》诗:"我初学诗日,但欲工藻绘。中年始少悟,渐若窥宏大。怪奇亦间出,如石漱湍濑。数仞李杜墙,常恨欠领会。元白才倚门,温李真自郐。正令笔扛鼎,亦未造三昧。诗为六艺一,岂用资狡狯?汝果欲学诗,工夫在诗外。"指明了学诗的第一个阶段是"工藻绘",超越了这个阶段是"窥宏大"的阶段。但是终有所隔,不能"造三昧"。必须再超越了这个阶段,始能达到第三层最完美的阶段;从诗内跳出,求工夫于诗外,最后又携诗外的工夫回归到诗里,诗不雕琢而自工,这是诗的极峰和归宿。《九月一日夜读诗稿有感走笔作歌》诗:"我昔学诗未有得,残余未免从人乞。力孱气馁心自知,妄取虚名有惭色。四十从戎驻南郑,酣宴军中夜连日。打球筑场一千步,阅马列厩三万匹。华灯纵博声满楼,宝钗艳舞光照席。琵琶弦急冰雹乱,羯鼓手匀风雨疾。诗家三昧忽见前,屈贾在眼元历历。天机云锦用在我,剪裁妙处非刀尺。世间才杰固不乏,秋毫未合天地隔。放翁老死何足论,广陵散绝还堪惜。"这是从第二个阶段超越到第三个阶段"工夫在诗外"的诠释。

（二）学诗。

1. 忌俗韵凡情。《题詹仲信所藏米元晖云山小幅》诗："俗韵凡情一点无，开元以上立规模。"《小园花盛开》诗："更嗟著句多尘思。"《简邢德允》诗："邢子襟灵旧绝尘，尔来句法更清新。淡交喜得山栖友，杰作疑非火食人。"只有在襟灵绝尘，无俗韵凡情的条件下，诗才可以露出高贵清新的姿态。

2. 诗与穷。《夜坐》诗："诗思正须穷。"《即事》诗："诗为穷差进，琴虽老未忘。"《舟过樊江憩民家具食》诗："诗情剩向穷途得。"《蓬户》诗："诗句穷来得最多。"诗与穷是不可解的两环，穷是诗刃的砺石，它们是永远地相伴而存在着的。

3. 诗与才华。《遣兴》诗："诗无杰思知才尽。"《巴东遇小雨》诗："到此宛然诗不进，始知才分不穷时。"《文章》诗："文章在眼每森然，力弱才疏挽不前。前辈不生吾辈老，恐留遗恨又千年。"《诗酒》诗："诗酒平生乐，无如老病侵。才衰愁韵险，量退怯杯深。"《江村》诗："书希简古终难近，诗慕雄浑苦未成。"诗是才华的表现，天才的心血，不可强力而致，正是明显的说明。

4. 诗与闲。《幽兴》诗："身闲诗简淡，心静梦和平。"《秋夜》诗："身闲诗简淡，道胜梦轻安。"《幽兴》诗："无意诗方近平淡。"

5. 诗与地理。《绝胜亭》诗："地胜顿惊诗律壮。"

6. 创作的历程。

（1）苦思。

《斋中弄笔偶书示子聿》诗："书为半酣差近古，诗虽苦思未名家。"《初夜暂就枕》诗:"转枕重思未稳诗。"《新秋》诗:"未言风月供诗思。"《思蜀》诗:"奇句入神闻鬼泣。"

（2）锻炼。

①锻诗。《昼卧初起书事》诗:"毁诗未就且长吟。"《枕上》诗:"炼句未安姑弃置。"《子聿入城》诗:"诗家忌草草,得句未须成。"《晨起偶得五字戏题稿后》诗:"推枕悠然起,吾诗忽欲成。虽云无义语,犹异不平鸣。有得忌轻出,微瑕须细评。"《独立》诗:"小诗信笔不能工。"《寄子虡》诗:"新句懒难工。"《读宛陵先生诗》诗:"锻炼无遗力,渊源有自来。"《遣兴》诗:"心弱诗章锻炼疏。"《岁暮遣兴》诗:"新诗锻炼功何似。"《春日》诗:"改诗消昼永。"《见事》诗:"细改新诗须枕上。"

②苦吟。《秋思》诗:"诗联未稳更长吟。"《村东晚眺》诗:"哦诗每恨工夫少。"

在锻炼诗的过程中,发生了作诗瘦的现象。如《杂书幽居事》诗:"身缘作诗瘦。"《闭门》诗:"瘦不胜衣悔作诗。"

7. 诗的批评。丁敬礼说:"文之佳恶,吾自得之。"（见曹子建《与扬德祖书》）《夜吟》诗:"六十余年妄学诗,功夫深处独心知。夜来一笑寒灯下,始是金丹换骨时。"《予使江西时以诗投政府丐湖湘一麾会召还不果偶读旧稿有感》诗:"文字尘埃我自知,向来诸老误相期。"诗的佳恶,恐怕只有受过甘苦的诗人自己,才能真正了解呢。

8. 诗的顶峰。《明日复理梦中意作》诗:"诗到无人爱处工。"《山房》诗:"诗到令人不爱时。"《杂兴》诗:"诗人肝肺困雕镌，往往寿非金石坚。我独适情无杰句，化工不忌遣长年。"《读近人诗》云："琢琱自是文章病，奇险尤伤骨气多。君看大羹玄酒味，蟹螯蛤柱岂同科？"《何君墓表》说："诗欲工，而工亦非诗之极也。锻炼之久，乃失本指；斫削之甚，反伤正气。纤丽足以移人，夸大足以盖众；故论久而后工，名久而后定。"诗必须由琢雕字句的阶段，归依到雕琢意境，出之以自然的神妙之笔的层叠，这是诗的顶峰。

放翁不仅写下了上述诗论的意见，而且自己又执行着对诗的忠实。《醉书》诗："天公赋与五湖秋，风月云烟处处留。损食一年犹可健，无诗三日却堪忧。"《杂书》诗："世味渐阑如嚼蜡，惟诗直恐死方休。四时风月元无尽，万里江山更拟游。"

第二节　论放翁诗

一、分论

（一）古诗。赵翼《瓯北诗话》评放翁古体说："才气豪健，议论开辟，引用书卷，皆驱使出之，而非徒以数典为能事。意在笔先，力透纸背，有丽语而无险韵，有艳词而无淫词，看似华藻，实则雅洁，看似奔放，实则谨严。"

放翁古体的长处，全在平易近人。且造语精严，如完璧似的无罅隙的显露。触处意兴言会，言又受意的神奇的驱使，浑然天成，毫无牵率排比处，格外地现出舒闲容与的姿态。这当然是因为他的功夫深刻，出之于心灵的权衡妙运，其功力炼在句前，不在句下，所以出语老洁，这是他的独到之处。

（二）律诗。放翁的律诗是超升到诗的极峰顶嶂的。其长处在于格律的缜密，平淡不流于浅俗，奇古不邻于怪僻。陈吁说："放翁一生精力，尽于七律，故最多最佳。"《养一斋诗话》说："放翁七律，时仿许丁卯之流，有'数点残灯沽酒市，一声柔橹采菱舟'；'高柳簇桥初转马，数家临水自成村'；'似盖微云才障日，如丝细雨不成泥'；'夜雨长深三尺水，晓寒留得一分花'；'童儿冲雨收渔网，婢子闻钟上佛香'；'绕庭数竹饶新笋，解带量松长旧围'；'钓收鹭下虚舟立，桥断僧寻别径归'；'瓶花力尽无风堕，炉火灰深到晓温'；'绿叶忽低知鸟立，青萍徐动觉鱼行'。如此更仆难尽，无句不工，无工句而非许丁卯之流也。"

又说："放翁七律佳者诚多，然亦佳句耳。若通体浑成，不愧南渡称首者，尝精求之矣。如'地连秦雍川原壮，水下荆扬日夜流'；'早岁君王记姓名，只今憔悴客边城'；'时平壮士无功老，乡远征人有梦归'；'少日壮心轻玉塞，暮年幽梦堕沧洲'；'诸公勉书平戎策，投老深思看太平'；'一点烽传散关信，两行雁带杜陵秋'；'三峡猿催清泪落，两京梅傍战尘开'；'只要闾阎宽箠楚，不须停障肃弓刀'；'今皇神武是周宣，谁赋南征北伐篇'；'老子犹堪绝大漠，诸君何至泣新亭'；'十月风霜欺客枕，五更鼓角满江天'；'夷甫诸人骨作尘，至今黄屋尚东巡'；'细雨春芜上林苑，颓垣夜月洛阳宫'；'远戍十年论的博，壮图万里战皋兰'；'绿沉金锁俱尘委，雪洒寒灯泪数行'；'荣河温洛帝王州，七十年来禾黍秋'。此十数章七律，著句既道，全体亦警拔相称。盖忠愤所结，志至气从，非复寻常意兴，较之全集七律，数十之一耳。然论放翁七律者，必以此为根本，而以'数点残灯沽酒市'等诗附之，乃知诗之大主脑，翁之真力量，否则赞翁而翁不愿也。翁诗云：'苦心自古乏真赏。'其信然矣。"

（三）绝句。宋人绝句虽逊于唐，但放翁诗频有似处，差堪比拟。《读晋书》云："诸公日饫万钱厨，人乳蒸豚玉食无。谁信秋风雏城里，有人归棹为莼鲈。"《闻雁》云："过尽梅花把酒稀，熏笼香冷换春衣。秦关汉苑无消息，又在江南送雁归。"《游寒岩钓矶》云："竹里茅茨竹外溪，粼粼白石护渔矶。想应日日来垂钓，石上簑衣不带归。"此其声情气息与唐人不差累黍。放翁绝句亦有不似唐人处，而万万不可废者，如放翁《夜读范至能揽辔录言中原父老见使者多挥涕感其事作绝句》云："公卿有党排宗泽，帷幄无人用岳飞。遗老不应知此恨，亦逢汉节解沾衣。"《追感往事》云："诸公可叹善谋身，误国当时岂一秦。不望夷吾出江左，新亭对泣亦无人！"出语痛绝，亦未可弃置之。（节采《养一斋诗话》）

二、总论

（一）超特的诗境。《养一斋诗话》评放翁诗，谓其所以胜绝者，固由忠义盘郁于心，亦缘其于文章高下之故，能有具眼，非后进轻才所能知。举《白鹤馆夜坐》《书叹》《感怀》等诗以例之，谓为千古大匠嫡传，拙工淫巧，两无是处，能之者一代不过数人，即知之者，亦未可多得云。

（二）悠远的寄兴。《养一斋诗话》说："放翁诗择而玩之，能使人养气骨，长识见。如《题十八学士图》云：'但余一事恨千载，高阳缪公来审名。'（注：指许敬宗）"《长门怨》云："早知获谴速，悔不承恩迟。"《古意》云："士生固欲达，又惧徒富贵。素愿有未伸，五鼎淡无味。"《登灌口庙东大楼观岷江雪山》云："姓名未死终磊磊，要与此江东注海。"《古别离》云："死即万鬼邻，生当致虞唐。丹鸡不须盟，我非儿女肠！"《艾如张》云："稻粱满野弃不啄，虽有奇祸无阶梯。"《书志》云："肝心独不化，凝结变金铁。铸为上方剑，衅以佞臣血。"《古意》云："夜泊武昌城，江流千丈清。宁为雁奴死，不作鹤媒生！"堆阜峥嵘，壁立千仞，所谓'字向纸上皆轩昂'也，彼岂以消遣景物为事者哉？"

放翁尝说："读书取畅适性灵，不必终卷。"可见其胸襟是如何辽阔，心思多么绵邈。所以他能融会自然，立意超越，自成一家的风格。

（三）命题的苦心。《郑板桥家书》有论杜陆异同一则，对放翁的命题苦心，体会贴切而有意味。兹录如下："作诗非难，命题为难。题高则诗高，题矮则诗矮，不可不慎也！少陵诗高绝千古，自不必言，即其命题，已早据百尺楼上矣。通体不能悉举，且就一二言之：《哀江头》《哀王孙》，伤亡国也；《新婚别》《无家别》《垂老别》《前后出塞》诸篇，悲戍役也；《兵车行》《丽人行》，乱之始也；《达行在所》三首，庆中兴也；《北征》《洗兵马》，喜复国，望太平也。只一开卷，阅其题次，一种忧国忧民、忽悲忽喜之情，以及宗庙丘墟、关山劳戍之苦，宛然在目。其题如此，其诗有不痛心入骨者乎！至于往来赠答，杯酒淋漓，皆一时豪杰，有本有用之人，故其诗信当时，传后世，而必不可废。放翁诗则又不然，诗最多，题最少，不过《山居》《村居》《春日》《秋日》《即事》《遣兴》而已，岂放翁为诗与少陵有二道哉？盖安史之变，天下土崩，郭子仪、李光弼、陈元礼、王思礼之流，精忠勇略，冠绝一时，卒复唐之社稷，在《八哀诗》中，既图叙其人，而《洗兵马》一篇，又复总其全数而赞叹之，少陵非苟作也。南宋时君父幽囚，栖身抗越，其辱与危，亦至矣。讲理学者，推极于毫厘分寸，而卒无救时济变之才；在朝诸大臣，皆流连诗酒，沉溺湖山，不顾国家大计，是尚得为有人乎？是尚可辱吾诗歌，而劳吾赠答乎？直以《山居》《村居》《夏日》《秋日》，了却诗债而已。且国将亡，必多忌，躬行桀纣，必曰驾尧舜而轶汤武。宋自绍兴以来，主和议，增岁币，送尊号，处卑朝，括民膏，戮大将，无恶不作，无陋不为。百姓莫敢言喘。放翁恶得形诸篇翰，以自取戾乎？故杜诗之有人，诚有人也；陆诗之无人，诚无人也。杜诗之历陈时事，寓谏诤也；陆之绝口不言，免罗织也。虽以放翁诗题，与少陵并列，奚不可也！"

杨诚斋尝序千岩摘稿："余尝论近世之诗人，若范石湖之清新，尤梁溪之平淡，陆放翁之敷腴，萧千岩之工致，皆余之所畏者。"尤梁溪说："近世士人，喜宗江西，温润有如范至能者乎？痛快有如杨廷秀者乎？高古如萧东夫，俊逸如陆务观，是皆自出机杼，岂有可观者，又奚以江西为！"是他们当时互相的评赞语，又可以窥其大概了。

第七章　结论

　　放翁对现实怀着一颗冲突矛盾的心灵，凭借诗泉里所喷涌出来的高贵纯洁的生命浆液，洗涤他的人生的创伤，与迁臣逐客的激情幽愤；载浮着心灵的风帆，超渡到性情安适与灵魂愉悦的彼岸。就在这生命之流的两边，对映着两种典型的人生：一边是苦痛，一边是极乐。他的诗也就是点缀两岸的美丽绚烂的幽草异花，和潺湲的生命湍流所发出的天籁。

　　一、两种典型的美。《小园》诗："少年壮气吞残虏，晚觉丘樊乐事多。骏马宝刀俱一梦，夕阳闲和饭牛歌。"《野兴》诗："玉门关外何妨死，饭颗山头不怕穷。春瓮已成花欲动，了无一事著胸中。"是这两种典型美的象征。一边是喑呜叱咤，掀天揭地的英雄，使人俯首膜拜；一边是云泉高卧，忘怀一切的隐者，使人欣羡。一边是引吭高歌，郁抑佯狂的志士，使人同情叹息；一边是参透世相，淡泊宁静的哲人，使人景仰。一边是苦闷、奔放、不安定的灵魂；一边是恬静、和平、超脱的心境。一边是升沉起伏的颠簸，荒凉无依，一意孤往的疏狂；一边是萧散悠闲的乐趣，任性适情，超越一切的冷静。放翁在人世的苦痛的一面，代表了宇宙壮伟的、豪放的美；在出世的极乐的一面，代表着宇宙清丽的、幽静的美。假若拿自然景物来做比喻：一个是名山大川，奇峰突兀，汪洋无际；一个是明净的如拭的山峦，莹彻似镜的湖水。这是崇高的人生的两面，在放翁矛盾的生命里，永远地交奏着相反的光辉。

二、两种典型的精神。《醉歌》诗："学剑四十年，虏血未染锷。不得为长虹，万丈扫寥廓。……战马死槽枥，公卿守和约。穷边指淮淝，异域视京雒。于乎此何心，有酒吾忍酌？"《秋兴》诗："丈夫志四海，临书慨以慷。"以小我的生命，扩充到大我的生命领域，二者颤动着要求健康的和谐，这是承继儒家特有的精神，是入世的，是"兼善天下"的。《北望》诗："北望中原泪满巾，黄旗空想渡河津。丈夫穷死由来事，要是江南有此人！"这是进取的，超越利害的，知其不可而为之的儒家精神的表现。《感愤》诗："形胜峥嵘潼在，英豪赵魏多。精兵连六郡，要地控三河。慷慨鸿门会，悲伤易水歌。"以生命去救国家殉理想的决心，这是多么丰富的强烈的情感！为了救国理想，他曾跑到荒僻的川陕；为了主张的贯彻，他宁愿放逐。这就是孔子的"道之不行也，我知之矣"，而还要苦口婆心、锲而不舍的精神。他一生的奔波，所要求的不是个人的幸福，而是宋室的中兴。是以《夜读兵书》诗："老病虽惫甚，壮气颇有余。长缨果可请，上马不踌躇。岂惟尘皋兰，直欲封狼居。"他看见了两京的残破，民众的流离，所以又说："万乘久巡狩，两京尽丘墟。"一转念间又说："此责在臣子，忧愧何时摅？"自己担当了一切苦痛的责任，对救亡事业，毫不推诿。《夜归偶怀故人独孤景略》诗:"刘琨死后无奇士,独听荒鸡泪满衣!"更弹出了耿耿忠心,和举世无人的荒凉情调。是这种精神占有了放翁生命的一橛,是这种精神使我们的诗人永远地"与天地同寿,与日月齐光";他的诗也永远地温暖着我们全民族的灵魂,支配着我们的心。

《古风》诗:"少年慕黄老,雅志在山林。火食亦强勉,宁有婚宦心。失脚堕世网,衰病忽侵寻。放逐适天幸,独恨山未深。"《试笔》诗:"人间元无第一手,万事端如屈伸肘。但能看破即超然,何代商山无四叟?"这是儒家精神的另一面,却与道家有着相同的地方。是出世的,要求着"独善其身",恬淡自乐。他虽然"失脚堕世网",在宦海中浮沉,违背了最初的雅志,然而"放逐适天幸",我们的诗人终于迷途知返,肯定去官的快乐,而发出"独恨山未深"之感了!他是以商山四皓自况的,超越了红尘的一切。他不与当时的俗人来往,所以说:"我比严光胜一筹,不教俗眼识羊裘。"(《初秋骤凉》)他感到归返山林的快乐,所以《泛舟过吉泽》诗说:"稽山出云极奇变,陆子岸帻方微吟。一声菱唱起何许,洗尽万里功名心。"他成了老农,所以《野兴》诗:"荷锄通北涧,腰斧上东峰。"《荷锄》诗:"五亩畦蔬地,秋来日荷锄。"他与村夫野老交游,所以《村饮》诗:"不来东舍即西家,野老逢迎一笑哗。试说暮年如意事,细倾村酿听私蛙。"《东村》诗:"举手叩柴扉,病叟喜出迎。从我语蝉联,未寒畴昔盟。"《识媿》诗:"几年羸疾卧家山,牧竖樵夫日往还。"他嗜酒,爱诗,好山,所以《诗酒》诗:"我生寓诗酒,本以全吾真。"《晨起看山饮酒》诗:"爱山入骨髓,嗜酒在膏肓。跌宕风烟外,歌呼曲蘖傍。"《闲中自咏》诗:"无求尚恨时赊酒,有癖应缘酷爱山。"虽然有时候他没有饭吃,"瘦如饭颗吟诗面,饥似柴桑乞食身"(《春来食不继戏作》),然而他的心境是愉悦的、安适的。所以《食野菜》诗:"野蕨山蔬次第尝,超然气压太官羊。放翁此意君知否?要配吴粳晓甑香。"表现出恬静与自得。这种愉悦与安适,恬静和自得,使得他的诗成为平静如镜的湖水,对于它谁都会心神怡然,宠辱皆忘。

在放翁的生命中,表现了典型而相反的两种人生精神:一边是"狂者进取",所以他的诗里充溢着进取的生命力,波澜起伏,倔强不屈;一边是"狷者有所不为",所以他的诗弥漫着止水似的安静的气氛。这两种典型精神的交点,汇聚成他的"隐居以求其志,行义以达其道"的完整人格。《忆昨》诗:"入蜀还吴迹已陈,兰亭道上又逢春。诸君试取吾诗看,何异前身与后身?"《追忆征西幕中旧事》诗:"大散关头北望秦,自期谈笑扫胡尘。收身死向农桑社,何止明明两世人!"恰是他自己对于这两种精神的体会与指明。

三、苦闷与超脱。《杂赋》诗:"空怀四方志,泯默死东吴。"《忆昨》诗:"万里曾为汗漫游,岂知白首弄渔舟!会骑一鹤凌风去,何处人间无酒楼?"一个是苦闷的种子,一个是超脱的过程。

现实是一只冷酷的魔手,理想触到它往往变成粉碎。谁要执着于他的理想,希望以这脆弱的东西去改变冷酷的现实,谁就到处苦痛,"心烦意乱,不知所从"。这就是所说的"苦闷"。相反地,假如能逃开现实的魔掌,忘怀人世的一切,谁即能在他自己所营的小宇宙中,感到陶然的满足,这就是所说的"超脱"。放翁一方面有绚烂的理想,构成苦闷;一方面也有虚构的小我自足的宇宙,得到了超脱。

他看见山河的破碎,孤掌难鸣般地无力去重整,所以说:"和戎壮士废,忧国清泪滴。"(《书悲》)"杀身有地初非惜,报国无时未免愁。"(《登慧照寺小阁》)他又眼看着时光骎骎地过去,而自己依旧"抱利器而无所施",感到壮志幻灭的悲哀。所以说:"城门猎猎双青旗,羲和促辔西南驰。中原未有澄清日,志士虚捐少壮时。"(《暮春叹》)"许国虽坚身遽老。"(《晚兴》)这在他是一个极大的苦闷。还有更使他难过和不断地折磨他的,便是一方面神往于绚烂的理想,一方面却遭受到人家的嫉妒与谗谤,二者的对映,造成功情绪的怅惘与内心的酸楚。所以说:"愚公不解计安危,行尽人间恶路歧。难似车登蛇退岭,险如舟过马当祠。"(《初春书怀》)《醉中浩歌罢戏书》诗:"造物小儿如我何!还家依旧一渔蓑。"这更是被黜后心灵里所迸出来的激愤语。这是他苦闷的第二个原因。还有羁旅的寂寞,生涯的空虚,仿佛是一个可怕的漫长的黑夜,加重了他的苦闷的色彩。他最后终于了解到理想的脆弱,壮志禁不起现实魔掌的打击,发出了游宦的忏悔,如倦飞的小鸟,走上了超脱的路途。

他放弃了政治上的理想壮志,所以有"声利场中偶解围,悠然高枕谢招挥。……缨冠束带前身事,散发今惟勃落衣"(《题幽居壁》)的清闲。《解嘲》诗:"心如顽石忘荣辱,身似孤云任去留。"这是何等超脱的心境?他有他自己的宇宙:"物我年来已两忘,萧然湖曲一茅堂。"(《书意》)这是如何的精神的自给自足?他甚至肯定到人生的空幻,在精神上做超越的驰骋,"兀尔游方外,超然到物初。此身犹是幻,况复爱吾庐。"(《省事》)更进一步否定了一切的真实。他如春鸟似的重亲唤醒恬淡性格的稚苗,他看破了一切,他超越了一切。他过一种超然物外的生活。他的生活里再也没有苦痛,因为他从魔掌下逃了出来,获得空灵的解脱。

在空灵里又发现了更高级的矛盾、执着、实在;在超脱里又肯定了更高级的苦痛、烦恼、冲突。那是他死前的情绪。《示儿》诗:"死去元知万事空,但悲不见九州同。"他一方面道破宇宙人生的"空虚",握住了空灵的超脱的锁钥;但是另一方面又肯定了在"空虚"的当中,唯一的是国家统一的真实。对金人腥膻下的山河,生出良心上的执着,使他从凌空的超脱的极乐的系统里,坠到烦恼苦闷的渊薮,油然生出了"不见九州同"之"悲"!所以"王师北定中原日,家祭无忘告乃翁"竟成了他死前的唯一希望,也是他对他的苦闷的遗恨的心灵的一种安慰。放翁伴着苦闷而活着,也带了苦闷而死去。在国家的真实下,他永远地得不到超脱。

四、奔放与宁静。苦闷发展到顶点,便是感情没遮拦的奔放。相反地,放开胸襟,置身于利害是非之外,便是情感的极端的宁静。这两者反映到诗里,便显露着不同的面目:一边是奔放的热情;一边是宁静的智慧。《感事》诗:"渭上昼昏吹战尘,横戈慷慨欲忘身。东归却作渔村老,自误青春不怨人。"情感是何等地奔放?是在对着自己的心灵深处的伤痕叫喊。又说:"扪虱当时颇自奇,功名远付十年期。酒浇不下胸中恨,吐向青天未必知。"大有搔首问天天不语之概。这一类的诗篇,完全是他情感奔迸的结晶。

《壬寅新春》诗："门外烟波三百里，此心惟与白鸥亲。"表示了何等的宁静的智慧！《登台遇雨避于山亭晚霁乃归》诗："壮观深知化工妙，幽寻却蹋夕阳回。"又是何等宁静的心境！这一类的诗章，乃是他的情感收敛，智慧静照的结果。奔放与宁静，却是他诗的两块基石。

五、想象与体会。由于对人生的苦闷与超脱，情感上的奔放与宁静，反映到诗里去，便是想象与体会的不同。因为感情奔放，所以要找一个安顿的地方。然而现实是："风俗陵夷日可怜，乞墦钳市亦欣然。看渠皮底元无血，那识虞卿鲁仲连。"（《叹俗》）这样的人世又哪里容得下他的磅礴的情感！于是他不能不放松了他的想象的缰绳，去找一个超现实的乐园。因之他向望天国追慕神仙。《步虚》诗："微风吹碧海，细细生龙鳞，半醉骑一鹤，去谒青华君。归来天风急，吹我过缑山，铿然哦诗声，清晓落人间。人间仰视空浩浩，远孙白发尘中老。初见姬翁礼乐新，千九百年如电扫。"他获得了长生，与神帝来往，遨翔空中。他与神仙交游，所以又说："瀛海日月渊，蓬壶仙圣宅。驾鹤一时游，海面日夜窄。"想象中虚构的天国是美满的，它补偿了他在人世所受到的缺陷的寂寞与悲哀。他可以在想象中满足爱国的志愿，在幻构的世界里完成灭虏。他的想象有时候也伸入梦境，配成谐和的意志的解放，精神的遨游。想象是一匹不羁的野马，受了奔放的情感的鞭笞，上下驰骋，却给他的诗添了许多美丽动人的力量，达到艺术的上乘。这是他的诗的一面。相反地，因为情感的宁静，所以有静冷智慧的照射。那便是想象的消失，对万物的体会了。《东篱杂书》诗:"老人观物化,隐几独多时。"这是他的"万物静观皆自得"的心境的表现。《酒药》诗:"幽情寄鱼鸟,小艇杂菰蒲。"由他看来,宇宙是一个更丰富的生命,他的生命与宇宙的生命交流着,融合为一。所以他又说:"白云堆里看青山,猿鸟为邻日往还。"(《记闲》)他以一颗宁静的心灵去体会一切,默契宇宙的妙理,所以有"平生胸中无滞留,旷然独与造物游"(《夜登江楼》)的诗句。《杂兴》诗:"锄草春愈茂,养草秋亦衰。不如两置之,荣悴渠有时。"更体会出宇宙里兴衰的玄理。他更体会到自然的和谐秩序,也体会出人生的幻梦空虚,所以他一方面"善万物之得时",一方面"委心任去留"。体会是一位寡言沉默的少女,她的天生的宁静的性格,却给他的诗添了许多娴静的美丽。这是他的诗的另一面。

在放翁的诗里,无论是奔放与宁静的姿势,无论是想象与体会的装饰,里边有诗人激越奔腾的生命情趣,迸发着辉煌灿烂的心灵之星火,象征着诗人的性格,也象征着诗人的命运、生平。相反地,诗人的高风傲骨,耿介的品性,进退语默,鹤立不群,就仿佛是一座巍巍的巉岩,一条惊逝的急流,也能把里面飘散浮动着的从生命激荡里生长繁荣出来的幽花异草,引归到无限的崇高、深邃与遥远。

我们这位诗人恐怕他的苦心"鄙陋没世",壮志"不表于后世也",所以《西窗独酌》诗说:"平生所学为何事,后世有人识此心。"乃把同调的希望,寄托到遥远的未来了。

1942年12月29日